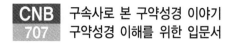
CNB
707

구속사로 본 구약성경 이야기
구약성경 이해를 위한 입문서

파노라마 구약성경

송 영 찬

2018년

교회와성경

지은이 | 송영찬

서울 총신대(1973-76년, B.A)와 수원 합동신학대학원대학교(1983-85년, M. Div)에서 신학을 공부했다. 기독교문사 편집실에서 기독교대백과사전 제작에 참여했고(1980-82년) 대한예수교장로회 전북노회에서 목사 안수를 받았으며(1987년) "하나님의 편지"(1986-88년), "그리스도인"(1988-95년) 등을 발행하며 집필 활동을 하였고 예장합신 기관지 "기독교개혁신보" 편집국장(1996-2016년)으로 재직했다. 기독지혜사 발행 "카리스 종합 주석" 집필에 참여하고 있으며 지금은 〈도도리 모임〉을 섬기고 있다.

〈저서 및 출판 예정 도서〉

- CNB 701 『예수 그리스도』(2005년, 서울 : 칼빈아카데미)
  예수 그리스도를 가장 선명하게 소개하고 있는 마태복음 1-4장에서 사도 마태가 말하고자 하는 예수 그리스도에 대해 성경신학에 근거한 구속사적 관점에서 고찰하고, 이를 통해 이 시대의 교회가 추구해야 할 신앙의 좌표를 제시하고 있다.

- CNB 702 『산상수훈 연구』(2014년, 서울 : 교회와 성경)
  마태복음 5-7장의 산상수훈의 강령과 하나님 나라의 삶에 대한 구속사적 이해를 통해 하나님 나라의 본질을 추적하고 하나님 나라를 세워 나가야 하는 이 땅의 교회와 성도들이 마땅히 나타내어야 할 삶의 정형 및 교회가 이 땅에서 세워 나가는 하나님 나라의 문화와 존재 의의를 제시하고 있다.

- CNB 703 『교회와 문화』 (출판 예정)
  그동안 발표한 신학 관련 단편들을 한자리에 모은 ANTHOLOGY로 바른 교회관과 성도들의 삶에 대한 단상들을 살펴보고 하나님 나라의 백성으로 이 땅에서 살아가야 할 구체적인 삶의 정형들을 제시하고 있다.

- CNB 704 『세례와 성찬』(2006년, 서울 : 깔뱅)
  예수 그리스도의 지상 사역의 핵심은 새 언약을 수립하신 일이다(마 26:26-29). 이 새 언약에 기초하여 교회가 탄생했다. 이 교회의 핵심적인 실질을 세워 나가기 위해 주어진 세례와 성찬에 대한 올바른 이해를 조명함으로써 교회들이 바로 서 가야 할 길을 제시하고 있다.

- CNB 705 『교회와 사명』(2006년, 서울 : 깔뱅)
  교회가 발휘하는 능력의 근원과 회원의 의식을 통해 역사 속에서 교회가 존재하는 의미로서 어떻게 사명을 구현할 것인가를 조명하고 하나님 나라의 구현을 위한 구체적인 삶의 형태들을 찾아 우리 시대에 있어야 할 교회상과 삶의 정형을 제시하고 있다.

- CNB 706 『교회와 신앙』(2006년, 서울 : 깔뱅)
  교회의 속성과 더불어 교회의 회원된 성도들의 자기 인식, 즉 교회아(教會我)로서의 자기 발견에 대해 살펴봄으로써 주의 군사로 장성하여 하나님 나라를 구체적으로 세워 나가야 하는 시대적인 사명 의식을 재확인하고 그에 따른 신앙의 자태를 제시하고 있다.

- CNB 707 『파노라마 구약성경』(2007년, 서울 : 깔뱅)
  구약성서를 이해하기 위한 입문서로 구속사적 관점에서 구약 역사의 핵심을 짚어보는 50편의 글과 4편의 부록으로 구성되었으며 구약의 메시지인 하나님 나라와 하나님의 언약에 대한 안목을 제시하고 있다.

- CNB 708 『창세기의 메시지 : 하나님의 언약』(2006년, 서울 : 깔뱅)
  4개의 언약을 중심으로 하나님의 구속 사역을 진행시키고 있는 창세기에서 언약 중심의 구속사를 조명하기 위해 성경신학에 근거해 창세기의 메시지를 고찰하고, 언약 공동체인 오늘날의 교회가 추구해야 할 신앙의 자태를 제시하고 있다.

- CNB 709 『출애굽기의 메시지 : 시내산 언약과 십계명』(2006년, 서울 : 깔뱅)
  신약의 교회를 모형으로 보여주는 이스라엘 교회의 속성을 시내산 언약을 중심으로 고찰하면서 구약 교회의 태동과 장차 태어날 신약 교회 사이의 관계를 조명함으로써 이 시대의 교회가 추구해야 할 역사의식을 제시하고 있다.

- CNB 710 『역대기의 메시지 : 다윗 왕국과 언약』(2006년, 서울 : 깔뱅)
  왕국 언약에 기초하여 역사 속에 등장한 교회의 완벽한 전형이자 하나님 나라의 모형이었던 다윗 왕국의 역사를 탐구하고 역대기가 소망했던 새로운 왕국의 재건에 담긴 의미를 찾음으로써 우리 시대의 교회가 추구해야 할 성격을 제시하고 있다.

- CNB 711 『아가서 : 하나됨의 신비』(2012년, 서울 : 칼빈아카데미)
  아가서의 메시지를 성경신학적 관점에서 해설함으로써 혼인제도를 통한 가정의 세움과 궁극적으로 신약의 교회를 통해 새 하늘과 새 땅으로 묘사되는 에덴동산의 회복에 담겨 있는 의미를 밝히고 있다.

파노라마 구약성경

CNB 707
파노라마 구약성경

A STORY ABOUT THE KINGDOM OF GOD
by Youngchan Song
Copyright ⓒ 2018 by Youngchan Song

Published by the Church & Bible Publishing House

초판 발행 | 2007년 9월 17일
재판 발행 | 2018년 5월 21일

발행처 | 교회와성경
주소 | 평택시 특구로 43번길 90 (서정동)
전화 | 031-662-4742
등록번호 | 제2012-03호
등록일자 | 2012년 7월 12일

발행인 | 문민규
지은이 | 송영찬
편집주간 | 송영찬
편집 | 신명기
디자인 | 조혜진

총판 | (주) 비전북출판유통
주소 | 경기도 고양시 일산구 장항동 568-17호 (우) 411-834
전화 | 031-907-3927(대) 팩스 031-905-3927

저작권자 ⓒ 2018 송영찬

CNB카페 | http://cafe.daum.net/C.N.B.(교회와 성경)

파노라마 구약성경

A STORY ABOUT THE KINGDOM OF GOD

CNB 시리즈
서 문

CNB The Church and The Bible 시리즈는 개혁신앙의 교회관과 성경신학적 구속사 해석에 근거한 신·구약 성경 연구 시리즈이다.

이 시리즈는 보다 정확한 성경 본문 해석을 바탕으로 역사적 개혁 교회의 면모를 조명하고 우리 시대의 교회가 마땅히 추구해야 할 방향을 제시함으로써 교회의 삶과 문화를 창달하는 것을 그 목적으로 하고 있다.

따라서 이 시리즈는 진지하게 성경을 연구하며 본문이 제시하는 메시지에 충실하고 있다. 그렇다고 이 시리즈가 다분히 학문적이거나 또는 적용이라는 의미에 국한되지 않는다. 학구적인 자세는 변함 없지만 궁극적으로 하나님의 나라를 지향함에 있어 개혁주의 교회관을 분명히 하기 위해 보다 더 관심을 가진다는 의미이다.

본 시리즈의 집필자들은 이미 신·구약 계시로써 말씀하셨던 하나님께서 지금도 말씀하고 계시며, 몸된 교회의 머리이자 영원한 왕이신 그리스도께서 지금도 통치하시며, 태초부터 모든 성도들을 부르시어 복음으로 성장하게 하시는 성령께서 지금도 구원 사역을 성취하심으로써 창세로부터 종말에 이르기까지 거룩한 나라로서 교회가 여전히 존재하고 있음을 그 무엇보다도 중요하게 여기고 있다.

아무쪼록 이 시리즈를 통해 계시에 근거한 바른 교회관과 성경관을 가지고 이 땅에 진정한 그리스도인의 삶과 문화가 확장되기를 바라는 바이다.

시리즈 편집인
김영철 목사, 미문(美聞)교회 목사, Th.M.
송영찬 목사, 기독교개혁신보 편집국장, M.Div.
오광만 목사, 대한신학대학원대학교 교수, Ph.D.
이광호 목사, 실로암교회 목사, Ph.D.

머리말

이 책은 이미 밝혀진 구약성경의 메시지를 쉽게 이해할 수 있도록 꾸며져 있습니다. 이 책의 원고들은 구약성경을 처음 대하는 초보자들을 위한 길잡이로 기획되었기 때문에 이 책을 따라 읽어가다 보면 누구나 구약성경이 말하고자 하는 내용을 쉽게 알 수 있습니다.

그렇다고 모든 성경을 다 해설한 책은 아닙니다. 단지 구약성경의 뼈대를 이루고 있는 언약들을 중심으로 구속사가 어떻게 흘러가고 있는가를 대략 정리한 것입니다. 이 책은 구약성경이 어떤 책인가를 맛보기 위한 하나의 길라잡이에 불과합니다.

이 책은 일종의 약도와 같아서 그 세세한 내용을 다 보여주지는 않지만 일정한 목적지를 찾아가는데 있어서는 도움을 받을 수 있을 것입니다. 이 책을 발판 삼아 구약성경에 담겨있는 풍부하고 세밀하고 깊이 있는 내용들을 학습할 수 있기를 바랍니다.

구약성경을 한 눈에 읽어서 이해할 수 있다면 좋을 것입니다. 그러나 이 세상의 그 어떤 책이나 가르침으로도 그렇게 할 수 없습니다. 왜냐하면 구약성경은 '비밀'을 간직하고 있기 때문입니다. 이 '비밀'은 "그 기쁘심을 따라 그리스도 안에서 때가 찬 경륜을 위하여 예정하신 것이니 하늘에 있는 것이나 땅에 있는 것이 다 그리스도 안에서 통일되게 하려 하심이라"(엡 1:19-20)는 하나님의 구원 계획과 그 목적 성취와 관련이 있습니다.

이 하나님의 구원 계획과 목적을 충분히 계시하기까지 구약성경은 비밀에 묶여져 있습니다. 아니 오히려 구약성경은 이 '비밀'을 담고 있는 책이라 할 수 있습니다. 때문에 이 '비밀'이 충분히 보여서 나타나기까지 구약성경은 누가 보아도 이해할 수 없습니다. 이 '비밀'은 바로 그리스도 자신입니다. 그리스도께서 오심으로써 비로소 이 '비밀'은 세상에 밝히 자신을 나타내 보여졌습니다.

창세기는 이 '비밀'을 '여자의 후손'이라고 밝히고 있습니다. 창세기를 비롯한 모세오경과 구약의 역사서들은 이 '여자의 후손'이 어떻게 이 땅에 등장하게 되는가를 기록하고 있습니다. 그리고 이 '여자의 후손'과 관련된 하나님의 약속이 시대마다 주어졌습니다.

처음에는 아담에게 그리고 노아와 아브라함과 이스라엘 백성과 다윗에게 약속되었습니다. 이것을 가리켜 '언약'이라고 합니다. 이런 점에서 구약성경은 '언약'이 어떻게 주어졌고 성취되고 있는가를 역사를 통해 자세하게 보여주고 있습니다. 이것을 가리켜 '구속사'라고 합니다.

이 언약에 대한 내용들은 CNB 708 '하나님의 언약'과 CNB 709 '시내산 언약과 십계명' 그리고 CNB 710 '다윗 왕국과 언약'에서 좀더 자세하게 다루고 있습니다. 기회가 되면 이 세 권의 책들을 통해서도 언약에 대한 풍부한 내용들을 공부할 수 있을 것입니다. 아울러 이 책, CNB 707 '파노라마 구약성경'은 이 세 권의 책들을 위한 일종의 길잡이 역할을 하고 있습니다.

하나님은 이 언약에 일정한 형태의 증표를 달아 주셨습니다. 노아에게는 무지개를, 아브라함에게는 아들 이삭을, 이스라엘 백성에게는 율법을, 다윗에게는 성전을 각각 그 증표로 주셨습니다. 이러한 증표들은 모두 아담에게 주어진 언약의 증표인 '여자의 후손'과 관련이 있습니다. 이런 점에서 구약성경은 한결같이 '여자의 후손'과 관련이 있습니다.

구약성경의 시가서들도 예외는 아닙니다. 약간 다르게 표현할 뿐입니다. 잠언은 이 '비밀'을 '지혜'로 의인화시키고 있습니다. 시편은 다양한 형태로 이 '비밀'을 찬양하며 노래하고 있습니다. 선지서들은 이 '비밀'을 메시아로 소개하고 있습니다. 이처럼 구약성경에서 다양하게 묘사되어 있는 이 '여자의 후손'에 대한 이야기들을 한 눈으로 보아 알 수 있는 것은 아닙니다. 따라서 이 '비밀'에 대한 이야기들은 신약성경을 통해 조명하게 될 때 보다 분명하게 그 의미를 찾을 수 있게 됩니다.

이런 점에서 구약성경은 결코 감추어진 '비밀'이 아닙니다. 이미 자물쇠를 열 수 있는 열쇠가 주어졌기 때문입니다. 사실 비밀은 이미 그 정체를 가지고 있기 때문에 언젠가는 그 정체를 드러내게 되어 있습니다. 그때까지만 '비밀'로 남겨져 있을 뿐입니다. 신약의 복음서들과 사도행전 그리고 서신서들과 계시록에 다양한 형태의 열쇠들이 있다는 점에서 구약성경은 이미 해명된 '비밀'이라고 할 수 있습니다. 이 열쇠들이 없었다면 그 누구도 구약성경을 이해할 수 없었을 것입니다.

호세아 선지자는 "이스라엘 자손들아 여호와의 말씀을 들으라 여호와께서 이 땅 거민과 쟁변하시나니 이 땅에는 진실도 없고 인애도 없고 하나님을 아는 지식도 없고 오직 저주와 속임과 살인과 도둑질과 간음뿐이요 포악하여 피가 피를 뒤이음이라"(호 4:1-2)고 당시 시대상을 지적하고 있습니다. 우리 시대 역시 그때의 시대상과 크게 다를 바 없습니다.

그리고 "내 백성이 지식이 없으므로 망하는도다 네가 지식을 버렸으니 나도 너를 버려 내 제사장이 되지 못하게 할 것이요 네가 네 하나님의 율법을 잊었으니 나도 네 자녀들을 잊어버리리라"(호 4:6)고 경고하고 있습니다. 여기에서 '지식' 역시 '여자의 후손'인 '그리스도'를 말하고 있습니다. 어쩌면 선지자의 지적과 경고는 우리 시대의 교회들과도 무관하지 않습니다.

아무쪼록 이 책이 구약성경을 읽는 독자들에게 이해의 길잡이가 됨으로써 좀더 많은 유익을 얻는 일에 쓰임을 받는다면 좋겠습니다. 아울러 성경의 메시지를 더욱 확실하게 밝히기 위해 발행되고 있는 CNB 시리즈 편집자인 김영철, 이광호, 이종연 목사님들의 남다른 수고를 통해 우리 시대의 교회들이 성경에 대한 바른 이해와 더불어 더욱 새로워지고 성장하기를 소망합니다.

2007년 여름 연지동에서
저자 아룀

목 차

제4부 _ 가나안 정착에서 왕국시대까지

제5부 _ 사울 왕국에서 다윗 왕국까지

제6부 _ 이스라엘 왕국 분열에서 멸망까지

제 1 부

에덴에서 가나안까지

1. 하나님의 나라

창세기 1장 1절 - 2장 3절

창세기 1장 1절 – 2장 3절에는 천지 창조에 대한 기사가 창조된 순서에 따라 자세히 기록되어 있습니다. 이어서 창세기 2장 4절부터는 인간과 에덴동산을 중심으로 기록이 이어져 갑니다. 따라서 창세기 1장과 2장은 창조에 대한 기사라고 볼 수 있습니다. 그런데 창세기 1장 1절 – 2장 3절을 단지 창조에 대한 기록으로만 생각하면 성경 전체를 이해하는 데 어려움이 있습니다. 그것은 성경이 만물의 근원을 밝혀주기 위해 기록된 것이 아니기 때문입니다.

창세기는 창조에 대한 기사 말고도 또 다른 목적이 있어 기록된 책입니다. 그 목적이란 하나님께서 우주 만물을 창조하시고 인간을 세우신 목적과도 일맥 상통합니다. 바로 이러한 관점과 안목으로 성경을 읽어야 하며 그 목적에 따라 우리 삶의 목적도 확인되어야 합니다.

이러한 취지에서 본문의 제목을 '하나님의 나라' 라고 하였습니다.

1. 하나님의 영광 위해 창조된 '하늘과 땅'

하나님은 이 세상에서 사람들이 복을 받음으로써 하나님의 영광이 나타나기를 원하셨습니다. 이것이 창조의 첫 번째 목적입니다. 하나님은 먼저 하늘을 하나님의 보좌인 동시에 천사들이 거하는 처소로 만드셨습니다. 그리고 땅은 모든 피조물이 거처할 곳으로 각각 만드셨습니다. 하늘은 하나님의 영광이 나타나는 곳이며, 땅은 하늘의 복에 의존하도록 되어 있습니다.

아직 땅이 혼돈하고 공허하며 흑암이 깊음 위에 있을 때 하나님께서 "빛이 있으라"(창 1:3)고 하시자 곧 빛이 있었습니다. 하나님이 빛과 어둠을 나누시고 빛을 낮이라 칭하시고 어둠은 밤이라 칭하셨습니다. 그리고 첫째 날이 지났습니다.

둘째 날이 밝기도 전에 하나님은 창조의 사역을 늦추지 않고 벌써부터 놀라운 계획을 세우고 계셨습니다. 하나님은 하늘을 중심으로 하늘 위의 물과 하늘 아래의 물로 나누셨습니다.

하나님의 아름다운 일은 셋째 날에도 계속되었습니다. 하늘 아래의 물을 모아 바다와 육지를 나누셨습니다. 그리고 땅에 이르시기를 각종 풀과 나무들을 종류대로 내라 하셨습니다. 그러자 하나님의 말씀대로 되었습니다. 수많은 꽃들이 땅 위에 수를 놓기 시작했습니다. 각종 나무가 생겨나고 열매가 맺히기 시작했습니다.

이 아름다운 모습을 계속 지켜 주고 낮과 밤을 주관하기 위해 하나님은 넷째 날 태양과 달과 별을 만들어 주셨습니다. 태양은 마치 하나님의 보좌와 같이 빛나기 때문에 아무도 육안으로 보기가 어렵습니다. 반면에 달은 하나님의 포근한 사랑을 느끼게 합니다. 그리고 밤하늘을 수놓은 별들을 볼 때 참으로 감탄을 금할 수 없습니다.

하나님은 낮과 밤이 번갈아 교차하되 영원히 변하지 않게 하심으로 하나님께서 이 세상을 향하여 베푸신 사랑과 계획이 결코 변하지 않을 것임을 증표로 삼으셨습니다. 그러므로 낮과 밤이 계속되며 온 우주의 운행이 계속되는 동안에는 하나님께서 하늘과 땅을 창조하신 목적과 인류를 이땅에 두신 목적과 그리고 인류를 위해 계획하신 모든 섭리와 계획이 결코 변하지 않을 것입니다. 이처럼 하나님은 태양과 달과 별을 그 증인으로 삼으셨습니다.

또 하루가 지나고 다섯째 날이 되었습니다.

"물들은 생물로 번성케 하라 땅 위 하늘의 궁창에는 새가 날으라"고 하나님이 말씀하셨습니다. 그러자 각종 물고기가 냇물에서, 호수에서, 강에서 그리고 바다에서 움직이기 시작했습니다. 그뿐이 아닙니다. 수많은 새들이 하늘을 날고 있었습니다. 장엄하고 아름다운 장면이 아닐 수 없습니다. 하나님은 그들에게 복을 주셨습니다.

"생육하고 번성하여 여러 바다 물에 충만하라 새들도 땅에 번성하라 하시니라." 고요하던 이땅은 아름다운 새들의 합창으로 가득 찼습니다. 그리고 밤이 되었습니다.

그리고 여섯째 날 하나님이 말씀하셨습니다. "하나님이 가라사대 땅은 생물을 그 종류대로 내되 육축과 기는 것과 땅의 짐승을 종류대로 내라 하시고(그대로 되니라)"(창 1:24). 그러자 곧 말씀대로 그렇게 되었습니다. 지금까지도 우리가 다 보지 못한 수많은 동물들이 그때부터 지금까지 움직이고 있습니다. 이 모든 것들은 하나님이 보시기에 심히 좋았습니다.

2. 온 세상을 다스리기 위해 지음받은 '사람'

하나님은 이처럼 하늘과 땅을 만드시고 그곳에 하나님의 나라를 세우셨습니다. 그리고 친히 이 나라를 가꾸고, 지키고, 다스리십니다. 하나님은 이 일을 위해 대리자를 세우기로 하셨습니다. 곧 사람을 창조하여 그 나라를 다스리는 대리자로 삼으신 것입니다.

"우리의 형상을 따라 우리의 모양대로 우리가 사람을 만들고, 그로 바다의 고기와 공중의 새와 육축과 온 땅과 땅에 기는 모든 것을 다스리게 하자"(창 1:26).

하나님은 온 세상을 다스리는 일을 위해 사람을 지으셨습니다. 그리고 그 사람에게 복을 주시며 말씀하셨습니다.

"생육하고 번성하여 땅에 충만하라 땅을 정복하라 바다의 고기와 공중의 새와 땅에 움직이는 모든 생물을 다스리라 … 내가 온 지면의 씨 맺는 채소와 씨 가진 열매 맺는 모든 나무를 너희에게 주노니 너희 식물이 되리라"(창 1:28-29).

하나님의 나라는 평화의 나라였습니다. 하나님께서는 사람으로 하여금 생육하고 번성하여 이 나라를 다스리도록 하셨습니다.

하나님의 나라는 이처럼 여섯째 날까지 모두 완성되었습니다. 참으로 아름답고 생기가 넘치는 이 나라는 다시는 손 댈 필요가 없는 완벽한 나라였습니다.

3. 창조의 완성을 보여주는 '안식'

일곱째 날 하나님은 안식하셨습니다. 그리고 이 날은 특별히 다른 날과 구별하여 복을 주셨습니다. 그리고 거룩하게 하셨습니다. 거룩이란 말은 구별한다는 의미입니다. 뿐만 아니라 하나님은 사람들도 이 날은 안식하여 하나님이 창조하신 놀라운 역사를 기억하며 하나님께서 베푸신 사랑과 은총을 되새기도록 하셨습니다.

그래서 사람은 이 날만은 다른 날과 구별하여 안식을 누리게 되었습니다. 이 쉼의 날, 즉 안식의 날이 있음으로 해서 하나님을 더 깊이 알고 느낄 수 있게 되었습니다.

　이제부터 사람은 하나님 나라의 청지기로서 하나님을 대신하여 이 나라를 가꾸며 다스려야 합니다. 이 우주의 청지기로 세움을 받았기 때문에 사람이 할 일은 참으로 막중한 것입니다. 그리고 우리가 기억할 것은 이 나라는 '하나님의 나라'라는 사실입니다.

2. 하나님께서 처음 맺은 언약 : 창조언약

창세기 2장 4절 - 25절

창세기 2장 16-17절에는 하나님께서 아담에게 하신 최초의 말씀이 있습니다.

> "여호와 하나님이 그 사람에게 명하여 가라사대 선악을 알게 하는 나무의 실과는 먹지 말라 네가 먹는 날에는 정녕 죽으리라 하시니라"(창 2:16-17).

이 말씀을 가리켜 보통 행위언약이라고 합니다. 선악과를 따먹고 안 따먹고에 따라 죽음이 결정된다고 하기 때문입니다. 즉 선악과에 대한 행위가 중시된다는 점에서 행위언약이라고 말합니다. 여기에서 '선악과'는 '선악을 알게 하는 나무의 열매'를 간단하게 줄인 말입니다. '선악과'라는 열매가 있어서 그 열매를 먹으면 선과 악을 안다는 의미가 아님을 유의해야 합니다.

반면에 예수 그리스도에 의해 구원을 얻는 언약을 가리켜서 은혜언약이라고 합니다. 이 은혜언약은 누구에게나 값없이 구원이 주어지기 때문입니다. 그런데 행위언약이라는 말에는 약간 오해의 소지가 있습니다. 왜냐하면 행위언약은 마치 사람의 행위가 중심이 되어서 구원을 받기도 하고 못 받기도 하는 것처럼 느껴지기 때문입니다.

행위언약이라고 할지라도 이것은 순전히 하나님의 은혜 가운데 주어진 언약입니다. 사실 행위언약이라는 말은 성부 하나님과 성자 하나님 사이에서 맺은 삼위일체 하나님의 경륜에 속한 내용입니다. 이런 점에서 창세기 2장 16-17절의 언약을 '창조언약'이라고 하였습니다.

창조언약은 하나님과 인간이 맺은 최초의 언약입니다. 그리고 그 내용은 창세기 1장과 2장을 포함합니다. 그리고 이 언약은 하나님과 아담 사이에 약정된 것입니다. 물론 아담은 전 인류의 대표인 점을 잊어서는 안 됩니다. 그래서 창조언약은 지금도 우리와 긴밀한 관계에 있습니다.

1. '언약'에 대한 이해

언약covenant이란 두 당사자가 서로 요구 사항과 의무 사항을 내걸고 맺는 계약입니다. 그런데 서로 계약을 체결할 경우 어느 한쪽이 위반하면 그 대가로 의무 사항을 치러야 합니다. 옛날에는 계약의 증표로써 동물을 두 쪽으로 가르고 그 사이로 계약 당사자들이 지나감으로써 둘 사이의 협정이 체결되었다고 합니다. 이것은 어느 한편이 계약을 위반할 경우 동물이 피를 흘리고 죽은 것처럼 그 사람도 그와 같은 처벌을 당하게 될 것을 예표하기 위함입니다.

계약을 히브리어로 베리이트(ברית)라고 하는데 이 말의 어원은 '쪼갠다'는 뜻입니다. 그런데 계약이라고 한다면 하나님께서 인간에게 베푼 은혜의 의미가 분명하게 드러나지 않기 때문에 약간 문제가 있습니다. 왜냐하면 하나님과 사람 사이에 계약을 맺는다는 말은 아무래도 어울리지 않기 때문입니다. 대신에 '언약'이라는 말로 바꾸어 사용하도록 하겠습니다.

'언약'은 하나님과 사람 사이에 맺은 약정입니다. 그렇지만 그 내용에 있어서는 어디까지나 하나님께서 주권적으로 맺은 피의 약정이기 때문에 계약이라고 하지 않고 '언약'이라고 표현합니다.

다시 말하면 하나님께서는 자신의 신실하심과 영원하심 그리고 사랑에 근거하여 하나님께서 사람에게 약속을 이루겠다는 책임을 스스로 지셨습니다. 그래서 언약은 매우 중요합니다. 만일 언약이 없다면 하나님은 사람에게 의무만 지워 주어 사람은 그 요구에 따라 무조건 복종해야만 하기 때문입니다. 그러나 하나님은 인류에게 약속을 주시고 스스로 그 약속을 이루실 책임을 지심으로써 인류를 하나님과 동등한 언약의 상대자로 삼으셨습니다. 이것이 언약의 정신입니다.

2. 창조언약의 내용들

창조언약의 내용은 다음과 같은 약정을 가지고 있습니다.
그것은 안식, 혼인, 노동입니다.

① 안식(창 2:1-3)

이 날은 하나님이 특별히 구별한 날입니다. 그래서 인간은 이 날만은 거룩한 날로 구별하여야만 합니다. 그리고 안식을 통하여 하나님을 기억하고 하나님 앞에서 거룩하게 되도록 자기 자신을 하나님 앞에 드려야 합니다. 그렇게 함으로써 영원한 안식을 바라보며 안식일을 계속 구별하고 있는 동안에는 결코 하나님의 약속이 변하지 않을 것임을 확신해야 합니다.

② 혼인(창 2:24)

혼인은 둘이 한 몸을 이루는 신비한 결합입니다(마 19:6). 특히 여자는 생육하고 번성하며 땅에 충만하여 하나님의 나라를 다스리는 일에 있어서 남자와 동등한 위치에 있습니다. 그러므로 남자와 여자는 서로 존중하며 하나님 앞에서 동등한 위치에서 인격적인 결합을 하여야 합니다.

이렇게 함으로써 인간은 다른 피조물과 교합하지 아니하며 성적인 질서를 유지하게 됩니다. 이것이 곧 창조 질서이며 하나님의 나라를 유지하는 법칙입니다. 이처럼 혼인은 신비한 연합이기 때문에 교회를 예수님의 신부라고 묘사했습니다(엡 5:22-23).

③ 노동(창 1:28)

하나님은 일주일 중 하루를 안식일로 구별하셨습니다. 그러나 그 안식일은 6일간의 노동이 없이는 결코 아무런 의미가 없습니다. 그러므로 6일간의 노동이야말로 인류가 힘써 지켜야 할 조약입니다. 그 일이란 하나님의 나라를 다스리며 지키는 일입니다(창 2:15). 그러므로 6일간 힘써 일하지 아니하고는 평안의 안식을 누릴 수 없습니다.

이상에서 본 대로 행위언약이라고 할 때는 선악과만 따먹지 않으면 하나님과의 언약을 모두 지킨 것으로 생각하기 쉽지만, 이와 같이 창조언약의 내용으로 볼 때는 이상의 약정을 모두 인류가 지켜야 함을 알 수 있습니다. 그것은 곧 안식과 혼인과 노동으로서 이것이 곧 하나님 나라의 질서입니다.

둘째, 창조언약에 있어서 선악과는 하나의 규정일 뿐입니다.

그러므로 선악과만이 관심의 대상이 되면 안 됩니다. 선악과는 언약을 지켜 주는 하나의 규정에 불과합니다. 선악과는 이상하게 생긴 과일이 아니고 그저 다른 과일과 다를 바 없는 평범한 과일입니다. 그 과일 스스로가 선악을 알게 해주거나 눈을 밝게 해주는 능력이 있는 것은 아닙니다. 단지 선악과는 하나님께서 인류와 언약을 맺으실 때 특별히 정한 한 나무의 열매일 뿐입니다.

처음에 인간은 선악을 굳이 구별할 필요가 없었습니다. 인간은 하나님의 형상으로 지어졌기 때문에 그 자체가 선이었습니다. 그리고 에덴동산에는 악이 존재하지도 않았습니다.

단지 하나님께서 선악과를 제정해 놓으신 것은 이 나무의 과실을 먹지 않음으로써 창조주이신 하나님과 피조물인 인간의 관계에 있어서 하나의 선을 그어놓자는 것이었습니다. 그렇게 함으로써 태초부터 영원까지 창조의 질서를 지켜 나가도록 하셨고 대신 인류에게는 영원한 생명을 주시기로 약속하신 것입니다.

셋째, 창조언약의 증표는 생명나무입니다.

그래서 하나님은 동산 중앙에 또한 생명나무를 두셨습니다. 언제나 이 나무를 볼 때마다 선악을 알게 하는 나무와 생명나무를 함께 두신 하나님의 깊으신 의도를 기억하게 하신 것입니다. 아울러 하나님은 영원한 언약의 증표를 이 우주에 새겨 두셨습니다. 곧 사시사철 춘하추동이 어김없이 운행되며 밤과 낮이 바뀌지 않으며 셀 수 없이 많은 별들이 운행하되 결코 한치의 오차도 없이 창조시부터 질서를 유지하고 있는 것은 이것이 곧 하나님께서 인류에게 보여주시는 하나님의 영원하시고 신실한 언약의 증표가 됩니다.

우리는 우주의 삼라만상을 볼 때마다 하나님의 약속을 생각하게 됩니다. 왜냐하면 하나님은 창조 이후 한 번도 이 약속을 어기지 않으셨기 때문입니다. 지금도 삼라만상森羅萬象은 하나님이 정하신 법대로 운행되고 있습니다. 이것이 바뀌지 않는 한 하나님께서 인류에게 약속하신 언약은 결코 변함이 없습니다.

"네가 먹는 날에는 정녕 죽으리라"는 말씀은 저주가 아닙니다. 오히려 이것은 영원한 복음입니다. "네가 나의 언약을 지키면 너는 영원한 내 나라의 왕이 되리라"는 말씀이기 때문입니다. 인간은 하나님의 나라에서 영원한 왕으로 지음을 받은 것입니다. 지금도 그러합니다. 하나님의 약속 안에 있기만 한다면 앞으로도 영원히 그러합니다.

3. 아담 : 은혜언약

창세기 3장

창세기 3장은 인류가 최초에 하나님의 말씀을 어기고 타락한 내용을 기록하고 있습니다. 그러나 자세히 살펴보면 타락한 인류를 구원하고자 하시는 하나님의 놀라운 계획이 면면히 흐르고 있음을 볼 수 있습니다. 이것은 매우 놀라운 사실입니다. 영원히 죽을, 다시는 돌이킬 수 없는 인간을 향하여 하나님은 친히 찾아 오셨습니다. 그리고 말씀하십니다. "아담아! 아담아! 네가 어디 있느냐?"

영원히 죄 가운데 죽을 수밖에 없는 인간에게 찾아오심이 바로 은혜입니다. 그리고 하나님은 그에게 새롭게 언약을 맺고 있습니다. 그래서 이것을 '은혜언약' 이라고 했습니다.

여기에서 우리는 앞서 말한 계약과 언약의 차이점을 다시 확인할 수 있습니다. 곧 언약(창조언약)을 위반한 아담에게 찾아오셔서 은혜 가운데 새로운 언약을 맺으시는 점이 계약과는 다른 점입니다. 이런 특징은 일반 계약에서 찾을 수 없는 일입니다. 계약에서는 위약이 될 경우 즉시 그에 따른 보상을 해야 하기 때문입니다. 그러나 하나님께서는 더 나은 조건으로 새롭게 언약을 맺고 계십니다.

차츰 더 분명해지겠지만 언약의 핵심이 되는 약속, 즉 인류의 구원에 대한 약속은 결코 변하지 않습니다. 오히려 나중에 세워진 언약은 앞서 세워진 언약을 근거로 하면서도 좀더 그 조건이 나아지고 있음을 볼 수 있습니다. 그렇다고 앞서 세워진 언약이라고 해서 어디가 부족하다거나 또는 뒤에 세워졌다고 해서 뭐가 달라지는 것은 아닙니다. 어느 시기에 세워진 언약이든 그 나름대로 완벽한 언약이며 그 언약에 따라 영원한 구원을 얻는 것도 전혀 다를 바가 없습니다.

이 언약은 갈수록 갱신이 되고 있으나 서로 유기적인 관계를 가지고 있으며 그 핵심은 결코 변하지 않는 독특한 특성을 가지고 있습니다.

일반 계약에서도 어떤 경우에는 계약 갱신을 할 수 있습니다. 그러나 위약자에게는 더 악한 조건이 부과될 뿐입니다. 반면에 하나님께서 세우신 언약은 갈수록 그 조건이 나아지고 있는데, 이것이 계약과 언약의 차이점이며 서로 다른 특성이기 때문에 언약이라고 구별하는 것이 하나님의 은혜를 나타내는 데 훨씬 도움이 됩니다.

어떤 사람은 창세기 3장을 어떻게 은혜언약이라 할 수 있겠느냐고 생각할지 모릅니다. 왜 하나님은 선악과를 만드셨으며, 그 선악과를 먹도록 허용하셨으며, 사탄이 하와를 유혹하여 타락하기까지 방관하셨으며, 아담까지도 타락하게 하셨는지에 대하여 깊은 의문을 가질지도 모릅니다. 그리고 더 나아가 하나님은 아마도 잔인한 분이라고 생각할지 모르겠습니다. 이것은 좀 어려운 문제입니다. 아예 처음부터 "선악과가 없었다면 …"라고 생각하면 참 편합니다. 그러나 창조언약에서 다루었듯이 선악과 하나를 금한 것은 더 많은 하나님의 은총을 주시기 위함이었습니다.

첫째, 인간을 꼭두각시로 여기지 않고 완벽한 인격체로서 하나님과 동등하게 여기시기 위함이었습니다.

그래서 하나님은 인간과 언약을 맺으셨던 것입니다. 인간이 선악과만 따먹지 않는 한 하나님은 인간과 맺은 약속을 지켜야만 합니다. 즉 인간에게 영원한 생명을 주어야 하며, 영원한 안식을 주어야 하며, 삼라만상의 운행 질서를 유지시켜야 하며, 인간을 우주의 왕으로 대우하셔야만 합니다. 인간은 단지 선악과 하나만 먹지 않고 안식일을 구별하고, 혼인, 노동의 약정만 지키면 됩니다. 그러나 하나님은 인간보다 더 많은 약속을 지켜야 합니다. 왜냐하면 약속을 지켜야 할 의무가 하나님께 있기 때문입니다.

둘째, 금한 것은 단 하나입니다. 그러나 허락하신 것은 모두입니다.

어찌 그것뿐이겠습니까? 이 세상을 다스릴 권세를 주셨으니 무엇을 형용할 수 있겠습니까? 그 실과를 금한 것은 오직 하나의 이유에서였습니다. 앞서 말씀드린 바 창조주 하나님과 피조물 인간의 관계를 명확히 하자는 것입니다. 이것은 하나님이 지킬 것이 아니라 바로 피조물인 인간이 지켜야 할 당연한 요구입니다. 그래서 사탄은 하와를 유혹할 때 "너희가 하나님 같이 될 것이라"고 했습니다. 인간이 인간으로서의 본분을 지켜야 함에도 불구하고 하와는 하나님과 같이 되고자 하였습니다.

선악을 구별하는 일은 하나님이 하실 일입니다. 왜냐하면 그 기준이 하나님께 있기 때문입니다. 곧 하나님이 선히 여기시는 것이 곧 선입니다. 인간이 선이라고 해서 선이 될 수 없습니다. 인간이 선하다고 해도 하나님께서 악하다고 하면 그것은 악입니다. 그런데 인간이 스스로 선과 악을 구별하겠다는 것은 얼마나 큰 패역인지 알 수 없습니다.

이것은 마치 하나님이 하실 일을 인간이 하겠다는 것과 같습니다. 그렇다면 창조주와 피조물과 무슨 차이가 있겠습니까? 피조물이 창조주를 대신하겠다는 말입니다. 인간의 지식은 한낱 바닷가의 모래알 하나에 불과한 것입니다. 그럴지라도 하나님은 이 우주의 왕으로서 인간을 세우셨습니다.

왜냐하면 비록 지식의 한계를 가지고 있을지라도 인간은 하나님의 형상을 따라 지어진 유일한 생령이기 때문입니다. 그런데 인간이 스스로 교만해져서 하나님과 같아지려고 한다는 것은 얼마나 어리석은 일입니까?

그러므로 하나님이 좀 잔인하다고 생각하는 것부터가 얼마나 경솔한 생각이며, 왜 선악과를 두었고, 사탄을 용납하셨으며, 하와가 선악과를 먹도록 그냥 두셨는가 따지는 것은 어리석은 소치일 뿐입니다. 이제 그 내용을 살펴 보겠습니다.

1. 먼저 하나님은 사탄에게 말씀하십니다(창 3:14-15)

어떤 사람은 뱀이 저주를 받아 배로 기어다니게 된 기원을 기록한 내용이라고 생각합니다. 그러나 이 말씀은 뱀이 사탄의 도구가 되어 받은 저주일 뿐만 아니라, 그 초점은 바로 사탄에게 있습니다.

첫째, 사탄과 인류는 이제부터 영원히 서로 원수가 될 것이라는 말입니다.

둘째, 사탄은 여자를 유혹했으나 마침내 그 여자의 후손에 의해 영원히 멸망 받을 것입니다. 그 후손이 누구인지 점차 명백해질 것이며 이것이 곧 성경의 맥을 이루고 있습니다. 하나님의 나라는 바로 이 후손에 의해 완성될 것이기 때문입니다.

우리는 성경을 읽을 때 이 후손이 어떻게 오실 것인가에 대해 관심을 기울여야 합니다. 구약은 전체가 이 오실 메시아에게 그 초점을 맞추고 있기 때문입니다. 그리고 이 후손과 연관된 언약은 언제나 하나님의 나라와 밀접한 연관이 있음을 유의해야 합니다.

2. 이제 하나님은 여자에게 말씀하십니다(창 3:16)

사탄에게 하신 말씀 속에서는 메시아가 계시되었습니다. 그래서 하나님은 여자는 아이를 잉태할 것을 말씀하셨습니다. 그래야만 여자의 후손이 사탄의 머리를 밟을 것이기 때문입니다. 반면에 해산의 고통이 클 것이라고 하십니다. 그것은 범죄의 결과입니다. 그리고 "너는 남편을 사모하고 남편은 너를 다스릴 것이니라"고 하십니다.

이 말씀을 잘못 해석하면 여필종부女必從夫의 의미로 이해하게 됩니다. 그러나 원문에서의 뜻은 그렇지 않습니다. 사모한다는 말은 질투한다는 뜻입니다. 그리고 다스린다는 말은 업신여긴다는 뜻입니다. 즉 이제부터는 서로 동등한 관계에서 상호 반려함으로 하나님의 나라를 지켜 나가지 못하고, 서로 질투하고 업신여기며 강압적으로 굴복시킬 것이라는 말입니다.

지금까지 아담과 하와는 서로 격려하며 위로하는 가운데 하나님의 나라를 다스렸지만 이제부터는 서로 멸시하고 억압하며 지내게 될 것입니다. 죄의 결과는 이처럼 인류를 비참하게 만들고야 말았습니다.

3. 끝으로 아담에게 말씀하십니다(창 3:17-19)

이제부터는 종신 수고하여야 양식을 얻을 수 있게 되었습니다. 그 풍요로운 에덴동산을 잃은 것은 인간 자신이었습니다. 그 결과 인간은 종신 흙의 노예가 된 것입니다. 그뿐만이 아닙니다. 사람은 죽어서 흙으로 돌아가게 되었습니다. 지금까지는 사람이 온 우주와 땅을 다스렸지만 이제부터는 사람이 땅의 지배를 받게 된 것입니다.

그러나 이 말씀 중에서도 복이 있습니다. 곧 당장에 죽는 것이 아니라 생명을 유지할 수 있도록 양식을 주시겠다는 것입니다. 비록 땀을 흘려야 하지만 얼마나 큰 복인지 알 수 없습니다. 우리는 가끔 왜 하나님은 악인을 심판하시지 않을까? 하고 생각을 합니다.

만일 하나님이 악인을 그 즉시 심판하신다면 아담은 범죄한 즉시 죽었어야 합니다. 뿐만 아니라 우리들 역시 한 사람도 지금 살아남지 못할 것입니다. 하나님 앞에서는 의로운 사람이 하나도 없기 때문입니다. 이것이 하나님의 은혜입니다. 가라지를 추수 때까지 그냥 두시는 이유는 알곡을 상하지 않기 위함입니다.

이상을 정리해 보면 아담과 맺은 언약에서는 인간과 사탄이 영원히 원수가 될 것이며 특별히 인류를 구원하시기 위해 여자의 후손을 통하여 사탄의 머리를 상하게 할 것을 약속해 주셨습니다. 그리고 그 후손이 누구인가는 점차 밝혀질 것입니다. 이 후손에 대한 우리의 초점을 잃지 않기를 바랍니다.

하와가 잉태하여 가인을 얻고 그렇게 기뻐했던 이유가 여기에 있습니다(창 4:1 참조). 그러나 가인은 하나님이 약속한 거룩한 씨(후손)가 아니었습니다.

4. 셋 : 거룩한 씨

창세기 4장 - 5장

창세기 1, 2, 3장은 아무리 자세하게 다루더라도 결코 지나치지 않을 것입니다. 그것은 이 처음 세 장이야말로 하나님께서 행하신 사역 중에서 가장 극치를 이루고 있기 때문입니다. 그리고 이 초두에 대한 이해가 기독교의 모든 진리를 포함하고 있으며, 어떻게 이 부분을 이해하느냐에 따라 신앙의 진로에 커다란 변화를 가져다주기 때문입니다.

그러므로 창세기 1-3장을 얼마만큼 하나님의 말씀으로 받아들이며, 믿을 수 있으며, 이곳에서 하나님의 사랑과 신실하심과 권능을 느낄 수 있는가는 매우 중요한 문제입니다. 여기에는 하나님의 천지 창조와 하나님의 나라와 인류의 구원과 왜 그리스도가 십자가를 지셔야 하는가에 대한 모든 문제의 해답이 담겨져 있습니다. 그래서 잠시 뒤돌아 보고자 합니다.

창세기 1장은 단순히 천지 창조에 대한 기사만을 기록한 것은 아닙니다. 이 기록은 하나님의 나라가 어떻게 건설되었으며, 왜 건설되었으며, 그 나라는 어떤 나라인가를 보여주고 있습니다. 그리고 그 나라는 영원한 나라로서 하나님이 다스리시되 해와 달과 별들이 교대로 바뀌며 사시사철이 규칙에 따라 변화하며 우주 삼라만상森羅萬象의 변화가 하나님의 통치를 증거하고 있음을 보여줍니다.

창세기 2장에서는 그 나라를 통치하고 보존하기 위해서 인간을 그 나라의 왕으로 세우셨음을 기록하고 있습니다. 인간을 왕으로 삼으시되 남자와 여자를 두시고(아담과 하와), 서로 돕고 위로하고 협동하며 이 나라를 아름답게 가꾸어 나가도록 하셨습니다.

그래서 하나님은 이 모든 피조물들을 통하여 영광을 받으시길 원하셨고, 모든 피조물들이 하나님의 은혜를 누리기를 원하셨습니다. 그리고 하나님은 인간과 언약(우리는 이 언약을 '창조언약'이라고 부릅니다)을 맺으시고 영원한 생명을 누리도록 해 주셨습니다. 그 증표로써 하나님은 동산 중앙에 생명나무를 세워두셨습니다. 그리고 선악을 알게 하는 나무의 실과만은 먹지 않도록 하셨습니다.

그런데 창세기 3장에 와서 그 많은 복을 선악과 하나와 바꾸어 버리는 어리석음을 인간은 선택하고 말았습니다. 이 선택이야말로 인간뿐만 아니라 전 피조물을 죽음으로 떨어뜨린 비참한 선택이었습니다. 사실 인간은 굳이 선악을 알 필요가 없었습니다. 그것은 하나님 자신이 결정하실 일이었습니다. 그럼에도 선과 악을 인간이 스스로 구별하고 선택하고자 한 것입니다.

그 결과는 인류와 모든 피조물에게 주어진 하나님의 복을 잃어버리게 하고 말았습니다. 하나님께서 만드신 하나님의 나라가 죄로 오염되고 만 것입니다. 그러나 하나님은 이 아름다운 하나님의 나라를 회복하시기로 작정하셨습니다. 그리고 인간에게 있는 하나님의 형상을 다시 회복하시기로 하셨습니다(우리는 이것을 '은혜언약'이라고 부릅니다).

그러므로 이제부터는 하나님께서 이 일을 어떻게 이루어 나가실 것인가에 우리의 관심과 초점을 맞추어야 합니다. 즉 창세기 3:15에서 "여자의 후손은 네 머리를 상하게 할 것이요 너는 그의 발꿈치를 상하게 할 것이라"고 하셨는데 그 여자의 후손이 누구이며 어떻게 하나님께서 그를 준비할 것인가에 우리의 관심을 기울여야 합니다. 그 해답의 실마리가 바로 창세기 4-5장에 기록되어 있습니다. 거룩한 씨가 바로 그것입니다.

우리는 창세기 4-5장에서 가인과 아벨의 제사에 관심을 갖기가 쉽습니다. 그래서 왜 하나님은 가인의 제사는 받지 않으시고 아벨의 제사만을 흠향하셨는지에 자주 몰두합니다.

이 문제도 사실은 쉽게 납득이 갈 만한 문제는 아닙니다. 단지 히브리서 11:4에서 "믿음으로 아벨은 가인보다 더 나은 제사를 하나님께 드림으로 의로운 자라 하시는 증거를 얻었으니 하나님이 그 예물에 대하여 증거하심이라"는 말씀에서만 힌트를 얻을 뿐입니다.

그리고 창세기 4:6-7을 볼 때 가인은 평소부터 하나님께 대한 믿음이 돈독하지 않았으며 4:13-14을 보아서도 가인은 자신의 범죄에 대하여 하나님께 용서를 구하려는 자세가 조금도 없는 것을 보아 가인은 참 성도가 아니었음을 추측할 수 있습니다.

그러나 본문은 이런 문제보다는 좀더 깊은 것에 관심을 가지고 있습니다. 곧 창세기 3:15의 여자의 후손이 어떻게 나타나게 될 것인가 하는 문제입니다. 분명히 하나님은 여자의 후손을 통해 인류를 구원하시겠다고 약속하셨고(은혜언약) 하나님은 그 약속대로 가인과 아벨은 주셨습니다.

아담은 분명히 가인과 아벨은 하나님의 약속의 결실이라고 생각했을 것입니다. 특히 첫아들 가인을 얻었을 때 그 약속이 성취된 것이라고 여겼을 것입니다. 창세기 4:1을 보면 "아담이 그 아내 하와와 동침하매 하와가 잉태하여 가인을 낳고 이르되 내가 여호와로 말미암아 득남하였다 하니라"고 즐겁게 외칩니다. 하나님께서 약속하신 여자의 후손을 얻었으니 그 얼마나 기쁘겠습니까?

그러나 이미 아담의 범죄로 인해 부패한 인간의 본성은 가인으로 하

여금 아벨을 죽이게 하고 말았습니다. 이 살인 사건이야말로 아담에게
는 치명적인 사건이었습니다. 아담과 하와에게 유일한 희망이었던 아들
이 하나는 살인자가 되었고, 하나는 죽임을 당하였으니 아담이 바랐던
하나님의 약속은 산산이 깨어지고 말았습니다. 인류를 구원하시겠다는
하나님의 구원 계획은 완전히 무산되고 말았으니 아담과 하와는 아들을
잃었다는 고통 외에 이루 형용할 수 없는 괴로움을 느꼈을 것입니다.

이 살인은 타락한 인간의 본성의 발로였습니다. 이것은 앞으로 인간
이 어쩔 수 없이 죄의 지배를 받을 수밖에 없음을 단적으로 나타내 주는
사건입니다. 즉 다시는 인간에게서 그 어떠한 구원의 요소도 발견할 수
없음을 단적으로 보여주고 있습니다.

이것으로 보아 구원은 결코 인간에게 있지 않음을 알 수 있습니다. 오
직 구원은 특별한 방법으로만 가능합니다. 그 특별한 방법이 곧 하나님
께서 셋이라는 또 다른 아들을 준비하고 계심에서 나타나고 있습니다.
그러므로 셋의 탄생은 아담이 하나님의 약속을 이루어 주시리라는 확신
을 얻게 하는 하나님의 놀라우신 은혜이며 기필코 그 약속을 이루시고
야 말 것이라는 하나님의 신실하심의 증표가 됩니다.

가인과 아벨 대신 주어진 거룩한 씨가 바로 인류를 구원할 여자의 후
손을 잉태할 자입니다. 그래서 창세기 5장은 셋의 족보에 대하여 자세
하게 기록하고 있습니다. 특히 성경에서 "○○의 세계는 이러하니라" 하
면서 족보를 나열하는 데는 특별한 의미가 있습니다. 지금까지 전개된
세계가 끝나고 새로운 세계로 접어들 때마다 족보가 기록되고 있는데,
이는 그 동안의 기록을 종합하고 정리하며 앞으로 새로운 역사가 진행
될 것을 예표하는 것입니다.

그러므로 족보란 지금까지 전개된 역사를 함축적으로 기록한 역사책
이라 할 수 있습니다. 즉 족보는 이제부터 새로운 인물을 통해 새롭게
전개될 하나님의 섭리의 역사로 접어든다는 전환점을 보여줍니다.

이것으로 보아 창세기 5장은 지금까지의 역사를 총정리하고 셋의 후예들을 기록함으로써 하나님께서 아담과 맺으신 언약인 거룩한 씨를 어떻게 준비하시며 어떤 경로를 통해 인류를 구원할 것인가에 대한 하나님의 계획이 숨겨져 있다고 보아야 합니다. 바로 그 대답이 노아입니다.

창세기 5장 족보가 노아와 그 세 아들로 끝나고 있다는 것은 앞으로 이들을 통하여 하나님께서 그의 약속을 이루어 나가실 것을 예표로 보여주는 것입니다. 따라서 이제부터는 노아를 통해 하나님께서 어떻게 약속하신 그 거룩한 씨를 나타내실 것인가에 우리의 관심을 모아야 합니다.

그러므로 창세기 4장은 단지 가인과 아벨의 제사에 대한 이야기보다는 인간의 부패한 본성은 결국 죄악으로 멸망을 가져올 뿐이며 도저히 구원을 이루는 일에는 전혀 합당하지 않다는 것과 오직 하나님께서 예비하신 거룩한 씨를 통해서만 구원이 가능하다는 것을 발견하는데 더 큰 의미를 주어야 합니다. 이제부터 역사는 두 갈래로 흘러갈 것입니다. 곧 가인의 세계와 셋의 세계입니다.

5. 노아 : 보존의 언약

창세기 6장 - 9장

노아의 홍수 이야기는 아주 흥미롭게 전개되기 때문에 자주 이야기되는 사건입니다. 흔히 노아 시대에 사람들이 극도로 부패했기 때문에 하나님께서 홍수를 내려 모든 인류를 멸절시키셨다고 알고 있습니다. 즉 죄악 세상에 대한 하나님의 심판에 주로 관심이 집중되어 있습니다.

여기서는 특별히 홍수의 심판에서 구원을 얻은 노아에 대하여 좀더 깊은 의미를 찾아보겠습니다.

가인의 후예와 셋의 후예는 점차 서로 섞이게 되었고 그로 인해 이땅에 사단의 세계와 의의 세계가 구별되지 않게 되었습니다. 그 결과 모든 사람들이 죄악에 젖어들어 하나님의 의는 어느 곳에서도 찾아볼 수 없게 되었습니다. 그래서 하나님은 새롭게 하나님의 나라를 건설하고자 하셨습니다.

이것을 볼 때 아담의 범죄로 부패한 인간의 본성은 마침내 전 인류를 패망시킬 정도로 확장되었음을 알 수 있습니다. 바로 이러한 인간을 구원하시고자 하는 하나님의 사역에 우리는 관심을 모아야 합니다.

하나님은 영원히 부패하여 멸망받을 인간을 구원하시고 아담과 맺은 언약을 이루시기 위해 노아를 부르셨습니다. 그렇다면 왜 노아만이 하나님의 은혜를 받았을까요? 그 당시 노아만이 완전한 의인이었을까요? 이에 대한 해답은 창세기 5장의 족보에서 찾을 수 있습니다.

바로 이러한 이유에서 노아가 탄생한 배경에 대하여 성경은 자세히 기록하고 있습니다. 지금까지 세계를 다 정리하고 새롭게 시작하고자 하시는 하나님의 의도를 보여주는 것이 바로 족보라고 말씀드린 바 있습니다.

노아는 곧 셋의 후손입니다. 다시 말하면 하나님께서 약속하신 여자의 후손인 거룩한 씨에 대한 약속의 결실입니다. 하나님은 모든 인류를 완전히 멸절시킬 수 있는 분이십니다. 그러나 하나님은 아담과의 약속을 또한 어기지 않는 분이십니다. 그래서 하나님께서는 거룩한 씨만은 남겨두시기 위해 노아와 그 아들들을 부르신 것입니다. 여기에는 거룩한 씨의 가계를 계속 보존하시겠다는 하나님의 의지가 담겨 있습니다.

이렇게 볼 때 노아의 홍수 사건은 단순히 죄악 세상에 대한 심판보다는, 하나님께서 아담에게 약속하신 거룩한 씨를 어떻게 보존하시며 어떤 방법을 통하여 이땅에 계속 이어지게 함으로써 마침내 인류를 구원하실 것인가에 더 중요한 의미를 부여해야 합니다. 따라서 홍수 사건보다는 '보존의 언약'에 강조점을 두는 것입니다.

언약이라고 할 때는 하나님께서 주권적으로 인간과 맺은 피의 약정이라고 말씀드린 바 있습니다. 즉 하나님께서 요구하신 바를 인간이 행하되 하나님은 그 자신이 약속하신 바를 지켜야 할 의무를 가지고 있습니다. 왜냐하면 하나님은 우리 인간을 동등한 언약의 당사자로 인정하시고 인격적인 언약을 맺으셨기 때문입니다.

노아와 맺은 보존의 언약은 창세기 9:1부터 그 절정을 이루고 있습니다. 하나님은 먼저 그들에게 (노아뿐만 아니라 그 후손들도 포함하고 있음에 유의

하시기 바랍니다) 생육하고 번성하여 땅에 충만하라고 복을 주십니다(이 복은 창조언약에서 이미 찾아볼 수 있습니다). 그리고 동물도 사람이 양식으로 삼을 수 있도록 하시되 그 피만은 먹지 말라고 하셨습니다.

피는 곧 생명을 의미하기 때문에 피는 하나님께 돌려야 합니다. 그리고 하나님은 살인자에 대하여 그 피의 대가를 찾으시겠다고 하십니다. 만일 사람이 사람의 피를 흘리면 사람이(사람에 의해서), 그(살인자) 피를 흘릴 것이라고(그 자도 역시 피를 흘려야 할 것을) 말씀하고 있습니다.

이러한 규정은 함부로 피를 흘리지 못하게 함으로써 생명을 해치는 일이 없도록 하고자 하는 하나님의 계획에 근거하고 있습니다. 그 결과 동물을 죽이더라도 오직 양식을 삼기 위함이며, 취미로 동물을 죽여 이 세상에서 동물들이 멸절하지 않고 보존되게 하셨습니다. 특히 인간의 생명은 그 어떠한 상황에서도 그 생명을 보존하도록 살인을 결코 용납하지 않으셨던 것입니다.

이 규정 가운데서 우리는 거룩한 씨가 어떠한 상황에서도 끊이지 않고 계속 이어질 것이라는 하나님의 계획을 발견하게 됩니다. 이러한 하나님의 섭리는 창세기 9:8이하에서 더 분명하게 나타나고 있습니다. 하나님은 이 언약을 노아와 그 후손들과 나아가 모든 생물들과도 맺으신다고 분명하게 말씀하십니다.

하나님께서 모든 생물까지도 언약 안에 포함하신 것은 상당한 의미가 있습니다. 그것은 이 모든 생물들이 보존되지 아니하고서는 결코 인류도 살아 남을 수 없기 때문입니다.

하나님은 이 언약을 노아와 모든 후손들에게 세우시되 다시는 생물을 홍수로 멸하지 않을 것을 약속하시고 그 증표로 무지개를 주셨습니다. 물론 무지개가 이전에도 없었던 것은 아닙니다. 그러나 하나님은 무지개를 노아와 그 후손과 맺은 언약의 증표로 택하심으로 무지개를 볼 때마다 하나님의 신실하신 약속을 기억하도록 하신 것입니다.

그러므로 이전의 무지개와 이후의 무지개는 전혀 다른 의미를 우리에게 부여하고 있습니다. 마치 십자가가 예수님이 달리시기 전에는 흉악범을 처형하는 처형대였으나 예수님 이후부터는 인류를 구원하시는 하나님의 사랑의 증표로 바뀐 것과 같습니다.

그런데 이 무지개 약속은 "땅에 있을 동안에는 심음과 걷음과 추위와 더위와 여름과 겨울과 낮과 밤이 쉬지 아니하니라"(창 8:22)는 말씀과 깊은 연관을 가지고 있습니다. 이것으로 보아 보존의 언약은 창조언약과 일맥상통하고 있음을 알 수 있습니다.

창조언약에서 하나님의 약속은 삼라만상이 변하지 않는 한 그 약속이 변하지 않을 것임을 발견할 수 있는데, 이러한 요소가 바로 여기에서도 언급되고 있다는 것은 언약이 처음부터 계속 이어지고 있다는 것을 암시해 줍니다. 하나님은 아담과 맺은 은혜언약에서도 거룩한 후손(씨)을 통하여 구원을 이루시겠다고 약속하셨는데, 노아와 맺은 보존의 언약은 바로 여기에 근거하여 거룩한 씨를 보존하시려는 하나님의 섭리가 담겨 있음을 발견하게 됩니다.

이처럼 하나님의 언약은 인간을 구원하시기 위한 하나님의 약속을 그 내용으로 하고 있다는 점을 보아서 모든 언약은 일맥상통하고 있으며 인류를 구원하시기 위한 섭리의 결실인 것을 알 수 있습니다. 그러므로 언약은 처음부터 한 가지의 내용을 다루고 있으며(인류의 영원한 생명에 대한 약속) 결코 변하지 않고 더욱 그 대상에 있어서 분명해지고 있다는 점에서 유기적인 통일성을 가지고 있습니다.

이것을 가리켜 언약의 유기성이라고 합니다. 그러므로 창조언약(창 1장-2:4)의 내용이나, 은혜언약(창 3장)의 내용이나, 노아와 맺은 보존의 언약(창 6-9장)이나 전혀 다른 것이 아님을 알 수 있습니다.

　창조언약에서는 영생을 약속하셨고, 은혜언약에서는 영생을 위해 여자의 후손인 거룩한 씨를 통하여 구원을 이루시겠다고 약속하셨고, 보존의 언약에서는 다시는 생물을 홍수로 멸하지 아니함으로 어떻게 그 약속(씨를 주시겠다)을 이루어 나가실 것인가를 보여주고 있습니다.

　특히 사람의 피를 흘리지 못하게 하심으로써 하나님께서 약속하신 거룩한 후손이 결코 끊어지지 않을 것을 암시하고 있습니다. 그 증표로서 하나님은 무지개를 세워주셨던 것입니다. 그러므로 언약은 갱신이라 할지라도 전혀 그 내용은 바뀌지 않음을 알 수 있습니다.

　또한 우리가 처음부터 관심을 가져왔던 하나님 나라가 어떻게 회복되어가고 있는지도 주의하여 살펴보아야 합니다. 홍수로 인하여 하나님의 나라가 완전히 사라져 버릴 것 같았으나 오히려 노아를 통하여 새롭고 의로운 나라를 건설하시는 하나님의 놀라운 계획을 발견할 수 있습니다.

　이처럼 성경은 하나님의 나라를 어떻게 건설해 나가실 것인가에 깊은 관심을 갖고 기록되어 있습니다. 이런 의미에서 하나님 나라 건설이 곧 성경의 주제라고 할 수 있습니다.

　성경은 하나님의 나라를 건설하는 것에서부터 시작됩니다(창 1-2장). 그리고 하나님의 나라를 회복하실 것을 하나님은 계획하고 계십니다(창 3장). 나아가 하나님은 그 나라를 지금 새롭게 정비하셨습니다(창 6-9장). 앞으로 무슨 일이 일어나게 될까요? 우리가 추측할 수 있는 것은 이 하나님의 나라에서 누가 주인공이 될 것인가 하는 부분입니다.

　즉 하나님의 나라를 누구를 통하여 건설해 나갈 것인가에 우리의 관심을 기울여야 합니다. 그 해답은 창세기 10-11장에 있습니다. 앞서 말씀드린 바 족보를 자세히 살펴보면 누구에게서 시작하여 누구에게로 끝나는가를 확인할 수 있습니다(창 10:1; 11:10-26; 11:27).

6. 바벨탑 사건 : 인간의 나라

창세기 10장 - 11장

창세기 10장에서는 노아의 족보에 대하여 자세하게 기록하고 있습니다. 앞서 말했듯이 족보가 나오는 것은 지금까지 사건이 마무리되고 새로운 사건이 펼쳐지게 될 전환점입니다. 그 사건이란 노아 홍수 이후 창성해진 인류에 의해서 발생되었습니다. 그 사람들은 모두 노아의 후손으로서 노아와 맺은 보존의 언약 안에 들어 있는 사람들입니다. 그들은 처음에는 노아 방주가 머물렀던 아라랏 산 근처에서 살았습니다.

그러다가 점차 큰 민족을 이루게 되었고 크게는 셈, 함, 야벳의 족속을 이루고 있었습니다. 그러나 점차 인구가 팽창하게 됨에 따라 점점 동쪽으로 이동하다가 시날 평지에 이르게 되었습니다. 산지에서 넓은 들로 나온 그들은 널리 흩어질 것과 서로 멀어짐으로 말미암아 야기될 분쟁이 두려워지자 자신들의 이름을 내기 위해 바벨탑을 쌓기로 했습니다.

그런데 우리는 이것을 단순히 바벨탑이라는 기념비를 세우는 정도로만 이해해서는 안 됩니다. 이 사건은 단순히 탑을 쌓는 정도가 아니라 하나의 나라를 건립하는 행위이기 때문입니다.

그들은 바벨탑을 쌓기 위해 위로 총 감독자인 지도자를 세워야 했고,

그 아래로 각기 필요한 조직을 세우고 그 책임자를 지휘자로 세워야 했으며 나아가 그에 따른 법령도 만들게 되었습니다. 그 결과 그 땅을 기점으로 한 영토와 백성과 법률을 갖춘 하나의 국가를 형성하게 되었습니다. 이 나라는 인간이 주체가 되어 인간의 이름을 위하여 인간에 의해 세워진 인간의 나라였습니다.

하나님께서 지금까지 인류를 보존하고 생육하며 땅에 충만케 하신 것은 하나님의 나라를 건설하기 위한 하나님의 섭리였습니다. 그런데 지금 인간들에 의해 인간이 다스리는 인간의 나라가 세워지고 있습니다. 이 점에 대하여 우리의 주위를 환기시킬 필요가 있습니다. 즉 거기에는 인간이 하나님의 통치를 거부하고 인간의 나라를 세우려 하는 큰 문제점이 담겨 있는 것입니다.

하나님은 이러한 인류의 행위를 간과하지 않으셨습니다. 그래서 그들의 행위를 허사로 만들기 위하여 언어를 혼잡케 하셨습니다. 바벨이란 뜻은 혼란, 혼돈, 혼잡이라는 뜻입니다. 사람들은 언어가 통하지 않아 의사 소통이 어려워지자 각기 언어가 통하는 사람들끼리 무리를 지어 떠나게 되었고, 결국 그들의 의지로 건설하려 했던 인간의 나라는 무너지고 말았습니다. 어떤 면에서 바벨탑 사건은 하나님의 나라와 인간의 나라간의 전쟁이라고 생각해도 무방할 것입니다.

인류가 이런 일을 경영하려 했던 근본 원인은 어디에 있습니까?

이들은 모두 노아의 후손들이었습니다. 그런데도 하나님의 나라를 건설하려 하지 않고 오히려 인간의 나라를 건설하려 했습니다. 이것은 홍수 전에 있던 인간의 부패된 본성이 홍수 이후에도 여전히 남아 있다는 증거입니다. 아담 이후부터 부패한 인간의 본성은 홍수 이전뿐만 아니라 이후까지도 여전히 남아 있었습니다.

이것으로 보아 한번 부패한 인간은 결코 에덴동산에 있었던 인간의 본성으로 돌아가기가 불가능하다는 것을 알 수 있습니다. 그렇지만 하나님은 인류를 보존하겠다고 약속하셨기 때문에 그들을 멸하지 않고 단지 흩어지게 하셨던 것입니다.

그후 즉시 성경은 셈의 족보를 기록하고 있는데 이 족보가 아브람(아브라함의 이전 이름)과 나홀과 하란으로 끝나고 있음에 관심을 가져야 합니다. 그리고 11:27에서는 데라의 족보를 다시 언급하면서 아브라함에게 초점이 맞추어지고 있는데, 이것으로 보아 아브라함이 이제부터 우리의 관심의 대상이 될 것임을 알 수 있습니다.

이렇게 성경은 우리가 말하는 믿음의 조상인 아브라함에 대해 기록하며 새로운 사건의 발생을 예시해 주고 있습니다.

그렇다면 아브라함이 해야 할 일이란 어떤 성격의 일일까요?

우리의 관심은 누구를 통해 하나님 나라를 건설하게 될 것인가에 있음을 앞에서 말씀드린 바 있습니다. 그러므로 아브라함이 해야 할 일이 무엇인지 그리고 누구에 의해 하나님의 나라가 건설될 것인지의 해답은 분명해지게 되었습니다. 특히 이 문제의 해답이 창세기 11장의 바벨탑 사건과 매우 밀접한 관계를 갖고 있음을 유의해야 합니다.

성경은 바벨탑 사건 직후에 아브라함의 등장을 기록하고 있습니다. 바벨탑이 인간의 나라를 건설하기 위한 것이었다면, 이제 하나님께서 아브라함을 부르신 것은 바로 하나님의 나라를 건설할 목적이었음이 분명하게 드러나고 있습니다.

이와 같은 계획은 어느날 갑자기 세워진 것이 아닙니다. 하나님께서 이미 아담과 맺은 언약의 연속인 점을 잊어서는 안 됩니다. 또한 셈의 후예 중에서도 특별히 아브라함이 선택된 사실 역시 노아 시대에 왜 노아가 선택되었던가 하는 문제와 그 맥락을 같이하고 있으므로 노아와 맺은 보존의 언약을 다시 한번 살펴보면 도움이 될 것입니다.

분명한 것은 부패된 인간들로서는 도무지 건설할 수 없는 하나님의 나라이기 때문에 하나님의 특별한 방법으로 구별하고 선택한 방법을 통해 하나님이 친히 그의 왕국을 건설해 나가실 것이라는 사실입니다. 그러므로 이제부터는 그러한 특별한 섭리와 방법이 어떠한 경로를 통해 나타나게 될 것이며 어떻게 이루어질 것인가에 우리의 관심을 기울여야 합니다.

7. 족장사 :
누가 하나님의 나라를 유업으로 받을 것인가?

창세기 12장 - 21장

족장사란 아브라함–이삭–야곱을 잇는 역사를 말합니다. 즉 족장인 아브라함과 이삭과 야곱의 생애를 연결시킨 역사가 곧 족장사입니다. 여기에서 아브라함을 다루기 전에 먼저 족장사를 다루는 것은 지금부터 창세기 마지막까지 그것이 하나의 주제를 이루고 있기 때문입니다. 물론 앞으로 자세히 언급하겠지만 우선 그 주제가 어떻게 흐르고 있는지를 미리 보아두는 것이 창세기를 이해하는 데 크게 도움이 될 것입니다.

족장사의 주제는 누가 하나님의 나라를 유업으로 이어 받을까에 대하여 깊은 관심을 보이고 있습니다. 앞에서 (바벨탑 : 인간의 나라) 말씀드렸듯이 하나님의 나라를 건설함에 있어 누가 그 주인공이 될 것인가는 창세기 11장의 족보에서 초점이 모아진 아브라함이 하나님의 나라를 건설할 주역이 될 것을 알 수 있습니다. 그렇다면 이 나라를 이루기 위해서 먼저 영토와 백성과 헌법이 있어야 합니다.

그런데 하나님의 나라는 인간의 나라와는 다르기 때문에 인간의 나라와는 전혀 다르게 건설될 것을 추측할 수 있습니다. 먼저 하나님은 아브라함에게 본토 친척 아비 집을 떠나라고 하십니다. 이것은 아브라함을 연단하기 위한 하나님의 의도였다고 볼 수도 있지만, 그 본연의 목적은 하나님의 나라는 세상 나라와 구별되어야 한다는 하나님의 의도가 더 분명합니다. 그래서 먼저 세상과 아브라함이 분리될 것을 요구하신 것입니다.

당시에는 땅을 떠난다는 것은 죽음을 뜻할 만큼 큰 모험이었습니다. 자기의 기업인 땅을 떠난다는 것은 곧 죽음을 의미합니다. 그런데 하나님께서 아브라함에게 그와 같은 분리를 요구하신 것은 하나님의 나라가 근본적으로 인간에 의해 세워질 수 없다는 이유에서입니다. 이 하나님 나라의 성격은 인간의 나라 건설을 기록한 창세기 11:3-4과 하나님 나라 건설을 주제로 하는 창세기 12:1-3을 비교해 보면 쉽게 이해할 수 있습니다.

본 문	창 11:3-4	창 12:1-3
구 분	인간의 나라	하나님의 나라
장소(영토)	시날 땅	하나님이 지시하는 땅
주 체	우리(인간)	나(하나님)
객 체	우리의 이름을 내고	네 이름을 창대케 하리니
목 적	흩어짐을 면하자	모든 백성이 복을 얻으리라
방 법	성과 대를 쌓음으로	약속의 씨를 통하여

여기서 볼 수 있는 것처럼 인간의 나라는 인간에 의해 이루어지고 인간에 의해 다스려지는 나라이며, 하나님의 나라는 하나님에 의해 이루어지고 하나님이 다스리는 나라입니다.

아브라함이 갈대아 우르를 떠나 가나안에 이르렀을 때 하나님은 그 땅을 아브라함과 그의 후손에게 주시겠다고 약속하셨습니다(창 12:7). 그러므로 그 나라의 영토는 결정되었습니다. 가나안 땅입니다. 그러나 아직 그 나라의 백성과 헌법이 주어지지 않았습니다.

이제부터의 관심은 누구에게 어떠한 방법으로 하나님의 나라가 주어지게 되며 누가 그 나라의 백성이 될 것인가에 유의하여야 합니다. 그런데 당시 아브라함에게는 아들이 없었습니다. 그러던 중 그 땅에 기근이 있어서(창 12:10) 아브라함은 가나안을 떠나 애굽에 내려가지 않을 수 없게 되었습니다.

그의 아내 사래(사라의 이전 이름)는 너무 아리따워서 애굽의 왕인 바로(바로란 왕이란 말임)에게 취해지고 말았습니다. 아브라함은 혹시 사라 때문에 자기의 생명에 위협이 올 것이라고 생각하고 사라를 누이동생이라 하였기 때문입니다(사실 사라는 아브라함의 이복 동생이었습니다. 창 12:12).

이로 인해 아브라함은 바로에게서 심히 많은 육축을 선물로 받았습니다. 그런데 그날 밤 하나님은 바로의 집에 큰 재앙을 내리셨습니다. 그러자 바로는 사라가 아브라함의 아내였고 그것 때문에 재앙이 내린 것을 알게 되어 즉시 사라를 아브라함에게 돌려보냈습니다(창 12장).

이 사건을 볼 때 하나님이 약속하신 후손은 아브라함과 그 아내 사라의 후손인 것을 알 수 있습니다. 만일 사라가 바로의 아내가 되었다면 이 약속은 깨어지고 말았을 것입니다. 그래서 하나님은 비상수단을 동원하여 바로에게 재앙을 내림으로써 사라가 다시 아브라함에게 되돌아오게 하신 것입니다.

또 다른 문제는 아브라함이 갈대아 우르를 떠날 때 무슨 이유에서인지 확실하지는 않지만 롯이 아브라함과 함께 떠나왔습니다. 그런데 이렇게 애굽에서 나오면서 소유가 풍성해진 아브라함의 목자들과 롯의 목자들간에 자주 분쟁이 발생하자 서로 분리하게 되었습니다.

이 과정에서 롯은 물과 자원이 풍부한 소돔 지방을 택하였습니다(창 13:5-13). 얼마 후 소돔 성이 외적의 침입을 받아 롯과 그의 가족이 포로로 잡혀가는 것을 보아 롯의 선택이 잘못된 것으로 판명나지만, 이 과정을 통해 롯은 아브라함을 떠나게 됩니다(창 14:12).

그후 하나님은 아브라함에게 다시 약속을 주십니다. 그 내용을 보면 아브라함에게 친자식이 생산되어 아브라함의 후사를 이을 것(창 15:4)과 이 땅(가나안)을 유업으로 주리라는 것(창 15:7)이었습니다. 그러자 아브라함은 즉시 그 증표를 하나님께 요구하였고, 하나님의 말씀대로 제물을 준비했습니다(창 15:9). 그런데 우리는 이 장면에서 오해를 하는 경우가 있음을 봅니다.

왜 모든 육축을 반으로 쪼개면서 새는 쪼개지 않았을까? 새를 반으로 나누어 놓지 않아서 솔개가 내려오려고 했고 그 불순종의 대가로 아브라함의 후손들이 400년간 이방의 객이 되지 않았을까? 하는 것입니다. 그러나 당시 제사의 관습은 육축은 반으로 쪼개었으나 새는 쪼개지 않았습니다. 그러므로 아브라함이 잘못한 것은 없습니다.

그런데 아브라함의 자손이 400년간 이방의 객이 된 것은 하나님의 오래 참으시는 사랑 때문이었습니다. 아브라함과 그 후손에게 주기로 약속한 가나안 땅에는 당시에 많은 민족들이 살고 있었고, 그들이 행한 죄악이 아직 관영하지 않아서 그들을 심판할 시기가 이르지 않았던 것입니다.

하나님은 그들의 죄악이 관영할 때까지 기다리기로 하였고(창 15:16) 그대신 하나님의 백성을 애굽으로 보내신 것입니다. 그리고 이렇게 한 큰 이유는 그곳에 가 있는 동안 아브라함의 후손으로 큰 민족을 만들기 위한 섭리가 숨겨져 있었습니다.

하나님은 그 약속을 이루겠다는 증표로서 쪼갠 고기 사이로 친히 지나가셨습니다. 이것은 아브라함과 맺은 언약의 증표로서 그 약속을 이루지 않을 경우에는 하나님 자신이 그와 같이 쪼개어지리라는 의미를 내포하고 있습니다. 창조주이신 하나님께서 피조물 앞에서 이처럼 자신을 낮추어 언약을 맺어 주시는 그 큰 사랑을 결코 잊어서는 안 됩니다.

이처럼 하나님께서 쪼갠 짐승 사이로 지나가시며 그 약속을 이루어 주실 것을 맹세하였건만, 인간이 연약해서인지, 아브라함 자신이 자꾸 늙어가는 것이 두려워서인지 사라의 권유에 따라 그만 하갈을 통해 이스마엘을 생산하고 맙니다(창 16장).

그리고 13년이 지났습니다. 아마 아브라함은 자기의 처사가 옳았다고 생각했을 것입니다. 그러나 하나님은 결코 약속을 식언하시는 분이 아닙니다. 아브라함이 13년 전에 사라가 아닌 하갈에게서 이스마엘을 생산하고 이제 99세가 된 그에게 하나님께서 다시 나타나 영원한 은혜언약을 체결하는 장면이 17장에 기록되고 있습니다.

그리고 100세 되었을 때에 아브라함(창 17:5)과 사라(창 17:15)를 통해 약속의 아들인 이삭이 출생합니다(창 21:1-7).

우리는 지금 '누가 하나님의 나라를 유업으로 받을 것인가?' 를 다루고 있습니다.

사건은 이삭이 젖을 떼는 날에 발생했습니다. 이 날 잔치를 벌일 때 이스마엘이 이삭을 희롱하자 사라는 아브라함에게 이스마엘을 쫓아낼 것을 요구합니다. 창세기 21:10을 보면 "그가 아브라함에게 이르되 이 여종과 그 아들을 내어 쫓으라 이 종의 아들은 내 아들 이삭과 함께 기업을 얻지 못하리라"고 했습니다.

하나님은 이것을 허락하셨습니다. "하나님이 아브라함에게 이르시되 네 아이나 네 여종을 위하여 근심치 말고 사라가 네게 이른 말을 다 들으라 이삭에게서 나는 자라야 네 씨라 칭할 것임이니라"(창 21:12).

결국 아브라함이 약속의 씨로서 13년간이나 데리고 있던 이스마엘은 영원히 아브라함의 가계에서 떨어지고 맙니다. 인간의 수단으로 하나님의 나라를 건설하려 했던 아브라함의 계획은 여지없이 깨어지고 맙니다.

오직 하나님께서 특별한 방법으로 예비한 이삭만이 그 나라를 유업으로 받을 수 있었으며 하나님은 이삭의 후손을 통해서만 그 나라의 백성을 삼으셨습니다. 이처럼 족장사의 이면에서는 하나님의 나라를 유업으로 받기 위한 싸움이 전개되고 있었습니다. 이 싸움은 에서와 야곱에게서 그 절정을 이룹니다.

지금까지 내용을 정리하면 다음과 같습니다.

첫째, 아브라함의 아내 사라가 자칫 바로의 아내가 될 뻔했지만 극적으로 하나님께서 사라를 구해 주셨습니다. 이는 하나님 나라의 유업을 이어받을 자가 아브라함과 사라를 통해 나와야 한다는 의미입니다.

둘째, 갈대아 우르에서부터 동행해 온 롯(조카)은 자기의 갈 길을 찾아 아브라함의 장막에서 떠나게 됩니다. 그리고 아브라함의 몸종인 엘리에셀도 아브라함의 기업을 받을 사람이 아니라는 사실이 창세기 17장에서 분명히 나타나고 있습니다.

셋째, 이스마엘은 아브라함의 피를 이어받은 아들이었으나 마침내 아브라함의 장막에서 쫓겨납니다. 여기서 결코 이스마엘은 이삭의 상대가 되질 못했습니다. 왜냐하면 그 약속된 씨는 분명히 아브라함과 사라에게서 출생해야만 하기 때문입니다.

　이런 맥락에서 창세기 20장도 이해를 해야 합니다. 언뜻 보면 약속을 받은 아브라함이었기에 어떻게 해서든지 자기 아내 사라를 지켜야 했지만 아브라함은 아비멜렉 앞에서 창피할 정도로 비굴하게 굴고 있습니다. 이런 내용이 자세하게 기록된 것은 그만한 이유가 있습니다.

　아브라함이 그랄 지방에서 그 지방의 영주에게 사라를 누이라고 속였고 그랄 왕 아비멜렉은 사라의 아름다움에 취해 사라를 자기의 장막으로 데려갔습니다.

　여기서 만일 사라가 아비멜렉에게 취한 바 된다면, 아브라함과 사라 사이에서 난 아들이 하나님의 나라를 유업으로 받을 것이며 그 씨를 통해 하나님의 나라가 건설되고 전 인류가 구원될 것이라는 하나님의 계획은 여지없이 깨어지게 됩니다. 이런 긴박한 순간에 하나님은 직접 그날 밤 아비멜렉에게 현몽하여 사라에게 손을 대지 못하게 하십니다. 그 이유는 하나님께서 약속한 씨인 이삭이 곧 아브라함과 사라에게서 출생해야만 했기 때문입니다.

　바로 그 아들, 약속된 씨는 이삭이었습니다. 누가 하나님의 나라를 유업으로 받을 것인가? 하는 문제는 계속해서 창세기의 관심의 대상이 되고 있습니다. 이삭-야곱으로 이어지는 창세기 12장 이후를 이러한 관점에서 살펴 보시길 바랍니다.

8. 창세기 12장 1-3절의 구속사적 의의

성경은 인류의 구원을 위해 하나님께서 무슨 일을 하시며 어떻게 이루어 가시는가를 기록해 놓은 책입니다. 그렇기 때문에 철학이나 학술을 위해 기록해 놓은 책과 같이 보게 되면 성경을 이해하는 데 잘못을 범하게 됩니다. 물론 성경은 어느 한 부분을 혹은 전체를 통해서도 완벽한 체계를 가지고 있어서 우리가 말하는 교리라든가 신조 또는 규범 등을 충분히 발견할 수도 있습니다.

그렇다고 해서 성경을 교리나 신조라고 하지 않습니다. 그리고 윤리적 도덕적 교훈을 담은 규범 서적도 아닙니다. 왜냐하면 성경은 어디까지나 우리 인간을 창조하시고 그 인간을 하나님의 영원한 나라에까지 인도하기 위해 하나님께서 행하신 일을 역사적으로 기록해 놓은 책이기 때문입니다.

그래서 성경은 일반 세상 역사와는 다른 하나의 역사를 보여주고 있습니다. 이것을 가리켜 우리는 하나님께서 인류를 구원해 주시는 역사라고 해서 구원의 역사, 즉 '구속사' 라고 합니다.

그러므로 구속사란 하나님께서 특별한 목적을 가지고 계획하며 이루어 가시는 역사입니다. 그런데 이 역사는 세상의 역사와 완전히 구분되어 있지는 않습니다. 구속사 역시 세상의 역사처럼 하나의 큰 흐름을 가지고 있으며 그 흐름의 방향은 하나님의 목적을 향하고 있습니다.

세상의 역사는 이 구속사를 이루어 나가는 데 있어서 보조 역할을 하는 역사입니다. 그렇기 때문에 우리가 보는 역사관은 언젠가는 역사의 종말이 있고, 하나님의 심판이 올 것이라는 의미에서 종말론적 역사관이라고 합니다.

그런데 이 구원의 역사, 즉 구속사는 모든 각 구성부분이 서로 조화를 이루고 있으며 통일성을 가지고 있습니다. 그렇기 때문에 성경을 이해하는 데 있어서 모든 부분을 서로 연결지어 해석하며 내용적 통일성을 찾아야 합니다. 그리고 항상 성경의 중심 주제가 무엇인가를 염두에 두고서 그 부분의 내용이 왜 기록되어 있으며 무슨 의미를 가지고 있는지 살펴보아야 합니다.

성경의 중심은 성경이 구속사의 책인 만큼 물론 '하나님의 구원'입니다. 때문에 창세기 12:1-3 내용에서도 하나님의 구원의 역사를 찾아 볼 수 있으며, 이 부분이 구속사를 이루는 데 있어서 어떤 역할을 하며 어떤 위치에 있는가를 살펴보는 것이 곧 창세기 12:1-3의 구속사적 의의입니다.

1. 창세기 12:1-3의 이해

마태복음 1:1은 "아브라함과 다윗의 자손 예수 그리스도의 세계라"고 시작합니다. 여기에서 세계란 곧 족보 또는 계보란 말입니다. 전에도 말씀드렸듯이 성경에 족보가 기록되어 있는 것은 지금까지 역사를 총정리하고 이제부터 새로운 역사가 펼쳐지게 되어 그 일의 주인공이 될 새 인물의 내력을 알려주기 위함입니다.

그러므로 신약의 처음이 예수님의 탄생을 알리기 위한 족보라는 점에서 매우 큰 의미를 가지고 있습니다. 즉 지금까지 구약의 모든 역사를

총정리하고 이제부터 예수님에 의해 새롭게 전개될 역사가 펼쳐지게 될
것이라는 선포입니다. 그런데 마태복음 1:1은 예수 그리스도의 근원이
다윗과 아브라함에게까지 거슬러 올라간다고 말하고 있습니다. 이것은
예수의 탄생이 아브라함과 다윗과 긴밀한 연관이 있음을 뜻합니다.

이것으로 보아 아브라함과 다윗의 역할이 무엇인가를 이해한다면 예
수님의 역할이 무엇이며 그 탄생의 의미가 무엇인가를 이해하는 데 큰
도움이 될 것을 짐작할 수 있습니다. 그런 의미에서 창세기 12:1-3은 예
수 그리스도의 탄생의 의미와 예수 그리스도의 행하실 사역의 성질을
이해하는 데 있어서 큰 비중을 차지한다고 말할 수 있습니다. 그런데 창
세기 12:1-3을 이해하기 위해서는 먼저 바벨탑 사건과 셈의 족보를 연
결하여 이해해야 합니다.

1) 바벨탑 사건의 의미

바벨탑 사건은 하나의 민족이었던 우리 조상들이 언어가 달라져 각각
여러 민족으로 나뉘어 흩어지게 되었다는 내용으로 많이 알려져 있습니
다. 하지만 이 사건의 더 큰 의미는 그들이 하나의 큰 민족을 이루어 흩
어짐을 면하고 그들의 이름을 내기 위해 인간의 나라를 건설하고자 했
다는 점입니다. 이것으로 보아 인류가 본래 힘써야 했던 하나님의 나라
건설보다는 인간의 나라 건설을 도모하는 인간의 부패된 본성이 노아의
홍수 이후에도 여전히 남아 있음을 볼 수 있습니다.

바벨탑 사건은 인간의 근본적인 죄의 성질이 인간의 본성에 얼마나
깊이 뿌리박혀 있는가를 단적으로 보여줍니다. 그리고 이러한 인간의
본성에 의해 세워지는 인간의 나라는 하나님의 구원 계획에 역행할 수
밖에 없기 때문에 결국 하나님을 거역하는 것이며 그 결과 하나님의 심
판을 면치 못한다는 경고의 의미를 이 사건에서 찾아 볼 수 있습니다.

2) 셈의 족보와 아브라함의 관계

이처럼 부패한 인간의 본성은 하나님의 진노를 받을 수밖에 없고 그들의 역사는 멸망받을 수밖에 없지만, 그럼에도 불구하고 하나님은 특별히 셈의 후손 가운데 아브라함을 부르시어 인류를 구원할 계획을 갖고 있었습니다.

하나님께서 셈의 후손 가운데서 아브라함을 출생시킨 것은 창세기 9:26-27의 노아의 축복에 근거하고 있습니다. 이것으로 보아 아브라함의 출생은 셈이 하나님께로부터 받은 축복과 긴밀한 관계가 있음을 알 수 있습니다.

> "또 가로되 셈의 하나님 여호와를 찬송하리로다 가나안은 셈의 종이 되고 하나님이 야벳을 창대케하사 셈의 장막에 거하게 하시고 가나안은 그의 종이 되게 하시기를 원하노라 하였더라"(창 9:26-27).

이 말씀 가운데서 우리는 하나님께서는 셈의 하나님이 되어 주시리라는 약속을 찾을 수 있습니다. 또한 이에 근거하여 셈의 하나님이 되신 분께서는 역시 아브라함의 하나님이 되실 것도 알 수 있습니다. 그 하나님께서 이제 셈의 장막을 통하여 온 민족이 복을 받도록 하시겠다는 약속에 근거하여 펼치고자 하시는 섭리를, 우리는 아브라함을 부르시고 축복하신 하나님의 말씀 가운데서 찾을 수 있습니다.

> "여호와께서 아브라함에게 이르시되 너는 너의 본토 친척 아비집을 떠나 내가 네게 지시할 땅으로 가라 내가 너로 큰 민족을 이루고 네게 복을 주어 네 이름을 창대케 하리니 너는 복의 근원이 될지라 너를 축복하는 자에게는 내가 복을 내리고 너를 저주하는 자에게는 내가 저주하리니 땅의 모든 족속이 너를 인하여 복을

얻을 것이니라 하신지라"(창 12:1-3).

3) 창세기 12:1-3의 의미

이상을 보아 인류의 역사는 멸망의 역사이며 인간이 건설하고자 하는 유토피아적 나라는 한낱 허상에 지나지 않음을 알 수 있습니다. 반면에 하나님께서 셈에게 주신 약속에 따라 아브라함을 통하여 그의 나라를 건설하고 모든 족속을 복 주시겠다는 하나님의 의지의 선언을 볼 수 있습니다.

2. 구속사적 의의

그러므로 죄와 허물로 마땅히 죽을 온 인류가 아브라함을 통해 하나님의 영광의 나라에 참여하도록 하시겠다는 것이 곧 창세기 12:1-3이 갖고 있는 구속사적 의의입니다. 아브라함에게 약속하신 하나님의 나라는 마침내 다윗에게서 그 역사적 성취를 이루게 됩니다. 이것으로 보아 아브라함과 다윗에 의해 이땅에 실현되었던 하나님의 나라가 이제 예수 그리스도의 탄생을 통하여 완성될 것이라는 선포가 마태복음 1:1의 내용입니다.

비록 다윗에 의하여 세워졌던 다윗 왕국은 죄의 오염으로 무너지고 말았지만 장차 예수 그리스도에 의해 세워질 하나님의 나라는 모든 죄의 오염을 제거하고 영원하고 완전한 나라가 될 것입니다. 이것을 선포하는 것이 마태복음 1:1이라고 한다면 창세기 12:1-3은 구약의 마태복음 1:1이라고 할 수 있습니다.

9. 아브라함 : 약속의 언약

창세기 15장 - 17장

창세기 12:1-3에서 하나님은 아브라함에게 큰 민족을 이룰 것과 복의 근원이 될 것을 약속하시고 12:7에서는 가나안 땅을 영토로 주겠다고 하셨습니다. 그후 13장에서 롯이 아브라함을 떠나게 되었습니다.

롯이 아브라함을 떠난 뒤에 하나님은 다시 아브라함에게 그 땅을 줄 것과 아브라함의 자손이 땅의 티끌과 같이 많아질 것을 약속해 주셨습니다(창 13:14-18).

그후 15장에서 다시 하나님은 아브라함과 언약을 체결하십니다. 15:2에서 아브라함은 자식이 없으므로 그의 종 다메섹 사람인 엘리에셀이 그의 상속자가 될 것이라고 한탄을 합니다. 그러자 하나님은 엘리에셀은 후사가 아님을 분명히 하시고, 하늘의 뭇별을 보여주며 아브라함의 후손이 이와 같을 것이라고 말씀하십니다(창 15:5). 아브라함이 그 증표를 구하자 하나님은 쪼갠 고기 사이로 지나가십니다(창 15:7). 이것은 하나님께서 약속을 어겼을 때 자신도 그와 같이 저주를 받을 것이라는 엄숙한 언약 체결식입니다. 그 내용은 다음과 같습니다.

전문 : 아브라함아 두려워 말라 나는 너의 방패요 너의 지극히 큰 상급이니라.

서언 : 네 몸에서 난 자가 네 후사가 되리라.

본문:

1. 네 자손이 뭇별과 같아지리라.

2. 나는 이 땅을 네게 주어 업을 삼게 하려고 너를 갈대아 우르에서 이끌어
낸 여호와로다.

3. 네 자손이 이방에서 객이 되어 그들을 섬기겠고 그들은 4백년 동안 네 자
손을 괴롭게 하리니 그 섬기는 나라를 내가 징치할찌며 그 후에 네 자손
이 큰 재물을 이끌고 나오리라.

4. 너는 장수하다가 평안히 조상에게로 돌아가리라.

5. 애굽 강에서부터 그 큰 강 유브라데까지 네 자손에게 주리라.

증표 : 하늘의 별들

체결식 : 하나님이 쪼갠 고기 사이로 지나가심

이 언약에서 주된 관심은 아브라함의 몸에서 난 자가 그 후사가 되리
라는 약속입니다. 그래서 이 언약을 가리켜 '약속의 언약' 이라고 합니다.

이후 17장에서 다시 하나님이 나타나셔서 이 약속의 언약을 확인하고
계십니다. 그 내용을 살펴보면 다음과 같습니다.

언약 대상자 : 아브라함과 그의 후손들

전문 : 나는 전능한 하나님이라 너는 내 앞에 행하여 완전하라.

서언 : 내가 내 언약을 나와 너와 네 후손의 하나님이 되리라.

본문 :

1. 너는 열국의 아비가 될지라 나라들이 네게로 좇아 일어나며 열왕이 네게
로 좇아 나리라.

2. 내 언약을 나와 너와 네 대대 후손사이에 세워서 영원한 언약을 삼고 너
와 네 후손의 하나님이 되리라.

3. 내가 너와 네 후손에게 너의 우거하는 이 땅 곧 가나안 일경으로 주어 영
원한 기업이 되게 하고 나는 그들의 하나님이 되리라.

증표 :
1. 아브람의 이름을 아브라함으로(사래를 사라로)
2. 이삭을 주리라(아브라함과 사라 사이에서)

체결식 : 할례

복과 저주 : 할례를 받으면 내 언약이 너희 살에 영원한 언약이 되고 받지 아니한 자는 백성 중에서 끊어지리라.

위와 같은 구분이 꼭 필요한 것은 아니지만, 이해를 돕기 위해 구분해 보았습니다. 이제 그 의미를 살펴봅시다.

지금까지 관심이 되어 왔던 하나님의 나라가 건설되는 데 있어서 영토에 대한 문제는 15장에 와서 그 범위가 확실하게 밝혀진 것을 볼 수 있었습니다. 아직 남아 있는 문제는 그 땅을 기업으로 받을 백성에 대한 것인데 그동안 롯과 엘리에셀은 제외된 것을 보았습니다. 그렇다면 하나님 나라의 백성은 이 약속의 언약에서 출생된 이삭을 통하여 그리고 4백년간 이방 생활을 통하여 이루어질 것이라는 사실이 분명하게 밝혀지고 있음을 알 수 있습니다.

이것으로 보아 하나님께서 약속한 씨를 통해서만 하나님 나라가 유업으로 주어질 것이 분명해지게 된 것입니다.

그리고 하나님은 그 백성들에게 할례를 행하게 함으로써 그들이 하나님의 백성이 되고 하나님은 그들의 하나님이 되시겠다고 약속하셨습니다. 특히 "내가 내 언약을 나와 너와 네 대대 후손의 사이에 세워서 영원한 언약을 삼고 너와 네 후손의 하나님이 되리라"(창 17:7)는 말씀은 언약의 내용 중에서 매우 큰 비중을 차지하고 있음을 염두에 두어야 합니다.

즉 하나님이 언약을 세우시는 것은 그들로 하여금 하나님의 백성이 되게 하신다는 말인데, 이는 곧 그들이 하나님의 나라에서 주인공이 된다는 의미이며 바로 그들이 하나님 나라의 유업을 받을 사람이며 하나님 나라에서 왕이 될 사람이라는 의미를 내포하고 있습니다. 그리고 하나님께서 친히 그들의 하나님이 되시겠다는 것은 창세기 1장의 천지 창조와 2장의 에덴동산에서 주어진 창조언약과 매우 밀접한 연관이 있음을 보여줍니다.

아브라함과 언약을 맺으신 하나님은 친히 쪼개어진 짐승 사이로 지나가셨을 뿐만 아니라 할례 예식을 치루게 함으로써 완벽한 언약을 체결하고 있음이 또 다른 특징으로 기억되어야 합니다. 여기에서 할례의 의미를 잠시 살펴 보겠습니다.

1. 할례는 언약의 공동체에 속하였음을 상징합니다.
할례는 하나님과 인간이 맺은 언약의 상징입니다. 그러므로 할례를 받지 않으면 그 백성의 회중에 들어올 수 없는 것입니다. 할례를 받았다는 것은 언약의 백성이라는 증표입니다.

2. 할례는 정결을 상징합니다.
약속의 씨의 계열에서 할례를 행하는 것은 단순히 육체적인 혈통만이 그 후손으로 인정된다는 것이 아니라 정결한 자라야 그 혈통 안에 포함된다는 것을 의미합니다. 그러므로 아담 이후부터의 부패된 인간의 죄악의 본성이 제거되어야만 그 나라의 회중이 될 수 있는 것입니다.

특히 할례가 이스라엘뿐만 아니라 이방인과 노예까지도 허용하고 있다는 사실을 유의해야 합니다. 누구나 하나님의 나라에 들어가기 위해서는 먼저 하나님 앞에서 정결해야만 합니다. 이 정결 예식의 절정이 곧 예수 그리스도께서 십자가에서 피흘리신 사건입니다. 그러므로 신약의 성도는 예수 그리스도의 보혈로써 깨끗함을 얻을 수 있습니다.

3. 할례는 새 사람의 탄생을 예고하고 있습니다.

남자의 생식기의 표피를 제거한다는 것은 생명의 근원을 제거한다는 의미를 내포하고 있습니다. 이것은 곧 인간의 생식 수단이 아닌 전혀 다른 하나님의 은혜로 예비된 새로운 탄생을 통해서만 그 약속의 씨가 유지된다는 것을 의미합니다.

그러므로 인류를 구원할 메시아는 인간의 생식 수단과는 다른 상태로 출생하게 될 것입니다. 이것은 곧 아담에게서부터 이어왔던 인간의 죄의 부패에서 완전히 단절되었다는 의미를 포함합니다. 그 결과 우리의 옛 사람인 죄악의 본성을 벗어버리고 영적으로 거듭난 새 사람을 입게 되었다는 것을 할례는 상징하고 있습니다.

이상을 볼 때 할례는 생식기의 표피를 제거함으로써 자신을 정결케 하는 것으로 이것은 하나님을 사랑하고 그분에게 복종하는 생활에 가장 근본이 되는 내부의 정화를 상징합니다. 그리고 그렇게 할 때만이 하나님의 나라를 유업으로 상속받을 수 있습니다. 그리고 이처럼 몸에 새긴 흔적은 하나님과 인간이 맺은 언약의 증표이며 하나님 나라의 백성이 된 증표입니다.

이 할례는 신약에 와서 세례로 대치되었습니다. 그러므로 세례의 의미도 역시 할례와 같습니다. 곧 생식기의 표피를 절단하는 것이 인간의 본성에 내재하고 있는 죄를 제거하는 것을 상징하는 것처럼 세례를 받음은 옛 사람을 벗어버리고 새 사람을 입는다는 것을 의미합니다.

차이점이 있다면 할례는 그 표적을 몸에 새겼지만 세례는 표적을 마음에 새긴다는 것입니다. 그러므로 우리가 세례를 받는 것은 우리 마음에 할례를 행한다는 것이며 새로운 사람으로 거듭난 것을 상징하는 것이며 하나님의 구원의 언약에 참여한 하나님의 백성이 되었다는 것을 의미하고 있습니다.

10. 욥기 : 고난의 의미

갑자기 욥기를 보는 것은 욥이 아브라함과 같은 시대의 인물이기 때문입니다. 우리는 욥을 통하여 하나님께서 계시하신 또 다른 의미가 무엇인지를 살펴볼 수 있습니다.

욥기는 흔히 왜 의인이 고난을 받아야 하는가? 하는 주제로서 자주 다루어져 왔습니다. 그러나 쉽게 해석할 수 없는 책이기도 합니다. 여기에서는 욥기가 우리에게 주는 의미가 무엇인가를 살펴보고자 합니다.

욥기 1장을 보면 욥은 완전한 의인이었습니다. 그리고 그가 당한 크나큰 시련을 완벽하게 이겨내고 있는 것을 22절의 "이 모든 일에 욥이 범죄하지 아니하고 하나님을 향하여 어리석게 원망하지 아니하니라"는 말씀 가운데 찾아볼 수 있습니다. 우리는 여기에서 마치 욥이 시험을 당한 것이 사단이 하나님께 참소함으로 온 것인양 생각하기가 쉽습니다.

그러나 근본적인 의미는 완전한 의인일지라도 하나님은 시험하신다는 데 있습니다. 사단은 단지 하나님의 도구로 사용되고 있다는 사실을 잊어서는 안 됩니다. 왜냐하면 사단을 지배하시는 분은 곧 하나님이시기 때문입니다. 그러므로 욥이 당한 시험은 사단에게서 온 것이 아닙니다. 이 시험은 하나님께서 왔습니다. 그렇기 때문에 욥이 당한 시험의 의미가 우리에게 계시의 말씀으로 지금도 깊은 관계가 있습니다.

　욥기 2장 이후에 또 다시 사단이 욥을 참소합니다. 1장에서는 "욥이 어찌 까닭없이 하나님을 경외하리이까 … 이제 주의 손을 펴서 그의 모든 소유물을 치소서 그리하면 정녕 대면하여 주를 욕하리이다"(욥 1:1-11) 하던 사단은 2장에서는 "이제 주의 손을 펴서 그의 뼈와 살을 치소서 그리하시면 정녕 대면하여 주를 욕하리이다"(욥 2:5)라고 합니다. 처음에는 욥의 소유물이 다 빼앗겼고 이번에는 욥 자신이 악창에 걸려 고통을 당하게 되었습니다.

　이후 그의 아내가 욥을 종용하면서 하나님을 욕하고 죽으라고 하지만 끝내 욥은 그의 믿음을 저버리지 않습니다. 그리고 욥의 세 친구와 오랫동안 욥이 당한 고난이 어디에서 왔는가에 대하여 서로 논란을 합니다. 세 친구는 욥의 자녀들이 불의했기 때문에 죽었고 욥 자신도 불의를 행하였기 때문에 이처럼 하나님 앞에서 심판을 당한다고 주장합니다.

　욥은 결코 자신에게는 아무런 불의함이 없으며 오히려 하나님 앞에서 완전하다고 그의 결백을 주장합니다. 욥기 27:5에서 "나는 단정코 너희를 옳다 하지 아니하겠고 죽기 전에는 나의 순전함을 버리지 아니하리라"고 욥이 주장하게 됨으로 더이상 세 친구는 말을 하지 못하게 됩니다.

　그러자 엘리후가 등장하여 세 친구들에게 충고합니다. 욥의 죄악을 들추어내는 행위는 어리석은 일이며 욥의 고난에 대한 새로운 의미를 찾아야 할 것을 말합니다(욥 32장). 그리고 엘리후는 하나님보다 의로운 인간은 결코 있을 수 없으며 오히려 하나님은 긍휼을 베푸사 인간을 구원하시기로 계획하고 계시는 분이라면서 욥에 대해 질책합니다(욥 33장).

그리고 이렇게 덧붙입니다. "하나님은 곤고한 자를 그 곤고할 즈음에 구원하시며 … 그러므로 하나님이 너를 곤고함에서 이끌어 내사 … 너는 분격함을 인하여 징책을 대적하지 말라 대속함을 얻을 일이 큰즉 스스로 그릇되게 말찌니라"(욥 36:15-18). 그러므로 스스로 의롭다고 자처하지 말고 오히려 고난을 통하여 하나님의 큰 사랑을 찾을 것을 강조하면서, 엘리후는 37장에서 하나님의 큰 섭리를 찾아야 한다고 그의 변론을 마칩니다.

그후 38장부터 41장까지는 직접 하나님께서 폭풍가운데 나타나서 말씀하십니다. 하나님은 "하나님이 하시는 일 중에 어느 하나라도 인간이 감히 할 것이 있느냐"고 하시면서 "네가 내 심판을 폐하려느냐 스스로 의롭다 하려 하여 나를 불의하다 하느냐"(욥 40:8)고 질책하십니다.

그러자 욥은 마침내 "내가 주께 대하여 귀로 듣기만 하였삽더니 이제는 눈으로 주를 뵈옵나이다. 그러므로 내가 스스로 한하고 티끌과 재 가운데서 회개하나이다"(욥 42:5-6)고 고백하고 맙니다. 하나님은 회개하는 욥에게 시험 전보다 두배의 복을 주심으로써 욥기가 끝나게 됩니다.

그러면 욥기가 우리에게 주는 의미는 무엇일까요?

전도서 기자는 "헛되고 헛되며 헛되고 헛되니 모든 것이 헛되도다"(전 1:2)라고 말합니다. 그 결과 아무리 내 지성으로 삶을 이해하려고 해도 도무지 그 해답을 구할 수 없고 삶의 의미를 찾을 수 없다는 것을 알게 됩니다. 결국 우리의 삶은 내 손에 있는 것이 아니라 내 밖의 누구에게 달려있다는 것을 깨닫게 됩니다. 그래서 전도서 기자는 "하나님을 경외하고 그 명령을 지킬지어다 이것이 사람의 본분이니라"(전 12:13)고 증거합니다.

이 세상 모든 천지만물은 하나님에 의해 운행되며 다스려지고 있습니다. 또한 인간 만사도 역시 하나님에 의해 주장되고 있음을 우리는 알고 있습니다.

그런데도 우리에게는 의문이 계속 남아 있습니다.
(1) 그럴지라도 내가 알지 못하면 나와 무슨 상관이 있는가?
(2) 만사를 하나님의 뜻대로 한다면 인간은 무엇인가?
(3) 하나님이 다스리는 이 세상에 왜 불의가 가득한가?
(4) 왜 사람은 마침내 죽음으로 끝나는가?

이런 상황에서 해답을 제시해 주는 것이 곧 욥기입니다. 첫째, 욥이 당한 시험은 욥을 두고 하나님의 명예를 걸고 사탄과 시험을 한 것입니다. 결국 이 싸움에서 하나님이 승리를 하게 되고 사단은 완전한 패배를 당하게 됩니다. 둘째, 욥은 그러한 계획을 알지 못하나 그 고통 가운데서 오히려 하나님을 만나게 됨으로 마침내 고난을 극복하게 되는 것입니다.

욥은 완전한 의인이었으나 그러나 인간의 깊은 곳에는 여전히 죄의 오염이 남아있기 때문에 인간은 하나님 앞에서 철저하게 낮아져야 하고 깨어져야 합니다. 아주 완벽하게 하나님 앞에서 부수어지고 깨어질 때 오히려 욥은 영원히 죽을 수밖에 없는 죄인의 신분에서 구원의 은총을 입게 되며, 그것은 어떤 고난보다도 더 의미가 있으며 기쁨에 넘치는 것이었습니다. 이처럼 성도는 하나님 앞에서 완전하게 낮아지고 깨어져야 합니다. 바로 이 일까지도 하나님께서 해 주시는 것입니다.

"마음이 청결한 자는 복이 있나니
저희가 하나님을 볼 것임이요"(마 5:8).

제 2 부

가나안에서 애굽까지

11. 이삭 : 약속의 씨

창세기 21장 - 24장

이삭의 탄생은 성경의 흐름을 볼 때 대단한 의미를 가지고 있습니다. 이삭이 출생하지 않았다면 지금까지의 모든 언약은 수포가 되어버리기 때문입니다. 즉 아담-셋-노아-셈-아브라함으로 연결되는 거룩한 씨의 계보는 자칫 그 후사가 없어 끊어질 위기에 직면해 있었습니다.

이 후사를 누가 이을 것인가에 대한 관심이 집중되는 가운데 롯과 엘리에셀과 이스마엘이 등장하지만 모두 떠나가고 하나님은 아브라함과 사라에게서 출생한 이삭이 약속의 씨로 세워질 것임을 여러 차례 걸쳐서 계시해 주십니다. 이러한 사실을 볼 때 이삭의 출생이 갖는 의미가 얼마나 중요한지 짐작할 수 있습니다.

결국 아브라함과 사라에게서 약속의 씨인 이삭이 출생하게 됨으로 거룩한 씨의 계보가 이삭에게까지 연결되어 창세기 3:15절 이후부터의 언약이 끊이지 않고 이어지게 된 것입니다. 우리는 아브라함의 믿음이 돈독하여서 끝까지 하나님을 믿고 순종함으로 아들 이삭을 얻은 것이라고 생각해서는 안 됩니다. 아브라함은 이 일에 있어서 이미 하갈을 통해 이스마엘을 생산함으로 실패했었음을 기억해야 합니다.

이삭의 출생은 어디까지나 하나님의 의지의 결과이며 전적으로 아담

(은혜의 언약)과 노아(보존의 언약)와 맺은 약속의 성취이며 은혜의 산물이었습니다. 물론 이 약속의 아들을 가장 기다렸던 사람은 아브라함이었습니다. 그의 열심이 지나쳐 인간적인 방법으로 이스마엘을 생산하기까지 하였지만, 그러나 하나님의 나라를 유업으로 받을 인물은 인간이 결정하는 것이 아니라 하나님께서 결정하시는 것입니다.

그렇기 때문에 하나님은 "이 여종과 그 아들(이스마엘)은 내어 쫓으라 이 종의 아들은 네 아들과 함께 기업을 얻지 못하리라"(창 21:10)고 하시며 "이삭에게서 나는 자라야 네 씨라 칭할 것임이니라"(창 21:12)고 선언하십니다. 이 선언은 아담-셋-노아-셈-아브라함에게 이어지는 하나님의 언약이 이삭과 그 후손에게 연결될 것이며 이 일을 추진하시는 분은 하나님 자신이라는 선포입니다.

이처럼 의미깊은 출생이었기 때문에 그 출생의 근원 역시 초역사적입니다. 이미 나이 늙어 생산할 능력이 없는 아브라함과 경수가 끊어져 생산이 중단된 사라 사이에서 이삭이 출생한 것은 마치 동정녀 마리아에게서 예수님이 탄생한 것과 같은 신비스러운 하나님의 적극적인 간섭이 있었음을 볼 수 있습니다.

그런 귀한 아들이었건만 하나님은 아브라함에게 이삭을 제물로 바칠 것을 요구하십니다(창 22장). 이것은 아브라함에게 이루 형용할 수 없는 가슴 아픈 요구이지만 이삭이 누구의 소유인가를 확인하는 작업이기도 한 것입니다.

우리는 아들을 바치기로 한 아버지의 심정이 얼마나 고통스러운지를 잘 알고 있습니다. 그러나 이 고통말고 더 깊은 고통이 아브라함에게 있었습니다. 아들을 잃는 고통보다 더 깊은 고뇌가 그의 가슴속에 있었던 이유는 무엇이었을까요?

지금까지 우리가 생각해 온 관점들을 돌이켜 보시기 바랍니다.

이삭은 앞에서 말씀드린 것처럼 '약속의 씨' 입니다. 이 이삭이 죽게 된다면 지금까지 연연히 흘러온 하나님의 구원의 역사(우리는 이 역사를 '구속사' 라고 합니다)는 그 맥이 끊어지고 말 것입니다. 뿐만 아니라 아담에 게 약속한 거룩한 씨의 후손이 단절됨으로 말미암아 아담 이후로 모든 인류를 구원할 여자의 후손(메시아)의 탄생에 대한 소망까지도 없어지게 됩니다.

아브라함이 이삭을 얻고 기뻐한 것은 친아들을 얻은 기쁨보다는 이러 한 맥락에서 구세주를 기다리는 기쁨이 훨씬 컸다는 점을 잊어서는 안 됩니다. 즉 아담, 노아 그리고 자신에게 직접 언약을 맺은 하나님과 약 속의 성취라는 점에서 그 기쁨이 대단했습니다.

이삭은 아브라함뿐만 아니라 하나님에게도 무척 소중한 존재였습니 다. 전 인류 구원의 약속 성취가 이삭에게 달려있기 때문입니다. 이삭의 후손에서 메시아가 탄생할 것인데 그 이삭을 요구한다는 것이 얼마나 위험한 시험인지 하나님 자신이 더 잘 알고 계시는 것입니다. 이런 배경 을 염두에 둘 때 본문 22장의 의미를 더 깊이 찾아볼 수 있습니다.

아브라함은 기꺼이 이삭을 하나님께 드리기로 했습니다. 비록 이삭을 바친다 하더라도 하나님께서 인류를 구원할 놀라운 계획을 갖고 계실 것을 믿었기 때문입니다. 22:8의 "아들아 번제할 어린양은 하나님께서 친히 준비하시리라"는 말은 바로 이런 의미였습니다.

이 믿음이 아브라함을 믿음의 조상으로 일컫게 하는 아브라함의 위대 한 점입니다. 비록 이삭을 바친다하더라도 하나님은 분명히 약속하신 구원의 계획만은 바꾸지 않으시리라는 것을 믿었습니다. 이미 아브라함은 이 시험에서 승리를 보장받고 있습니다.

22:16-18을 보십시오. "여호와께서 이르시기를 내가 나를 가리켜 맹세하노니 네가 이같이 행하여 네 아들 네 독자를 아끼지 아니하였은즉 ... 네 씨가 그 대적의 문을 얻으리라 또 네 씨로 말미암아 천하 만민이 복을 얻으리니 ..."

'네 씨'는 누구일까요? 천하 만민이 그로 인하여 복을 받을 그 씨는 누구를 가리키고 있을까요? 아담 이후 수많은 약속의 자녀들이 바라는 그 씨가 누구인가는 점점 더 밝히 보여질 것입니다. 한가지 이 사건에서 찾을 수 있는 것은 아브라함이 그 아들 독자를 아끼지 않았는데 하나님도 그 아들 독자인 예수 그리스도를 아끼지 않을 것이라는 사실입니다.

물론 아브라함이 이삭을 바쳤기 때문에 하나님께서 예수님을 주신 것은 아닙니다. 그렇지만 하나님의 의중 깊은 곳에는 우리가 전혀 상상하지도 못할 축복이 있음을 아무도 부인할 수 없는 것처럼, 여기에서 그리스도를 찾는 일에 큰 무리가 없습니다.

그후 사라가 죽었습니다(창 23장). 그러자 그 지역 주민들은 아브라함에게 좋은 곳을 골라 사라를 장사하도록 배려해 주었습니다. 그러나 아브라함은 에브론이라는 사람에게서 마므레 앞 막벨라 밭을 구입하여 가족의 묘지로 삼았습니다. 여기에는 숨겨진 아브라함의 의도가 담겨져 있습니다. 즉 하나님께서 그 땅을 아브라함에게 주실 것이라는 확고한 믿음에서 그 땅을 사들인 것입니다.

그후 아브라함 자신도 이곳에 몸을 묻었고 이삭과 야곱도 이곳에 몸을 묻게 됩니다. 그리고 먼 훗날 이 땅은 아브라함의 후손에게 주어지게 됩니다. 더 먼 훗날에는 이곳에서 다윗이 왕으로 즉위합니다. 이처럼 아브라함은 그 땅이 자기의 후손들에게 주어질 것을 바라보고 있었습니다. 믿음은 바라는 것들의 실상입니다.

24장에서는 이삭이 아내 리브가를 얻는 장면을 기록하고 있습니다. 그런데 22:20이하에 갑자기 리브가의 출생에 대하여 기록하고 있음을 유의해야 합니다. 이 족보는 나홀의 족보지만 무언가 심상치 않은 하나님의 섭리가 있기 때문입니다.

곧 24장에 와서 이삭이 나홀의 소생 중에서 아내를 구하게 되는데, 특히 리브가를 택하는 과정에 있어서 하나님의 적극적인 개입이 있었음을 간접적으로 서술하고 있음을 볼 수 있습니다. 이와 같은 계획을 하나님이 추진하고 계시는 것은 이삭을 통하여 약속의 씨가 이어지기 때문입니다. 그래서 하나님은 벌써부터 이삭의 배필을 준비하고 계십니다.

이처럼 하나님의 계획은 치밀하고 빈 틈이 없습니다. 그의 나라에 속한 백성은 모두 이와 같은 방법으로 예비하고 부르십니다. 24:60의 "우리 누이여 너는 천만 인의 어미가 될지어다 네 씨로 원수의 성문을 얻게 할지어다"라고 하는 오라버니들의 축복도 의미심장합니다. 왜냐하면 이 축복은 하나님께서 이삭을 통해 큰 민족을 이루시겠다고 하는 22:17의 축복과 일맥상통하고 있기 때문입니다. 이처럼 세세한 부분에서도 하나님의 섭리하심을 볼 수 있습니다.

12. 야곱 : 하나님의 나라를
유업으로 받기 위한 싸움

창세기 25장 - 28장

누가 하나님의 나라를 유업으로 이어받을까 하는 싸움은 야곱에게 와서 그 절정을 이룹니다. 특히 25장에서 그 사실을 잘 나타내 주고 있습니다. 25:6에서 "자기 서자들에게도 재물을 주어 자기 생전에 그들로 자기 아들 이삭을 떠나 동방 곧 동국으로 가게 하였더라"는 말씀 속에 아브라함의 서자들이 하나님 나라의 유업에서 떠나도록 하는 아브라함의 처사를 읽을 수 있습니다.

이어서 25:12와 25:19에 간략한 족보가 나오는데 이것은 이스마엘의 가계와 이삭의 가계가 완전히 분리됨을 보여줍니다. 이로써 아브라함의 유업을 이을 자는 이제 오직 이삭만이 남게 된 것입니다.

그러나 아직 싸움은 끝나지 않았습니다. 이삭의 아내 리브가가 잉태하게 되었는데 하나님은 그들에게 쌍둥이를 주셨습니다. 뿐만 아니라 이 두 아이가 태중에서부터 싸우고 있습니다(창 25:22).

이 싸움은 누가 하나님의 나라를 유업으로 받을 것인가 하는 싸움입니다. 리브가는 무척 고민이 되어 하나님께 물었습니다(창 25:22). 하나님은 "두 국민이 네 태중에 있구나 두 민족이 네 복중에서부터 나누이리라

이 족속이 저 족속보다 강하겠고, 큰 자는 어린 자를 섬기리라"(창 25:23)
고 대답해 주셨습니다.

기한이 되어 출산하게 되었습니다. 먼저 에서가 출생했습니다. 에서
란 '털난 자'란 뜻입니다. 그런데 에서의 발꿈치를 잡고 곧이어 야곱이
출생했습니다. 야곱이란 '발꿈치를 잡은 자'란 뜻입니다. 이것으로 보
아 이 싸움의 성격을 짐작할 수 있습니다. 물론 이미 하나님께서 복중에
서 이 싸움의 결과를 결정해 놓았지만 야곱은 어떻게든지 장자의 명분
을 얻기 위해 에서보다 먼저 나오려고 발버둥을 쳤던 것입니다. 그리고
이 장자의 명분을 위해 야곱은 끊임없이 기회를 노리고 있었습니다.
그 기회는 마침내 오고야 말았습니다. 팥죽 한 그릇에 에서는 쉽게 장
자의 명분을 야곱에게 팔고 말았습니다. 이는 에서가 장자의 명분을 가
볍게 여겼기 때문입니다(창 25:34).

여기에서 우리는 한 가지 짚고 넘어가야 할 문제가 있습니다. 왜 한
사람은 택함을 받고 한 사람은 버림을 받았는가 하는 문제입니다. 그것
도 한 어머니의 태중에서 말입니다. 그 해답은 오직 하나뿐입니다. 곧
하나님의 주권적인 선택이 그것입니다.

하나님께서 누구를 택하셨는지, 왜, 무엇 때문에 택하셨는지 우리는
알지 못합니다. 아담이 범죄로 죽게 되었을 때 하나님은 친히 찾아오셔
서 메시아를 약속해 주셨습니다. 전 인류가 죄악으로 홍수 심판을 받을
때 하나님은 노아를 부르시어 구원의 약속을 주셨습니다.
노아 홍수 이후 새롭게 번성한 인류가 바벨탑 사건으로 각 족속끼리
세상에 흩어져 살아갈 때 하나님은 아브라함을 택하여 언약을 맺으셨습
니다. 그리고 이삭을 택하여 하나님 나라의 유업을 잇게 하셨고 마침내
는 야곱을 택하여 이스라엘의 조상이 되게 하셨습니다. 이것은 모두 하

나님께서 주권적으로 계획하고, 선택하시고, 섭리하신 일입니다.

그러므로 우리는 왜 내가 구원받았는가에 대해 감격하지 않을 수 없습니다. 그 많은 사람들 가운데 어떻게, 왜 내가 하나님의 나라를 유업으로 받게 되었는지. 영원히 죄가운데 멸망받아 마땅할 인류를 구원하시고자 하나님께서 친히 오셨을 뿐만 아니라 바로 그 가운데 내가 선택되었다는 것은 어떤 말로도 표현할 수 없는 기쁜 일입니다. 이것이 곧 예정론의 핵심입니다.

창세기 26장은 20장과 같은 맥락에서 보아야 합니다. 이 사건은 25장에서 아브라함이 죽은 것(175세)으로 되어 있으나(창 25:7) 에서와 야곱이 출생한 때 이삭은 60세, 아브라함은 160세였던 것으로 보아 25장과 26장은 사건의 내용상 누가 하나님의 나라를 유업으로 받을까의 주제를 담고 있기 때문에 시간적 순서로 기록되지 않은 것 같습니다. 아마도 26장은 '아브라함 때에'라고 단서를 붙인 것을 보아서 야곱의 출생 이전으로 추측됩니다.

결국 야곱은 이삭에게서 축복을 받고 에서의 복수를 두려워하여 가나안(약속의 땅)을 떠나게 됩니다. 이는 하나님께서 약속을 이루어 주실 것을 굳게 믿지 못하고 인간적인 수단을 사용한 대가였습니다. 그러나, 하나님은 야곱을 통해 약속의 메시아를 주시기로 작정하셨기에 벧엘에서 그에게 나타나십니다. 그리고 아브라함과 이삭에게 맺은 언약을 재확인하셨습니다(창 28장).

"나는 여호와니 너희 조부 아브라함의 하나님이요 이삭의 하나님이라 너 누운 땅을 내가 너와 네 자손에게 주리니 네 자손이 땅의 티끌같이 되어서 동서남북에 편만할지며 땅의 모든 족속이 너와 네 자손을 인하여 복을 얻으리라"(창 28:13-14). 그리고 이 언약의 확인은 계속해서 야곱에게 주어지고 있습니다(창 31:3; 35:11-12). 이것이 곧 하나님께서 친히 인간을 찾아오셔서 맺어주신 주권적인 구원의 은혜입니다.

13. 이스라엘 : 하나님 나라의 백성

창세기 29장 - 36장

　지금까지 우리는 누가 하나님 나라를 유업으로 이어받을까에 관해 살펴보았습니다. 다시 정리해 본다면 족장사(아브라함-이삭-야곱의 역사)의 관심은 하나님 나라를 이어받을 자에 대한 것이었습니다.

　이제부터 어떻게 하여 하나님 나라의 백성들을 아브라함과 이삭과 야곱에게 약속하신 것처럼 하늘의 뭇별과 같이, 땅의 티끌과 같이 이룩해 나갈 것인가에 관심을 가져야 합니다. 그리고 특히 야곱의 이름이 이스라엘로 바뀌게 된 의미가 바로 이 점과 깊은 연관이 있음을 유의해야 합니다. 이제부터는 하나님의 나라를 유업으로 이어받은 이스라엘, 즉 선민의 역사가 시작되고 있습니다.

　29장은 야곱이 외삼촌 라반의 집에 살게 된 동기와 라헬을 사랑하여 7년간 봉사하였으나 라반의 음모로 레아와 결혼하게 된 내용이 실려 있습니다. 그 결과 야곱은 라헬을 얻기 위해 다시 7년을 더 일해야 했습니다. 30장에 와서는 라헬과 레아 사이에 질투가 발동하여 어떻게 야곱이 11명의 아들과 딸 디나를 얻게 되었는지를 기록하고 있습니다. 그리고 그런 배후에는 하나님께서 역사하고 계심도 볼 수 있습니다.

　이런 이야기는 별로 유쾌하지 않습니다. 그러나 여기에도 하나님의 깊으신 섭리가 담겨 있음을 알 수 있습니다. 물론 이 이야기는 장차 이 스라엘을 이룩할 12족장의 출생에 대한 복잡한 이야기이지만, 그 아내들과 여종들에게서 12족장이 출생했다는 것은 – 곧 그들이 하나님 나라의 백성이 됨 – 이제는 누가 그 나라의 유업을 받을 것인가 하는 문제는 일단락 되고, 야곱을 통하여 모두가 그 나라의 백성이 된다는 우주적인 구원관이 담겨 있습니다.

즉 하나님의 구원은 단순히 한 민족에게만 국한될 것이 아니라 장차 전 세계 민족으로 확대될 것이라는 여명의 불씨를 볼 수 있습니다.

두 여종 빌하와 실바는 그들의 여주인인 라헬과 레아의 질투심으로 야곱의 후처가 되었으나 그당시 종의 신분으로는 상상할 수도 없는 명실상부한 이스라엘 12족장의 어머니가 되었다는 것은 놀라운 일이 아닐 수 없습니다. 거기에는 주권적인 하나님의 역사하심이 있었습니다. 그와 같이 우리의 구원도 타의적인 선택에서 주어진 것입니다. 내가 구원을 받고자 하여 얻어진 것이 아니라, 오직 주권적으로 하나님께서 나를 택하여 그의 백성으로 삼아주신 것입니다.

이렇게 하여 이스라엘 국가를 이룩할 12족장의 출생이 이루어졌습니다(아직 막내인 베냐민은 출생하지 않았습니다만). 그리고 하나님의 복주심으로 거부가 된 야곱은 외삼촌 라반과의 분란으로 인해 밧단아람에 정착하지 못하고 본향인 가나안 땅을 소원하게 되었습니다. 이 모든 일에 역사하신 하나님은 야곱으로 하여금 마침내 그곳을 떠나도록 종용하셨습니다.

그러나 일단 가나안에서 쫓겨난 야곱이 다시 가나안에 들어가기 위해서는 선결되어야 할 문제가 있었습니다. 지금까지 야곱은 그 일생 항로에 있어서 너무나 인간적인 수단과 방법을 가리지 않았습니다. 그것은 라반의 집에서 떠나올 때까지도 변함이 없었습니다. 하나님은 그런 야곱을 새롭게 변화시켜야 할 필요를 잘 알고 계셨습니다.

그 방법으로 하나님은 야곱의 마음속에 에서를 심히 두렵게 만들었습니다. 야곱은 교묘한 방법으로 소유를 두 떼로 나누어서 최소한도로 피해를 막아보려고 하였으나, 그 자신은 에서로 인한 두려움 때문에 더이상 전진하지 못하고 얍복강에 홀로 남게 되었습니다.

하나님은 이제 완전히 허탈감에 빠져있는 야곱에게 찾아오셨습니다. 지금까지는 야곱이 하나님의 복을 많이 받았고 하나님은 그렇게 함으로써 이스라엘 12족장을 세우는 데 관심을 두셨으므로 그가 행한 여러 가지 육적인 행위는 어느 정도 묵과될 수 있었습니다. 그러나 이제 가나안 입성을 앞둔 야곱에게서 그러한 육적인 요소들을 제거해야 할 때가 온 것입니다. 야곱의 인생에 있어서 획기적인 사건은 이렇게 해서 이곳 브니엘에서 발생되었습니다.

하나님은 야곱과 친히 씨름을 하시고 이제부터는 인간과 다툴 것이 아니라 복을 얻기 위해서는 하나님께 매달리도록 가르쳐 주셨습니다. 그리고 그 이름을 다시는 야곱이라 하지 않고 '이스라엘(하나님과 겨루어 이김)'이라 부르게 하셨습니다.

야곱은 이 싸움의 결과로 환도뼈가 부러졌습니다. 그는 평생 절뚝거리지 않을 수 없었습니다. 인간적인 방법에 의존하다가는 그렇게 부러질 것이라는 경고였습니다. 하나님만 의지하고 하나님만 바라도록 주어진 증표입니다. 그런 후 야곱은 형 에서를 만날 수 있었습니다. 에서에 대한 두려움은 너무나 쉽게 무너지고 오히려 감격적인 화해가 이루어졌습니다. 하나님을 바라볼 때 어떤 두려움도 이처럼 쉽게 소멸되고 마는 것입니다.

"야곱이 밧단 아람에서부터 평안히 가나안 땅 세겜성에 이르러 성 앞에 그 장막을 치고 ..."(창 33:18)라고 기록하며 33장이 끝납니다. 그러나 야곱은 28:18-22에서 하나님과 약속한 것이 있음에도 불구하고 벧엘로 올라가지 않고 세겜에 너무나 오랫동안 머물러 있었습니다. 결국 디나 로 인해 야곱의 아들들이 그곳 세겜 사람들을 살상하는 사건으로 큰 위 기에 직면하게 되자, 야곱은 서둘러 벧엘로 올라가게 됩니다. 이렇게 벧 엘에 도착한 야곱에게 하나님은 다시금 언약을 재확인시켜 줍니다 (35:9-12).

끝으로 창세기 35:18에서 베냐민이 출생하여 지금까지 하나님께서 계획해 오셨던 이스라엘 12족장이 모두 출생됨으로 그 긴 이야기가 끝 이 납니다. 특히 23절 이하의 족보는 이러한 점을 잘 보여주고 있습니 다. 즉 하나님의 역사가 새로운 국면에 접어들고 있음을 보여줍니다.

그런데 이 족보에서는 이전의 족보와는 다른 점을 볼 수 있습니다. 지 금까지는 어느 한 개인의 출생에 대하여 관심을 갖고 중시한 반면에 이 곳의 족보는 12아들의 출생에 관하여 관심을 보이고 있습니다. 이제 이 12아들이 어떻게 무슨 일을 해 나갈 것인가에 대하여 관심을 가져야 할 때가 온 것입니다.

이 12아들의 역사는 따로 독립되어 있지 않고 족장 야곱의 역사에 소 속되어 있다는 점에서 주의를 요합니다. 왜냐하면 족장사는 아브라함- 이삭-야곱으로 일단락 되며, 이스라엘 12아들은 족장사가 아닌 이스라 엘의 역사, 즉 선민의 역사를 이루고 있기 때문입니다. 따라서 창세기가 끝나고 새로 시작되는 출애굽기는 개인의 역사보다는 이스라엘이라는 민족사에 관심을 갖고 있다는 것이 창세기와는 다른 점입니다.

또 한가지 관심을 가질 것은 36장에 기록된 에서의 족보가 이제 완전히 독립되어 새로운 가계를 형성하고 있다는 점에서 그의 후손인 에돔 족속이 하나님 나라인 이스라엘과 완전히 분리되고 있음을 보여주고 있습니다. 이렇게 함으로써 하나님 나라의 백성에 대한 윤곽이 확실히 드러나게 되었습니다.

14. 유다 : 메시아의 탁월성

창세기 37장 - 38장

37장은 35장의 계속입니다. 35장은 이삭이 열조에게 돌아가는 것으로 끝맺고 있습니다. 이는 지금까지 이삭의 역사가 끝나고 야곱의 역사가 시작된 것을 의미합니다. 그런데 사실 이삭은 요셉이 애굽으로 팔려간 이후에 죽은 것 같습니다. 그럼에도 이삭의 죽음을 35장에서 기록하고 있는 것은 일단 이삭의 역사를 마무리 짓고 야곱의 후예들, 즉 이스라엘의 역사에 대하여 기록하고자 함입니다. 이처럼 성경은 시간적 서술을 무시하고 그 내용상의 구분을 위해서 이러한 방법을 사용하는 경우가 있다고 말씀드린 바 있습니다.

이제부터의 관심은 이스라엘 곧 하나님의 백성에 대한 역사입니다. 그래서 37장은 "야곱의 약전은 이러하니라"고 시작합니다.

레아와 라헬간의 사랑싸움은 끝내 그 아들들에게까지 이어지고 있음을 이곳에서 볼 수 있습니다. 또한 이야기의 중심이 급전하면서 요셉에게로 전환되고 있음을 볼 수 있습니다. 그리고 요셉의 꿈 이야기가 불씨가 되어 그동안 계속되어 왔던 갈등이 폭발하고 맙니다.

그 결과 요셉은 은 20에 이스마엘 사람들에게 팔려가고 맙니다. 요셉은 형들에게 죽을 뻔하였지만 유다의 적극적인 만류로 목숨만은 구할 수 있었습니다. 그리고 이어 무대는 요셉에게서 유다에게로 초점이 바

꿰게 됩니다. 즉 유다가 그의 자부 다말과 상관하여 쌍둥이 아들을 생산하는 불미스런 사건이 그것입니다.

우리는 37장과 38장에 있는 일련의 사건들을 접하면서 어떻게 이스라엘의 족장들이 그와같은 일을 행할 수 있을까? 하는 의구심을 감출 수 없습니다. 배다른 형제라 하지만 한 피를 나눈 형제를 팔아버릴 수 있다는 것과, 파렴치하게도 아버지 앞에서 그가 들짐승에게 찢겨 죽었다고 거짓을 고할 수 있다는 것은 쉽게 납득이 가지 않습니다. 그러나 이 사건 가운데는 먼 훗날 극심한 기아에서 그들을 구원하기 위한 하나님의 섭리가 숨겨 있으리라는 것은 아무도 상상하지 못했습니다.

유다 이야기 또한 이해하기가 쉽지 않은 내용입니다. 어떻게 유다(그는 적어도 약속의 자녀이며 천만인의 이스라엘의 두령이 될 사람입니다)가 가나안 여인을 취하여 혼인할 수 있을까 하는 문제뿐 아니라, 또한 유다가 자부와 상관하게 된 이야기까지 장황하게 성경이 기록하고 있는지 쉽게 납득되지 않습니다.

큰 아들 엘이 죽자 유다가 다말에게 둘째 아들 오난을 들여보낸 것은 수혼법(후사가 없이 남편이 죽을 경우 그의 동생이나 가까운 친척이 대신 들어가 후사를 잇게 하는 법)에 따른 것이었습니다. 그러나 오난은 다말에게서 날 아들이 자기의 후사가 아니라 형의 후사가 될 것을 싫어해서 땅에 설정onanism해 버리자 하나님은 그 행위를 악하게 보시고 오난을 죽이시고 맙니다.
이 수혼법은 이스라엘에게 중대한 의미가 있습니다. 후사가 끊어진다는 것은 그 가문이 멸절되는 것이기 때문에 하나님의 약속에 근거하고 있는 이스라엘의 후사의 출생은 곧 하나님의 약속의 성취로서 어느 상황에서도 그 후사가 끊어지지 않도록 하나님께서 배려해주신 특별한 법

입니다. 그런데 오난이 이 법을 어겨 결국 엘의 가계가 끊어지고 엘의
가계가 하나님의 백성 중에서 단절되게 됨으로 그 행위는 큰 죄악입니
다. 그래서 하나님은 오난을 죄없다 아니하시고 죽이셨던 것입니다.

　유다는 세째 아들 셀라 역시 다말과 상관하다 죽지 않을까 두려워서
셀라가 아직 어리다는 핑계로 다말에게 들어가는 것을 허락하지 않고
다말로 하여금 친정에 가서 기다리게 했습니다. 그러나 셀라가 장성한
뒤에도 관계를 맺지 못하게 되자 다말은 스스로 면박을 취하여 (이런 행위
는 당시 창기들이 하던 관습이었습니다) 시아버지 유다와 관계를 맺고 베레스
와 세라를 생산하게 됩니다. 이러한 성경의 기록을 통해 우리는 하나님
의 깊으신 섭리를 찾을 수 있습니다.

　그것은 유다의 허리에서 인류의 구세주이자 아담-노아-아브라함을
잇는 언약의 성취자 메시아가 나와야 하기 때문이었습니다. 그래서 엘
이 후사가 없이 죽고 난 후에 동생 오난이 다말에게서 후사를 이을 아들
을 생산해야 했습니다.
　그런데 오난이 자기의 개인적인 감정을 앞세워 하나님의 이러한 계획
을 멸시하고 후사를 생산하지 못하도록 한 것은 곧 하나님의 명령을 거
역한 것이며 전 인류의 구속과 언약을 깨뜨리는 죄악이었습니다.

　왜 하나님은 유다를 통해 메시아를 예비하셨는지 우리는 알 수 없습
니다. 12아들중 큰아들도 아닌 넷째 아들에게 후사를 잇도록 하셨는지
좀더 살펴보겠습니다.

　우리가 이곳 37, 38장에서 찾을 수 있는 의미는 무엇일까요? 언뜻보
면 37장부터는 요셉에 대해 초점을 맞추고 있는 것 같습니다. 그리고 요
셉이 은 20에 팔린 것은 마치 예수님이 은 30에 팔린 것을 미리 보는 듯

도 합니다. 또한 요셉이 모든 고난을 극복하고 승리하여 애굽의 총리대신이 되는 것을 볼 때, 우리 성도들도 오직 믿음으로 시험과 고난을 극복할 때 그와같은 영광을 얻을 수 있음을 증거해 주는 것 같습니다. 그리고 그와 같은 일을 섭리하시며 경영하시는 하나님을 발견하고 찬양을 드리지 않을 수 없습니다.

여기서 더욱 큰 하나님의 계획은 물론 이스라엘 민족이 극한 기아에 직면해 있을 때 요셉에 의하여 구원을 얻게 되며, 애굽에서 큰 민족을 이루고자 하신 하나님의 은혜를 보는 것입니다. 이 문제는 다음 장(요셉 : 하나님 백성의 보호)에서 다시 다루도록 하겠습니다.

그런데 문제가 하나 있습니다. 성경은 갑자기 유다의 기사를 요셉 이야기 속에 삽입하고 있다는 점입니다. 이렇게 함으로써 우리의 시각을 요셉에게서 유다에게 돌리도록 유도하고 있다는 점이 심상치 않습니다. 그렇다고 해서 유다의 행실에 돈독한 믿음이 있어 우리에게 어떤 귀감이 되는 것을 기록한 것도 아닙니다. 그는 어떻게 보면 이방 여인을 취했기 때문에 순수한 이스라엘의 혈통을 잃어버리고 이방인과 혼합되고 있는지도 모릅니다. 나아가 자부와 관계를 맺고 쌍둥이 아들을 생산한다는 기사는 세상사에서도 기이한 이야기입니다.

그러나 여기에 하나님의 의지와 섭리가 숨겨져 있습니다. 그러한 유다를 택하여 다윗의 조상이 되게 하고 그리스도의 조상이 되게 하신 것은 순전히 하나님의 계획이었습니다. 다시 말하면 유다가 선택된 것은 하나님의 의지의 발로였다는 것입니다. 오난이 인위적인 방법으로 하나님의 계획을 깨뜨리려 했고 유다 자신도 셀라와 다말과의 관계를 막으려 했으나, 하나님은 직접 유다를 통해 그 혈통을 잇게 하셨습니다.

여기에서 우리는 그리스도의 탁월성을 보게 됩니다. 그리스도는 물론 인간의 가계에서 출생합니다. 그러나 거기에는 하나님의 초역사적인 섭리와 창세기 3:15이후의 약속의 성취라는 놀라운 의지가 담겨 있습니다. 그래서 구원의 약속과 계획을 이루시기 위해 하나님이 히브리인의 계보만을 선택하지 않고 전혀 예상하지 못한 인물들까지 동원하심을 볼 때 메시아의 구원 사역이 전 인류를 포함하고 있음을 알 수 있습니다.

이로써 메시아는 초역사적이며 우주적인 구속 사역을 펼치실 분임이 확연히 드러나게 됩니다. 하나님께서는 메시아가 출생할 인간의 가계를 구성하는 인물들까지 결정하십니다. 즉 메시아는 단순히 인간의 족보의 산물이 아니라는 것입니다. 사람들이 후사를 낳고 낳고 해서 태어나는 것이 아니라 그 인물 하나하나까지도 하나님께서 결정하시고 특별한 간섭을 통하여 마침내 메시아를 이땅에 출생하게 하셨습니다. 이 점이 곧 우리 인간과 다른 출생을 가진 메시아의 탁월성입니다.

바로 그분 메시아를 통해 예비하신 구원의 반석 위에 내가 선택되어 있습니다. 하나님께서 어느 날 제비를 뽑아 나를 택하신 것이 아니라 창세전부터 이처럼 역사를 이끌어 오시며 준비하셨던 것입니다. 그러므로 우리의 구원이 값있는 것이며 그 구원을 기뻐하며 자랑할 수 있을 뿐 아니라, 바로 이 때문에 목숨을 걸고 하나님의 말씀을 좇아 살아가는 것입니다. 나의 구원은 하루아침에 이루어진 것이 아닙니다.

이상을 볼 때 우리는 단순히 요셉에게만 초점을 맞출 것이 아니라 약속의 씨이며 언약의 중보자이신 예수 그리스도가 어떤 경로를 걸쳐 탄생하게 되는가를 알 수 있는 유다의 계보로 눈을 돌려야 합니다. 성경은 메시아가 어떻게 우리에게 오셨는가를 기록한 책이며 바로 그 메시아가 아담-노아-아브라함과 맺은 언약의 성취자임을 보여주기 때문입니다.

〈부록 1〉

수혼법에 대하여

수혼법이란 가문을 이어가도록 하는 특별한 혼인법입니다. 이에 대한 기록은 신명기 25:5-10에 상세히 나타나 있습니다.

"형제가 동거하는데 그 중 하나가 죽고 아들이 없거든 그 죽은 자의 아내는 나가서 타인에게 시집가지 말 것이요 그 남편의 형제가 그에게로 들어가서 그를 취하여 아내를 삼아 그의 남편의 형제된 의무를 그에게 다 행할 것이요 그 여인의 낳은 첫 아들로 그 죽은 형제의 후사를 잇게 하여 그 이름을 이스라엘 중에서 끊어지지 않게 할 것이니라 그러나 그 사람이 만일 그 형제의 아내 취하기를 즐겨하지 아니 하거든 그 형제의 아내는 그 성문 장로들에게로 나아가서 말하기를 내 남편의 형제가 그 형제의 이름을 이스라엘 중에 잇기를 싫어하여 남편의 형제된 의무를 내게 행치 아니하나이다 할 것이요 그 성읍 장로들은 그를 불러다가 이를 것이며 그가 이미 정한 뜻대로 말하기를 내가 그 여자 취하기를 즐겨 아니하노라 하거든 그 형제의 아내가 장로들 앞에서 그에게 나아가서 그의 발에서 신을 벗기고 그 얼굴에 침을 뱉으며 이르기를 그 형제의 집 세우기를 즐겨 아니하는 자에게는 이같이 할 것이라 할 것이며 이스라엘 중에서 그의 이름을 신 벗기운 자의 집이라 칭할 것이니라"(신 25:5-10).

이 혼인법이 곧 수혼법입니다.

이렇게 해야 할 이유는 창 3:15의 "내가 너로 여자와 원수가 되게 하고 너의 후손도 여자의 후손과 원수가 되게 하리니 여자의 후손은 네 머리를 상하게 할 것이요 너는 그의 발꿈치를 상하게 할 것이니라"는 하나님의 말씀에 따라 여자는 잉태의 고통을 통하여 후손(약속의 씨)을 생산하게 되며 남자는 수고의 땀을 흘려 여자와 후손을 양육해 나감으로써 마침내 약속의 씨에 의해 전 인류를 구원해 낼 수 있기 때문입니다.

그리고 이 약속은 창 12:1-3에서 아브라함의 후손들에게 주어졌습니다. 그래서 어떤 이유에서라도 후손이 생산되지 않음으로써 그 가문이 끊어져서는 안 됩니다. 왜냐하면 그 후손 가운데 약속된 메시아가 태어날 것이기 때문입니다.

이런 이유에서 유다는 큰 아들 엘이 죽자 둘째 아들 오난으로 하여금 다말을 취하여 가문을 이어나가도록 했습니다. 그러나 오난이 이 수혼법을 어기자 하나님의 심판으로 죽고 말았습니다. 유다는 셀라까지도 죽을까봐 두려워하여 다말을 친정으로 돌려보내지만, 하나님은 유다를 통하여 직접 후손을 잇게 하심으로써 베레스를 출생시키십니다.

이 베레스의 가문은 룻기 4장에서 다윗의 조상으로 나타나고 있으며 그 다윗의 가문에서 메시아이신 예수가 탄생되는 것을 볼 때 유다가 다말에게서 베레스를 생산하는 일은 매우 중요한 의미를 담고 있음을 알 수 있습니다.

15. 요셉 : 하나님 백성의 보호

창세기 39장 - 47장

이제 장면은 애굽 땅으로 무대가 바뀌게 됩니다. 애굽에서의 이 사건은 매우 잘 알려진 이야기이기도 합니다. 애굽에 노예로 팔려간 요셉은 시위대장 보디발의 집에서 가정총무가 되지만 보디발 아내의 집요한 유혹을 뿌리친 대가로 감옥에 갇히게 되고, 그곳에서 하나님의 도우심을 받아 신뢰를 얻게 되는 것과 꿈 해몽에 대한 이야기, 그리고 어떤 경로로 애굽의 총리대신에 발탁되는가의 이야기가 쉴새없이 흥미진진하게 전개됩니다. 그리고 꿈의 해몽에 따른 하나님의 계시로 7년 풍년동안 치정을 잘하여 그후에 이어진 7년 대 기근을 지혜롭게 극복하는 이야기와 하나님의 백성인 이스라엘을 기근으로부터 구하게 되는 이야기가 소개됩니다.

여기에서 잠시 지금까지의 내용을 정리해 봅시다. 족장사(아브라함-이삭-야곱의 역사)의 관심은 누가 하나님의 나라를 유업으로 받고 누가 그 나라에서 분리되어 나갔는가에 대한 내용이었습니다. 곧 바벨탑으로 상징된 인간의 나라를 무너뜨린 하나님은 하나님의 나라를 건설하기 위해 아브라함을 부르시고 가나안 땅을 그 영토로 주실 것과 많은 후손을 주실 것을 약속하셨습니다.

그 가나안을 유업으로 받을 사람은 롯도 아니었고 엘리에셀도 아니었으며 이스마엘도 탈락되고 오직 아브라함과 사라 사이에서 출생한 이삭이었습니다. 그리고 이삭의 두 아들 에서와 야곱이 이 유업을 받기 위한 싸움을 벌인 결과 하나님께서 태중에서 선택한 야곱이 승리하여 그 유업을 잇게 됩니다. 그리고 마침내 이 유업을 잇기 위한 싸움은 마무리되고 이제부터 야곱의 12아들은 적자이든, 서자이든 구별없이 모두 그 유업을 이을 자로 인정받게 됩니다.

그 결과 12아들은 이스라엘 민족, 즉 하나님의 백성이 될 민족의 지도자로 모두 인정되고, 이들을 통하여 하나님은 큰 민족을 일으킬 계획을 세우셨습니다. 따라서 이제부터는 하나님께서 아브라함과 약속하신 바대로 어떻게 많은 후손들로 이스라엘 민족을 세워나갈 것인가에 관심을 갖게 됩니다.

그런데 온 땅에 기근이 심하여 이스라엘의 생계에 위협이 가해지고 있었습니다. 기근이 더욱 심해지자 야곱은 아들들을 애굽으로 보내어 양식을 사오도록 하였습니다. 이스라엘 아들들은 예전에 이스마엘 족속에게 팔았던 요셉이 애굽의 총리대신이 된 것을 알지 못하고 양식을 구하기 위해 그 앞에 엎드렸습니다. 요셉이 어렸을 때 꾼 꿈이 현실로 성취된 것입니다. 그러나 그보다는 더 깊은 하나님의 계획이 그 안에 숨겨져 있었습니다.

지금까지 반목하며 질투하던 형제들이 이제는 서로 화목하게 된 것입니다. 뿐만 아니라 요셉을 통하여 기근가운데 빠진 이스라엘을 보호할 수 있도록 예비해 두셨던 것입니다. 그리고 애굽에서 이스라엘은 큰 민족으로 번성하도록 예비하셨습니다. 이러한 계획은 이미 하나님께서 아브라함에게 약속하신 언약을 성취하시기 위한 것임은 의심할 나위가 없습니다.

창세기 15:13-16의 아브라함에게 하신 하나님의 약속을 돌이켜 보시기 바랍니다. 그리고 하나님께서 어떻게 그 약속을 성취해 가시며 그의 백성을 보호하고 계신가를 찾아보시기 바랍니다. 이 약속의 성취는 창세기 45:4-15에서 요셉이 한 말 가운데서 찾을 수 있습니다.

"... 당신들이 나를 이곳에 팔았으므로 근심하지 마소서 ... 하나님이 생명을 구원하시려고 나를 당신들 앞서 보내셨나이다 ... 하나님이 큰 구원으로 당신들의 생명을 보존하고 당신들의 후손을 세상에 두시려고 나를 당신들 앞서 보내셨나니 그런즉 나를 이리로 보낸 자는 당신들이 아니요 하나님이시라 ..."

이러한 요셉의 소식을 전해들은 야곱에게 하나님은 오랜 침묵을 깨뜨리고 이렇게 말씀하십니다. "나는 하나님이라 네 아비의 하나님이니 애굽으로 내려가기를 두려워 말라 내가 거기서 너로 큰 민족을 이루게 하리라 내가 너와 함께 애굽으로 내려가겠고 정녕 너를 인도하여 다시 올라올 것이며 요셉이 그 손으로 네 눈을 감기리라"(창 46:3-4).

바로 여기에서 하나님의 섭리를 찾아볼 수 있습니다. 요셉을 일찍부터 야곱의 품에서 빼앗았던 것도, 요셉에게 큰 시련을 주신 것도, 온 땅에 기근이 있게 하신 것도 모두 아브라함에게 약속하신 언약을 이루기 위함이었습니다. 이와 같이 하나님의 언약 백성을 크고 중다하게 하시기 위하여 행하신 하나님의 손길은 이스라엘을 위해 고센 땅을 예비하시는 것에서도 밝히 볼 수 있습니다.

한가지 간과할 수 없는 것은 하나님의 백성을 보호하기 위하여 요셉을 총리대신으로 세웠으나 애굽 백성들뿐만 아니라 주변 모든 국가의 백성들까지도 기근에서 구함을 받고 있다는 점입니다. 지금도 하나님은 성도들을 구원하여 하나님의 나라를 이루기 위해서 성도들뿐 아니라 수많은 인류에게 생존의 은혜를 베풀고 계십니다. 그러나 언젠가는 그들 모두 하나님의 공의의 심판 앞에 서게 될 것입니다.

야곱은 아브라함과 이삭과 맺은 하나님의 언약이 자기 당대에 이루어진 것을 보지는 못했으나 그 약속이 성취될 보증을 얻은 것이나 다름이 없었습니다. "이스라엘 족속이 애굽 고센 땅에 거하며 거기서 산업을 얻고 생육하며 번성하였더니라"(창 47:27)는 말씀가운데 그 약속이 성취되는 모습을 발견할 수 있습니다.

야곱은 초년과 중년에 너무 인간적인 수단에 사로잡혀 그 생애가 나그네 같은 고달픈 인생을 보냈지만 만년에는 전폭적으로 하나님을 의지하고 그 약속이 이루어지는 것을 바라보는 복을 받게 되었습니다. 특히 그의 이름인 야곱이 46장 이후부터는 약속의 상징이라 할 수 있는 '이스라엘' 로 불리고 있음을 보아서, 이후 그의 만년의 삶은 하나님의 언약 안에 안주하고 있음을 알 수 있습니다.

"이스라엘의 죽을 기한이 가까우매 그가 그 아들 요셉을 불러 그에게 이르되 이제 내가 네게 은혜를 입었거든 청하노니 네 손을 내 환도뼈 아래 넣어서 나를 인애와 성심으로 대접하여 애굽에 장사하지 않을 것을 맹세하고 내가 조상들과 함께 가거든(죽거든) 너는 나를 애굽에서 메어다가 선영에 장사하라"(창 47:29-30).

이로 보아 야곱이 얼마나 약속의 성취를 고대하고 있었는지 알 수 있습니다. 기억해두고 싶은 것은 우리의 조상 아브라함과 이삭과 야곱은 한평생 이 약속을 따라 오직 하나님을 믿음으로 바라보며 살았다는 것입니다. 그에 비하면 우리는 이미 그 약속의 성취를 보며 그 약속 안에 있음을 볼 때 얼마나 많은 하나님의 사랑을 받고 있는지 감사하지 않을 수 없습니다.

> "이 사람들이 다 믿음으로 말미암아 증거를 받았으나 약속을 받지 못하였으니 이는 하나님이 우리를 위하여 더 좋은 것을 예비하셨은즉 우리가 아니면 저희로 온전함을 이루지 못하게 하려 하심이라"(히 11:39-40).

16. 실로 : 이스라엘의 복

창세기 48장 - 50장

이제 창세기의 대단원의 막이 서서히 내리고 있습니다. 너무나 장엄하고 웅장한 하나님 나라의 모습을 여러 차례 가슴속 깊은 곳에서 느껴왔습니다. 참으로 하나님의 나라는 너무나 신비로워서 우리는 바닷가 모래알 한줌만큼도 그 나라에 대하여 아는 것이 없을 정도입니다.

다만 우리가 아는 것은 우리 조상들, 아담-노아-셋-아브라함-이삭-야곱으로 이어지는 동안 그들이 오직 하나님의 나라만을 소망하며 살았으며, 하나님은 그들의 계보를 통하여 전 인류를 구원할 약속의 씨를 준비하고 계시다는 점입니다. 그렇기 때문에 창세기는 이 언약의 씨가 오실 것을 대망하면서 그 막을 내리고 있습니다.

앞에서 보았듯이 요셉이 애굽에 팔려간 것은 그 형제들의 질투에 의한 것이었으나 그 배후에는 하나님의 나라를 건설하고자 하시는 하나님의 섭리가 있었음을 찾아볼 수 있었습니다. 이런 점을 볼 때 성경에 기록되어 있는 개개인의 역사는 단순히 개인에 대한 기록이 아니라 어디까지나 하나님의 구원의 역사(구속사)와 밀접한 관계가 있음을 알 수 있습니다. 즉 개인의 역사는 구속사의 일부분으로서 하나님의 나라를 건설하기 위한 과정을 담고 있는 역사임을 발견할 수 있습니다.

이처럼 각 개개인의 역사는 하나님 나라의 건설을 위한 기본단위가 되는 것이며, 각 개인의 삶은 하나님의 뜻을 이루어 가는 구체적인 구성요소가 됩니다. 그러므로 각인의 역사와 삶의 의미는 하나님의 구원의 역사와 긴밀한 연관을 가질 때 비로소 참다운 의미를 부여받게 됩니다. 만일 하나님의 구원의 역사에서 제외되는 삶이라면 아무런 의미를 찾을 수 없는 것입니다.

때문에 요셉의 역사를 그가 하나님을 잘 섬김으로써 크게 성공하여 부귀영달을 얻은 것으로 이해하게 되면 오류에 빠지기 쉽습니다. 오늘날 많은 성도들이 이와 같은 생각을 하며 말씀에 순종하고 신앙 생활을 잘하면 요셉처럼 큰 복을 받게 되리라고 기대하고 있습니다. 그 결과 자칫 하나님을 잘 믿어서 복을 받아보겠다는 이기적이고 자의적인 신앙의 위험에 빠져드는 경우가 허다합니다.

요셉의 역사는 개인의 성공을 기록한 것이 아닙니다. 오히려 그의 역사는 하나님의 계획과 섭리가운데서 이루어진 하나님의 도우심과 인도하심의 성취요 결실입니다. 하나님은 요셉 개인의 역사를 통하여 인류를 구원하실 계획을 추진하고 있습니다. 그러므로 요셉의 역사는 하나님의 구속사의 한 부분을 장식하고 있으며 요셉은 하나님의 계획을 이루기 위한 선한 도구로 사용된 것입니다.

우리의 삶도 마찬가지입니다. 지금 내가 살고 있는 역사는 하나님의 구속사의 일부분입니다. 그리고 나는 하나님의 구원을 이루어가는 하나의 도구입니다. 그래서 하나님은 나를 망하게도 하시며(욥이나 요셉의 초기 시대처럼) 흥하게도 하시면서(욥이나 요셉의 후년시대처럼) 어떻게 이 시대를 다스리시며 마침내 어떤 경로를 통해 구원을 완성하시며 대적자를 심판하실 것인가를 보여 주시는 것입니다.

우리가 진정으로 하나님의 구속사를 이루어 가는 도구로 쓰임을 받는 다면 그 생의 성패에 상관없이 그 삶 자체가 그것으로 충분한 의미와 가치를 지니는 것입니다. 그리고 그러한 삶은 어떤 부귀영화와도 비교 될 수 없는 놀라운 영생의 복을 그 상급으로 받게 됩니다.

이런 맥락에서 야곱의 최후의 모습과 요셉의 역사를 조명해야 합니 다. 야곱이 쇠진하게 되자 요셉은 무척 걱정을 하게 되었습니다. 그 걱 정이란 다름 아닌 그의 두 아들 므낫세와 에브라임 때문이었습니다. 이 들은 요셉이 애굽으로 팔려온 후 애굽 여인에게서 얻은 아이들이기 때 문에 혹시 이스라엘의 회중에 속하는 언약의 축복을 받지 못할까 하는 두려움에서였습니다. 그러나 요셉이 두 아들을 이끌고 이스라엘 앞으로 데려갔을 때 그의 우려는 완전히 사라지고 말았습니다.

이스라엘(야곱)은 요셉의 두 아들을 즉시 자기의 소유로 삼고(창 48:5-6) 므낫세와 에브라임에게 각각 한 지파씩의 기업을 주었습니다. 이스라 엘은 자기의 12아들에게 각기 한 지파씩 기업을 주었지만 결국 요셉에 게만은 2지파의 기업을 주게 된 셈입니다. 이러한 축복은 요셉이 그의 종족인 하나님의 백성들을 잘 보호하는 큰 역할을 수행했기 때문에 주 어진 것이었습니다. 나아가 야곱은 아모리 족속의 분깃까지도 요셉의 아들들에게 보너스로 주었습니다. 이렇게 하여 요셉의 두 아들은 이스 라엘의 12지파의 영주로 받아들여지게 되었습니다.

그후 야곱은 각기 아들들에게 기업을 나누어주며 축복을 하였습니다. 여기서 유의할 점은 장자인 르우벤에게 장자의 명분이 돌아가지 않은 것입니다. 그는 야곱의 침상을 더럽혔으므로(창 35:22) 장자로서 받을 축 복에서 제외되었습니다. 장자의 명분은 차자인 시므온과 셋째인 레위에 게도 돌아가지 않았습니다. 그들은 살인을 주장했던 사람들이었습니다 (창 34:25이하).

놀랍게도 장자의 축복은 유다에게로 넘어갔습니다. "홀이 유다를 떠나지 아니하며 치리자의 지팡이가 그 발 사이에서 떠나지 아니하시기를 실로(평화를 가져오는 자)가 오시기까지 미치리니 그에게 모든 백성이 복종하리라"(창 49:10).

이와 같은 축복은 전혀 상상하지 못한 일이었습니다. 그래서 우리는 38장을 그저 넘겨버릴 수 없는 것입니다(제14과 유다: 메시아 계보의 탁월성을 참조하시기 바랍니다). 더욱 놀라운 것은 그 유다의 계보에서 실로가 탄생하리라는 예언입니다. 그동안 우리의 모든 감성을 총동원하여 기다려오던 분이 바로 이분 아닙니까? 아브라함-이삭-야곱에 이르기까지 이 한 분은 얼마나 고대하던 거룩한 씨입니까? 아담에게 약속하신 여자의 후손이 바로 이분입니다.

바로 그 메시아가 이처럼 명백하게 '실로'(shiloh=평강의 왕)라는 이름으로 오실 것이라고 야곱이 예언하고 있는 것을 보면 참으로 놀라지 않을 수 없습니다. "네 손이 네 원수의 목을 잡을 것이요"(49:8)라는 말씀처럼 평강의 왕이신 그리스도는 마침내 모든 원수를 물리치고 정복하여 영원한 하나님의 평강의 나라를 우리에게 가져다주실 것입니다.

이처럼 창세기는 언약의 씨인 평강의 왕에 대한 소망을 주면서 대단원의 막을 내립니다. 그리고 이것을 간절히 소망했기에 이스라엘은 가나안 땅에 묻힐 것을 유언으로 당부했으며, 요셉은 자신의 시신을 애굽 땅에 묻지 말고 "하나님이 정녕 너희를 권고하시리니 너희는 여기서 내 해골을 메고 올라가겠다 하라"(50:25)고 후손들에게 맹세하게 했습니다.

이렇게 함으로써 하나님은 이스라엘의 후손들이 애굽에 소망을 두지 않고 아브라함과 이삭과 야곱에게 약속하신 것을 소망하게 하셨습니다. 그리고 이러한 약속을 믿으며 이스라엘 백성은 그 땅에서 큰 민족으로 번성하게 됩니다. 이것은 또다른 하나님의 섭리가 성취되는 시발점입니다. 출애굽기는 바로 여기에서 시작하고 있습니다.

우리의 삶은 이와 같이 구속사와 밀접한 연관을 맺고 있습니다. 지금 내 자신이 하나님의 손에 붙잡힌 도구로서 하나님의 나라를 건설하는 일에 쓰여지고 있음을 감사하며 살아가시기 바랍니다. 그분의 손에 잡혀있을 때 나의 삶이 의미가 있으며 최상의 가치가 있습니다.

실로가 오시리라 … 아멘 주 예수여 오시옵소서(계 22:20).

제3부
애굽에서 가나안까지

17. 언약의 하나님

출애굽기 1장 - 4장

창세기는 이스라엘의 번성과 평강의 왕이신 메시아를 소망하는 것으로 끝납니다. 출애굽기는 그 뒤를 이어 이스라엘이 어떻게 번성하며, 메시아는 어떤 경로로 오실 것인가를 기록해 주는 책입니다.

특히 창세기는 아담-셋-노아-아브라함-이삭-야곱으로 이어지는 개인의 역사를 중시한 반면, 출애굽기는 이스라엘 민족의 역사라는 차이점에 관심을 가져야 합니다. 또한 출애굽기는 모세의 개인적인 역사가 아닌 점도 유의해야 합니다.

그래서 1:7은 "이스라엘 자손은 생육이 중다하고 번식하고 창성하고 심히 강대하여 온 땅에 가득하게 되었더라"고 기록하고 있습니다. 이는 곧 아브라함-이삭-야곱에게 약속하신 언약이 성취되었음을 시사해 주는 말씀이기도 합니다. 특히 아브라함에게 계시하신 것처럼 4대만에 돌아오리라는 기간이 다 되어 하나님의 구원의 손길이 펼쳐질 때가 되었음도 역시 포함하고 있습니다.

그러므로 출애굽기의 주제는 이스라엘의 해방이 아니라 하나님께서 그 언약을 어떻게 이루어 나가시는가 하는 것입니다. 따라서 본장의 제목을 '언약의 하나님' 이라 하였습니다.

이상과 같은 배경 속에서 출애굽기를 살펴보도록 하겠습니다.

당시 애굽에는 요셉을 알지 못하는 새 왕조가 일어나 이스라엘을 억압하고 노예로 부리고 있었습니다. 그런데 이스라엘 민족이 점점 그 수가 많아지자 바로는 심각한 위협을 느끼게 되었습니다. 만일 그들이 외적과 내통하여 반란을 일으킬 경우 그 반란을 제압하기가 쉽지 않을 것이라고 판단했기 때문입니다.

따라서 바로는 그들을 효율적으로 통제하기 위해 이스라엘의 인구증가를 억제하는 정책을 세웠습니다.

그러나 이 계획은 전적으로 하나님의 섭리에 위배되는 행위였습니다. 하나님은 이스라엘을 큰 민족으로 만들기를 원하셨습니다. 그리고 그들을 하나님의 백성으로 삼고 하나님의 나라로 인도하고자 하셨습니다. 이것으로 보아 이제부터는 바로와 하나님간의 이스라엘 백성에 대한 소유권 싸움이 시작된 것입니다.

출애굽기 1장은 하나님과 바로와의 싸움이 시작되었음을 알리는 기록입니다. 바로는 큰 고역으로 이스라엘 백성들을 괴롭힘으로써 번식을 막아 보려고 했습니다. 그러나 이스라엘은 "학대를 받을수록 더욱 번식하고 창성"(1:12)하여 갔습니다.

이 말은 앞으로 있을 하나님과 바로와의 싸움에 벌써 승부가 난 것을 예시한 구절입니다. 그러자 바로는 산파들에게 명하여 아이가 태어나자마자 죽이게 하였습니다. 하지만 산파들은 오히려 하나님을 두려워하였기에 이 계획도 실패로 끝나게 됩니다. 이에 바로는 사내아이가 출생할 경우 나일강에 던져 죽일 것을 명하였습니다. 그렇게 되면 이스라엘은 여자만 남게 되고 후에는 모두 애굽에 동화되고 말 것입니다. 이 같은 조치는 이스라엘이 절체 절명의 위치에 놓여 있음을 뜻합니다.

그러한 상황에서 레위 족속 중에 한 사내아이가 태어났습니다. 그리고 그는 이스라엘의 종말을 고하듯이 갈대 상자에 담겨 나일강에 버려졌습니다. 이 아이가 당하는 운명은 이스라엘 전체의 운명을 그대로 예표해 주고 있습니다. 그러나 이 아이는 공주의 손에 의해 극적으로 물속에서 건짐을 받습니다. 그 아이의 이름은 모세였습니다. 이스라엘 족속이 풍전등화와 같을 즈음에 모세가 물에서 건짐을 받은 것은 하나님께서 행한 구원의 아주 작은 손길이었습니다. 하나님의 손길은 처음에는 이처럼 작게 나타나 거의 보이지도 않을 정도였습니다.

공주의 아들로 자라난 모세는 애굽 궁중에서 지도자가 되기 위한 최고의 학문을 닦았습니다. 이렇게 학문을 마칠무렵 모세는 자신의 힘으로 이스라엘을 구하려다가 살인을 저지르게 되고 결국 그의 계획은 실패하고 맙니다. 그에게는 아직 이스라엘의 지도자로서의 인격적인 품성이 정돈되지 못했습니다. 살인을 저지른 후 모세는 미디안으로 도망을 가야 했습니다. 그런데 그곳에서 하나님의 구원의 손길이 점점 커지기 시작했습니다.

"여러 해 후에 애굽 왕은 죽었고 이스라엘 자손은 고역으로 인하여 탄식하며 부르짖으니 그 고역으로 인하여 부르짖는 소리가 하나님께 상달한지라 하나님이 그 고통 소리를 들으시고 아브라함과 이삭과 야곱에게 세운 언약을 기억하사 이스라엘 자손을 권념하셨더라"(2:23-25). 이제 하나님은 이스라엘 민족을 구원하기 위해 그 크신 팔을 펴실 때가 되었습니다.

하나님은 이스라엘을 구원하시되 먼저 그들과 계속 언약을 맺고자 하셨습니다. 그래서 이스라엘을 대표한 언약의 체결자로 모세를 부르셨습니다. 마치 전 인류를 대표하여 아담을 부르신 것처럼 말입니다. 하나님

께서 모세를 부르신 것은 이전의 아브라함이나 이삭, 야곱을 부른 것과
는 차이가 있습니다. 모세를 불렀으나 그것은 전 이스라엘을 부르신 것
입니다. 단지 모세는 이스라엘의 대표로 부르심을 받은 것입니다. 물론
아브라함이나 이삭이나 야곱도 역시 전 이스라엘의 대표인 것은 틀림없
습니다. 그러나 그때 이스라엘은 그들의 허리 속에 있었습니다. 이 점이
모세와 족장들과의 부르심의 차이입니다.

그래서 하나님은 "나는 네 조상의 하나님이니 아브라함의 하나님 이
삭의 하나님 야곱의 하나님이니라"(3:6)고 자신을 소개하십니다. 이것은
곧 아브라함과 이삭과 야곱과 맺은 언약을 지키시는 하나님이라는 의미
이며 이제 그 언약을 계속하여 이스라엘과 맺겠다는 의미입니다. 이스
라엘을 구원해 내는 것은 곧 언약의 성취입니다. 그리고 하나님은 그들
을 구원해 내는 목적이 "네가 백성을 애굽에서 인도하여 낸 후에 너희가
이 산(시내산)에서 하나님을 섬기리니 …"(3:12)라고 하심으로 하나님을
예배하기 위함임을 밝히셨습니다.

하나님께서 "나는 스스로 있는 자니라"(3:14)고 하신 말씀은 곧 앞으로
하나님께서 어떻게 행할 것을 본다면 하나님이 누구이신가를 알게 되리
라는 의미입니다. 이것은 두고두고 우리가 살펴보아야 할 과제입니다.
모세가 어떻게 시내산에서 지도자로서의 훈련을 마쳤는지는 알 수 없습
니다. 그러나 애굽에서와는 전혀 다른 사람으로 변한 것만은 사실입니
다. 하나님은 그를 전쟁터의 지휘관으로 삼으시고 그의 손에 지휘봉(지팡
이)을 주셨습니다. 그것은 이전부터 모세가 갖고 있던 지팡이였지만 이제
부터는 하나님의 권능이 함께 하는 전혀 다른 지팡이가 되었습니다.

"내가 내 손을 들어 … 그 나라를 친 후에야"(3:20)란 표현은 흡사 전쟁
의 모습을 보는 것 같습니다. 그리고 각종 금, 은, 패물과 의복을 탈취하

여 나오는 것은 전쟁의 승리를 묘사하는 말입니다. 하나님과 바로와의 전쟁이 시작된 것입니다. 이 전쟁은 아브라함-이삭-야곱과 맺은 언약을 지키려 하시는 하나님과 그 언약을 지키지 못하게 하려는 바로와의 싸움입니다. 또한 이스라엘 백성과 계속 언약을 맺고자 하시는 하나님과 어떻게든지 언약을 파괴시키려는 바로와의 싸움이기도 합니다.

이것은 마치 우리가 하나님의 영원한 은혜언약 속에 들어간 것을 어떻게든지 훼방하려는 사탄의 모습과도 같습니다. 그러므로 이 싸움은 곧 사탄과 하나님과의 싸움으로 볼 수 있습니다. 모세는 이 싸움에서 하나님의 지휘관으로, 바로는 사단의 지휘관으로 각각 지휘봉을 전달받은 것입니다. 때문에 모세는 언약 위에 굳게 서서 이 싸움을 승리로 이끌어야 합니다.

바로 이러한 이유 때문에 모세는 하나님의 사자에게 죽임을 당할 뻔했습니다. 모세의 둘째 아들이 아직 할례를 받지 않았던 것입니다. 할례는 아브라함의 언약 안에 있다는 증표입니다. 이에 모세의 아내 십보라가 급히 아들의 양피를 베어 낸 후에야 모세는 살아날 수 있었습니다. 이는 모세가 언약 안에서, 그리고 언약 위에 서서 싸워야 한다는 것을 단적으로 보여 주는 사건입니다.

하나님은 언약의 하나님이십니다. 이제부터 어떻게 하나님은 언약을 성취하시는 분인가에 관심을 가져야 합니다. 그리고 그 언약을 파괴하려는 적대 세력에 대하여 하나님은 어떻게 그의 능력을 행사하시는지 계속하여 살펴보겠습니다.

18. 열 가지 재앙 : 하나님의 승리

출애굽기 5장 - 10장

제17과(하나님: 언약의 하나님)에서 보았듯이 바로와 모세와의 싸움은 표면적으로는 이스라엘 백성의 구속과 해방을 위한 싸움이지만, 내면적으로는 하나님의 백성을 속박하려는 흑암의 세력인 사단과 그 백성을 구원하여 언약을 성취하고자 하시는 하나님과의 소유권 싸움임을 보았습니다. 이제 그 싸움이 어떻게 진전되어 가는지 살펴보겠습니다. 이러한 과정을 통해 하나님이 누구이신지 알게 되시기를 바랍니다.

모세와 바로와의 싸움은 "하나님이 누구이신가?"로부터 시작됩니다. 모세는 "이스라엘 하나님 여호와의 말씀에 내 백성을 보내라 그들이 광야에서 내 앞에 절기를 지킬 것이니라 하셨나이다"(5:1)고 전하여 이스라엘을 애굽에서 내보내 주기를 요구했습니다. 그러자 바로는 "여호와가 누구관대 내가 그 말을 듣고 이스라엘을 보내겠느냐 나는 여호와를 알지 못하니 이스라엘도 보내지 아니하리라"(5:2)고 거절합니다.

이는 곧 이스라엘 백성이 누구의 소유인가 하는 싸움이기도 합니다. 바로는 결코 그들을 놓아 줄 수 없었습니다. 오히려 혹독하게 이스라엘을 괴롭혔습니다. 이 일로 인하여 이스라엘까지도 모세와 아론을 원망하기에 이르렀습니다.

우리는 이런 일들을 볼 때 의혹을 감출 수가 없습니다. 이스라엘 백성들은 진정 하나님의 역사하심을 깨닫지 못했단 말인가? 왜 그들은 그리도 소원해 왔던 구원을 앞두고 오히려 바로에게 자비를 청할까? 왜 그들은 하나님께 더욱 기도하지 않을까? 그들은 적어도 아브라함의 후손들이요, 선택된 이스라엘 백성인데 … 이런 의혹은 끝이 없습니다.

이런 문제는 당시나 오늘이나 조금도 다를 바가 없습니다. 오늘도 우리는 자꾸 세상적인 해결책에 더 신경을 쓰며 세상적인 기준에 더 관심을 갖습니다. 하나님의 말씀과 하나님의 법도는 안중에도 없습니다. 오로지 인간적인 생각과 방법으로 문제를 해결하려 하고 쉽게 타협하려 합니다.

이스라엘 백성들도 하나님께 구하기보다는 오히려 바로에게 자신들의 혹독한 처지를 호소하고 고역을 감량시켜 주길 바랐습니다. 그러나 하나님은 이스라엘이 그처럼 나약한 정신 상태에 놓여 있을지라도 그들을 구원하시기로 약속한 언약을 지키시는 분입니다. 하나님은 이렇게 말씀하셨습니다.

> "나는 여호와라 내가 애굽 사람의 무거운 짐 밑에서 너희를 빼어내며 그 고역에서 너희를 건지며 편 팔과 큰 재앙으로 너희를 구속하여 너희로 내 백성을 삼고 나는 너희 하나님이 되리니 나는 애굽 사람의 무거운 짐 밑에서 너희를 빼어낸 너희 하나님 여호와인 줄 너희가 알지라 내가 아브라함과 이삭과 야곱에게 주기로 맹세한 땅으로 너희를 인도하고 그 땅을 너희에게 주어 기업을 삼게 하리라 나는 여호와로라"(6:6-8).

이 말씀은 창세기 17:1-14에서 아브라함과 맺은 언약을 근거로 한 말씀입니다. 그리고 하나님은 이 언약을 이루기 위한 공격 개시의 나팔을 불기 전에 먼저 하나님의 백성을 정비하고 계십니다. 6장에 기록된 가계도는 이런 관점에서 보아야 합니다.

드디어 하나님의 공격 개시 명령이 떨어졌습니다. 신호탄은 모세의 지팡이가 바로 앞에서 뱀이 되게 한 이적이었습니다. 애굽의 술객들도 신호탄을 올렸습니다. 그들의 지팡이도 역시 뱀이 되었습니다. 그러자 모세의 뱀이 술객들의 뱀을 삼켜 버렸습니다. 싸움의 전조는 하나님의 승리임이 분명합니다. 그러나 세상 사람들은 그것을 보지 못합니다. 여기에서 바로가 바로 굴복했다면 그는 참으로 놀라운 인물일 것입니다. 그러나 그는 끝내 멸망을 자초하고 맙니다.

사단이 바로 그러합니다. 창세기 3:15에서 이미 승리는 결판이 납니다. 그러나 사단은 마침내 그리스도를 죽이기까지 악착을 부립니다. 비로소 그리스도께서 부활하심으로 그는 완전히 멸망하고 맙니다. 그래도 사단은 여전히 발악을 하고 있습니다. 최후 나팔소리에 사단은 영원한 불못에 던져질 것이지만 사단은 미련하게도 그것을 보지 못합니다.

첫 번째 재앙이 내려졌습니다. 바로가 나일강으로 내려가는 길에서 모세는 나일강뿐만 아니라 모든 운하와 하수의 물을 피로 만들어 버립니다. 이것은 7일동안 계속되었습니다. 나일강을 피로 만든 것은 단순히 하나님의 이적만을 표시한 것이 아닙니다. 당시 애굽은 나일강을 생명의 근원으로 여겨 신으로 받들고 있었습니다. 그러므로 이 싸움은 하나님과 애굽의 신들과의 싸움입니다. 바로는 그래도 마음을 굴복하지 않았습니다.

두 번째 재앙은 개구리가 하수에서 무수히 올라와 온 땅에 가득하게 되는 것이었습니다. 모세가 정한 시간에 개구리를 없앴지만 역시 바로는 듣지 않았습니다.

세 번째 재앙이 내렸습니다. 땅의 티끌을 지팡이로 치자 온통 이가 되어 사람과 생축을 괴롭혔습니다. 물론 이상의 세 가지 이적은 애굽의 마술사들도 모두 할 수 있었습니다. 그리고 이 고통은 애굽 사람들뿐 아니라 이스라엘 사람들도 겪어야 했습니다. 왜 하나님은 이스라엘에게도 이렇게 하셨을까요?

그것은 이스라엘 백성들이 애굽에 미련을 갖지 못하게 하기 위함이며, 또한 하나님의 크신 권능을 몸소 체험하게 하기 위한 것이었습니다.

그러나 이제부터는 달라집니다. 이스라엘은 구별된 백성인 것을 하나님께서 보여주고 계십니다.

네 번째 재앙이 내렸습니다. 애굽 땅에 파리 떼가 가득했습니다. 그러나 고센 땅에 있는 이스라엘의 거주지에는 파리가 없었습니다. 애굽의 술객들도 이제는 손을 들었습니다. 그리고 바로 역시 마음이 돌아선 듯합니다. 그러나 하나님은 완벽한 항복을 받으실 것입니다.

다섯 번째 재앙은 악질이 나서 애굽의 모든 생축을 죽이는 것이었습니다. 그러나 이스라엘의 생축은 한 마리도 해를 입지 않았습니다.

이어서 여섯 번째 재앙이 또 내렸습니다. 모세가 풀무 재 두 움큼을 허공에 날리자 애굽 온 땅의 사람과 짐승에게 독종이 발했습니다. 여기서도 하나님은 이스라엘과 애굽을 구별하셨습니다.

이제 하나님은 자신이 누구이신가를 온 애굽 땅과 이스라엘에게 보여주십니다. 우주의 창조자요 온 우주의 왕이심을 증거하시는 것입니다.

날이 새자 하나님은 일곱 번째 재앙으로 애굽 전역에 이전에는 볼 수 없었던 불이 섞인 우박을 내렸습니다. 하늘의 재앙이 내린 것입니다. 이 경고를 믿은 애굽 사람들만은 그들의 가축을 집으로 들여놓았기에 해를 피할 수 있었습니다. 물론 고센 땅에는 빗방울 하나 떨어지지 않았습니다.

드디어 바로가 백기를 들었습니다. "이번은 내가 범죄하였노라 여호와는 의로우시고 나와 나의 백성은 악하도다"(9:27). 그러나 그것은 잠시 하나님을 기만하는 술책일 뿐이었습니다. 바로의 신하들은 이제 그만 이스라엘을 보내라고 간청했으나 바로는 여전히 강퍅했습니다.

여덟 번째 재앙이 그러한 바로의 마음을 강타했습니다. 우박으로 각종 채소가 꺾였으나 이제 메뚜기가 온 지면에 가득하여 그 남은 채소와 나무를 온통 먹어 치워 버렸습니다. 이번에도 바로는 황급히 모세에게 간청을 했지만(10:16-17) 그것도 잠시였습니다.

아홉 번째 재앙이 또 다시 바로를 강타했습니다. 3일 동안 흑암이 온 애굽을 덮었습니다. 고센 땅은 여전히 아무 일도 없었습니다. 바로는 모든 소유는 놓아두고 사람들만 데리고 떠나라고 했습니다. 그러자 모세는 왕의 재물까지도 가져가겠다고 맞섰습니다. 그것은 승리자가 얻을 당연한 전리품입니다. 그러나 바로는 "너는 나를 떠나가고 스스로 삼가 다시 내 얼굴을 보지 말라 내 얼굴을 보는 날에는 죽으리라"(10:28)고 하면서 모세를 내쫓고 맙니다.

모세는 그를 떠났습니다. 이제 더이상 바로에게 내려질 은총은 남아 있지 않았습니다. 바로가 의지하는 신들도 더이상 그에게는 아무런 힘도 지혜도 되어 주지 못했습니다. 그는 태양의 아들이라고 하였으나 하나님 앞에서는 무기력한 하나의 미물에 불과했습니다. 그래도 하나님은 그에게 오래 참으심으로 은혜를 베푸셨지만 그는 도무지 하나님을 알려고 하지 않았습니다. 바로만큼 그렇게 가깝게 세상의 주관자이시며 우주의 왕이신 하나님을 보았던 사람은 없을 것입니다.

파노라마 구약성경
제3부 _ 애굽에서 가나안까지

19. 유월절 : 영원한 기념비

출애굽기 11장 - 13장

하나님과 흑암의 세력과의 싸움은 벌써 결말이 나 있었습니다. 하나님은 이 싸움에서 누가 과연 진정한 신인가를 보여주시길 원했습니다. 하나님의 대적들은 생명이 다한 위기에 몰려 있음에도 항복할 줄을 몰랐습니다. 그렇지만 이스라엘 백성들은 알았습니다. 과연 하나님은 어떤 분인가를 인정하지 않을 수 없었습니다. 이것이 이스라엘과 애굽의 다른 점이었습니다.

하나님께서 이스라엘을 구원하신 것은 이스라엘과 맺은 언약 때문이었습니다. 그리고 이스라엘은 그 언약에 부응하였습니다. 이제부터 이스라엘 백성들은 지금까지 흑암의 세력의 노예가 되었던 신분에서 새로운 신분으로 바뀌게 될 것입니다. 즉 하나님의 백성으로서 영원한 자유인이 되는 것입니다.

하나님은 이런 시점에서 유월절을 제정하셨습니다. 하나님의 백성이 되기 위해서는 옛습관을 깨끗이 씻어 버리고 새 사람을 입어야 하기 때문입니다. 이것은 할례가 가지고 있는 의미이기도 합니다. 그런 후에 하나님은 그들과 하나가 되시길 원하셨습니다. 즉 하나님은 이스라엘 백성들과 하나의 유기적인 관계를 맺게 됩니다. 이것이 유월절이 갖는 의미입니다. 그렇기 때문에 유월절은 신약의 성찬식과 같습니다.

　우리가 그리스도의 살과 피를 먹음은 (물론 상징으로 떡과 포도주를 먹는 것이지만) 바로 우리가 그리스도와 연합하였음을 어린 양의 살과 피를 그 상징으로 삼았던 것입니다. 이 어린 양은 대속양으로 이스라엘을 대신하여 죽은 것입니다. 이스라엘 백성이 완전히 성결하기 때문에 구원을 받는 것은 아닙니다. 그렇지만 유월절을 통하여 이스라엘은 하나님과 연합하게 됩니다. 그 결과 이스라엘은 영원한 하나님의 자녀가 됩니다. 그들이 하나님의 자녀가 되었기 때문에 더이상 성결을 필요로 하지 않습니다.

　이 말은 약간 오해의 소지가 있지만, 이 말의 의미는 이미 하나님과 연합되어 있는 이상 그는 거룩한 성도라는 뜻입니다. 그가 다시는 죄를 짓지 않는다는 말이 아닙니다. 또 다시는 성결을 필요로 할 만큼 그가 완전한 의인이라는 말도 아닙니다. 다만 하나님께서 이미 완전한 의인이라고 인정하였기 때문에 더이상 성결을 필요로 하지 않는다는 차원에서 하는 말입니다. 이처럼 하나님의 자녀가 된 증표가 곧 유월절입니다.

　그러므로 유월절은 하나님의 백성이 아니면 참여할 수 없습니다. 그래서 하나님은 할례를 받지 아니한 사람은 아무도 유월절에 참여할 수 없다고 규정하셨습니다. 이방인이 유월절에 참여하기 위해서는 먼저 할례를 받고 난 후에야 유월절에 참여할 허락을 받을 수 있었습니다.

　이런 점들을 본다면 유월절은 성도의 긴밀한 교통과 연합을 의미합니다. 그래서 유월절 어린 양은 **뼈**를 꺾어서는 안 되었습니다. 하나님의 백성은 모두가 하나여야 하기 때문입니다. 뿐만 아니라 유월절은 하나님의 승리를 축하하는 영원한 기념비입니다. 흑암의 적대 세력을 완전히 멸절시키고 노예의 신분에서 하나님의 백성의 신분으로 바뀐 것을 기념하는 기념비입니다.

유월절은 영원히 계속되어야 하는 절기입니다. 할례는 한 번 행함으로 그가 언약에 참여한 백성이 된 증거를 표시합니다. 그러나 유월절은 영원히 계속하면서 우리가 하나님의 백성임을 확인하며 하나님과 깊은 연합을 하고 있음을 확인하는 기념비가 됩니다. 오늘날 우리는 성찬식을 통해 신약의 유월절을 기념하고 있습니다.

더 나아가 유월절은 새 생명이 시작된 날을 상징합니다. 하나님은 이 달을 정월달이 되게 하셨습니다(12:1). 이는 곧 완전히 새 사람이 되어 새로운 생활을 시작한다는 의미입니다. 이처럼 이스라엘 백성들이 유월절 잔치를 벌이고 있을 때 애굽은 사망의 골짜기로 빠져들었습니다.

"밤중에 여호와께서 애굽 땅에서 모든 처음 난 것 곧 위에 앉은 바로의 장자로부터 옥에 갇힌 사람의 장자까지와 생축의 처음 난 것을 다 치시매 그 밤에 바로와 그 모든 신하와 모든 애굽 사람이 일어나고 애굽에 큰 호곡이 있었으니 이는 그 나라에 사망치 아니한 집이 하나도 없었음이었더라"(12:29-30).

하나님은 이 일을 행하시기 전에 몇 번이고 바로에게 이적을 보여 주며 경고하셨습니다. 그러나 바로는 결코 눈을 뜨지 못했습니다. 장자가 모두 죽었다는 것은 큰 뜻이 있습니다. 장자란 그 가정의 '기운'입니다. 장자가 죽었다는 것은 그 가정의 기운이 망했다는 말입니다. 위로 왕으로부터 모든 사람들의 장자가 죽었다는 것은 애굽이 망했다는 의미입니다. 하나님의 백성이 하나님과 더불어 깊은 교제를 나누는 동안 흑암의 세력 아래 있는 사람들은 다시는 기력을 회복할 수 없도록 철저하게 망하고 마는 것이 곧 유월절이 가져다 주는 교훈입니다.

이런 후에 바로는 이스라엘에 대한 소유권을 포기했습니다. 얼마나 길고 지루한 싸움이었습니까? 얼마나 철저하게 망해 버린 싸움이었습니까? 그가 일찍 하나님을 알았더라면 … 그것뿐이 아닙니다. 온 애굽 사람들은 앞을 다투어 제발 이스라엘이 떠나 주길 간청했습니다. 이스라엘은 그들로부터 온갖 금, 패물과 의복과 물품을 취하였습니다. 이것은 의당히 승리자가 취해야 할 전리품입니다. 그러나 이것은 그동안 이스라엘이 애굽에서 부역한 대가로 친다면 어림도 없습니다. 하나님은 공의로우신 분입니다. 이스라엘이 의당히 받아야 할 것을 받게 하신 것입니다.

애굽을 떠나자 많은 이방인들도 이스라엘 백성을 따라 나섰습니다. 그들은 누가 진정 하나님이며 우주의 왕이신가를 보았습니다. 하나님은 그들에게도 할례를 행하여 이스라엘로 받아들이도록 은혜를 베푸셨습니다. 하나님의 구원은 이스라엘 민족에게만 베풀어진 것이 아닙니다. 일찍부터 하나님은 이방인에게도 구원의 문을 열어 주셨습니다. 그리고 그 문은 예수님에 의해 전 인류에게 열려졌습니다.

애굽을 떠나는 이스라엘에게 하나님은 무교절을 지키도록 절기를 정해 주셨습니다. 아울러 모든 생산의 초산물은 모두 하나님의 것으로서 구별하도록 제정하셨습니다.

하나님이 행하신 구원의 날은 영원히 기뻐하고 즐거워할 기념일입니다. 그리고 이스라엘은 하나님의 것으로서 하나님의 소유물이 되었습니다. 이제부터는 하나님의 소유물로서 그분이 요구하시는 대로 살아야 하며 하나님의 것을 구분하여 드려야 합니다.

20. 홍해 사건 : 완벽한 승리

출애굽기 14장 - 15장 21절

이스라엘이 애굽을 떠나자 애굽은 완전히 패망하고 말았습니다. 하나님은 "내가 너를 세웠음은 나의 능력을 네게 보이고 내 이름이 온 천하에 전파되게 하려 하였음이라"(9:16)고 하신 것처럼 과연 그 이름을 온 천하에 떨치시고 그의 백성을 인도해 내셨던 것입니다. 뿐만 아니라 다시는 이스라엘이 애굽을 바라보지 못하도록 완전히 멸망시켜 일어서지 못하도록 하셨습니다.

그렇더라도 이스라엘 백성에게는 여전히 죄의 본성이 남아 있음을 하나님은 아셨습니다. 그래서 그들이 애굽으로 돌아가지 못하도록 가까운 길을 택하지 않고 홍해 길로 인도하셨습니다(13:17).

한편 이스라엘을 인도해 낸 모세는 요셉의 유언에 따라 요셉의 해골을 가지고 나왔습니다(창 50장 참고). 이로써 남겨 놓았던 소망이 성취되어짐을 암시해 주고 있습니다. 하나님은 그의 백성을 인도하시되 끝까지 그의 신실한 언약에 따라 행하심이 여기서도 잘 나타나 있습니다(13:19). 특히 구름 기둥과 불 기둥으로 이스라엘 백성을 인도하시는 것 역시 큰 의미가 있습니다.

이것은 첫째, 약속을 충실히 수행하시는 언약의 하나님인 것을 나타내는 증표이며, 둘째, 하나님과 이스라엘과의 긴밀한 관계, 즉 연합을 의미하며, 셋째, 하나님이 늘 그들과 함께 계심, 즉 그들을 친히 다스리심을 상징하고 있습니다. 그러므로 구름 기둥과 불 기둥이 언급되고 있는 한 언제나 우리는 이상의 의미를 염두에 두고 있어야 합니다.

얼마 후 바로는 남아있는 모든 군대를 이끌고 이스라엘의 뒤를 쫓아 왔습니다. 이미 그 기력이 다 쇠하여 버린 애굽이 이만한 군대를 동원한 것은 최후의 발악이라고 하겠습니다. 이것은 마치 십자가에서 철저하게 패배한 사단이 세상 끝날이 가까워 올수록 더욱 발악을 하는 것과 같습니다.

바로가 뒤쫓아오자 하나님은 즉시 이스라엘을 홍해 바닷가에 진치게 하셨습니다(14:2). 그런데 애굽의 병거를 본 이스라엘 백성들은 간담이 서늘해지고 말았습니다. 이미 패망해 버린 애굽 군대인데 이스라엘은 그들의 모습이 멀리서 보이기만 해도 낙담하여 원망을 늘어놓는 심히 나약한 존재들이었습니다. 그들의 원망은 마치 오늘날 우리가 내뱉는 실없는 소리와 같습니다. 이미 십자가에서 그리스도가 승리하신 것을 보고서도 여전히 사단에게 얽매여 있다고 착각하기도 하며 아직도 육신의 소욕을 쫓는 우리의 모습이 바로 그들의 모습입니다.

"너희는 두려워 말고 가만히 서서 여호와께서 오늘날 너희를 위하여 행사하시는 구원을 보라 ... 여호와께서 너희를 위하여 싸우시리니 너희는 가만히 있을찌니라"(14:13-14). 모세의 목소리가 울려 퍼집니다. 이미 우리도 수없이 체험을 했고 모든 것이 합력하여 선을 이룰 줄(롬 8:28) 익히 알고 있습니다. 그러나 우리는 원망할 때가 얼마나 많습니까? 그럼에도 하나님은 우리에게 여호와의 구원을 바라보라고 하십니다. 오직 우리를 구원하시는 하나님의 손길만을 바라는 것이 참 소망이요, 진정한 신앙입니다.

이제부터 하나님이 싸우시도록 가만히 비켜 서 있는 용기가 필요합니다. 하나님은 즉시 구름 기둥으로 이스라엘을 보호하시고 애굽 진을 막아섰습니다. 그리고 저쪽은 구름과 흑암으로 꼼짝 못하게 하시고 이스라엘 진영은 오히려 광영으로 빛나게 하셨습니다(14:20).

그러는 가운데 밤새도록 큰 동풍을 불게 하시어 바닷물을 갈라 마른 땅을 만드시고 이스라엘을 건너게 하셨습니다. 그 뒤를 애굽 병거들이 뒤쫓아 들어옵니다. "새벽에 여호와께서 불 구름 기둥 가운데서 애굽 군대를 보시고 그 군대를 어지럽게 하시며 … 여호와가 그들을 위하여 싸워 애굽 사람들을 치는도다"(14:24-25).

이스라엘이 홍해를 건너자마자 즉시 여호와는 애굽 군대 위로 바닷물이 예전처럼 흐르게 하셨습니다. "물이 다시 흘러 병거들과 기병들을 덮되 그들의 뒤를 쫓아 바다에 들어간 바로의 군대를 다 덮고 하나도 남기지 아니하였더라"(14:28).

이렇게 이스라엘이 홍해를 건넜다는 것은 깊은 의미를 가지고 있습니다. 우리는 위에서 본 바와 같이 이스라엘이 애굽에서 구원받은 것 뒤에는 숨겨진 또 다른 의미가 있음을 살펴보아야 합니다.

첫째는, 애굽 군대가 특별 병거(왕의 친위대)까지 동원하여 온 것은 이스라엘을 다시 잡아 노예로 삼고자 함이었습니다(14:5). 그러나 하나님은 이들을 하나도 남기지 않으심으로 다시는 이스라엘을 노예로 삼을 세력을 없애 버렸습니다. 그러므로 이제는 절대로 노예의 신분으로 떨어질 염려가 없습니다. 다시 말하면 우리가 다시는 죄의 종이 될 수 없다는 것입니다.

둘째로, 홍해 사건을 유월절과 나누어서 생각해서는 안 된다는 것입니다. 홍해 사건과 유월절은 하나의 사건입니다. 즉 유월절이 하나님께서 애굽을 완전히 패망시킨 기념비였다면 홍해 사건은 패망한 애굽을 철저하게 진멸시키는 싸움의 승리였습니다. 즉 이것은 어디까지나 하나님과 하나님을 대적하는 사단과의 싸움이며 유월절에서 완전하게 승리하신 하나님께서는 홍해에서 다시는 사단의 세력이 재기할 수 없도록 철저하게 제거함으로써 완벽한 승리를 거두신 것입니다.

셋째로, 바다는 죽음을 상징합니다. 하나님은 이처럼 죽음을 가르시고 죽음 직전에 있던 이스라엘을 죽음에서 구원해 내셨습니다. 마치 그리스도의 십자가를 보는 듯 합니다. 이것을 고린도전서 10:1-3에서는 세례와 같은 의미로 해석하고 있음을 유의해야 합니다. 세례는 죽음을 통해 죽음을 이긴 것을 상징합니다. 이것을 볼 때 홍해에서는 모든 옛 사람이 죽고 홍해에서 올라온 때는 새로운 사람으로 탄생되었다는 의미를 가지게 됩니다. 그러므로 유월절과는 더욱 깊은 연관성을 가지는 것입니다.

마지막으로, 홍해 사건은 전체적으로 볼 때 창세기 3:15로 거슬러 올라갑니다. 즉 하나님의 언약에 근거하고 있는 사건입니다. 뱀의 머리를 밟는 사역이 이곳에서 확실히 나타나고 있습니다. 하나님의 언약은 영원토록 변함이 없습니다. 뿐만 아니라 아브라함과의 언약이 이로써 완전히 성취되고 있음을 볼 수 있습니다. 우리는 오직 여호와의 구원을 바라볼 뿐입니다(14:13).

21. 광야 생활 40년 : 하나님의 보호

출애굽기 15장 22절 - 17장

홍해를 건너 죽음 직전에서 새롭게 태어난 이스라엘은 곧바로 가나안 땅으로 인도되지 않았습니다. 그들은 남쪽으로 사흘 길을 가서 마라에 도착했습니다. 그동안의 광야 길에서는 물을 얻기가 쉽지 않았습니다. 마라에 도착하자 그들은 물을 찾았으나 그 물은 써서 도저히 마실 수가 없었습니다.

불과 사흘 전에 홍해의 기적을 경험한 그들이었지만 하나님께 물을 구하기보다는 모세를 원망하기를 더 좋아했습니다. 이처럼 이스라엘은 비록 홍해를 건넜으나 죄악의 본성은 여전히 남아 있었습니다. 이것은 가나안에 들어가기 전에 먼저 고쳐야 할 과제였습니다. 하나님은 물을 달게 하신 후 이렇게 말씀하셨습니다.

"너희가 너희 하나님 나 여호와의 말을 청종하고 나의 보기에 의를 행하며 내 계명에 귀를 기울이며 내 모든 규례를 지키면 내가 애굽 사람에게 내린 모든 질병의 하나도 너희에게 내리지 아니하리니 나는 너희를 치료하는 여호와임이니라"(15:26). 이 말씀은 앞으로 이스라엘이 무엇을 연단받아야 하는가를 잘 보여줍니다. 바로 이 말씀대로 이스라엘은 새로운 변화를 위해 훈련을 받을 것입니다. 그런 연후에야 가나안으로 들어갈 것이기 때문입니다.

그러나 분명히 이 말씀대로 행하기만 한다면 이스라엘은 가나안 복지에 들어갈 것입니다. 마라에는 샘이 하나밖에 없었습니다. 그러나 다음에 이스라엘이 인도된 엘림에는 무려 12개의 샘이 있었습니다. 이것은 마치 광야 생활의 처음과 끝을 보는 것 같습니다. 이스라엘이 하나님 말씀을 청종하고 귀를 기울이게 되는 날 그들은 마라에서 엘림으로 옮기어질 것이기 때문입니다.

광야 생활의 시작은 벌써부터 복된 생활을 암시해 주고 있습니다. 우리의 삶도 마찬가지입니다. 처음 그리스도를 영접한 때는 마치 홍해를 건넌 것과 같은 감격을 느끼게 됩니다. 그러나 그것으로 완전한 그리스도인이 되는 것은 아닙니다. 우리 앞에는 수많은 마라의 쓴 물이 기다리고 있습니다. 그러나 결국 풍성한 물이 있는 엘림에 도착하게 됩니다.

그것은 하나님 말씀에 민감하게 훈련을 받은 후의 일입니다. 이렇게 훈련을 받음으로써 비로소 성숙한 그리스도인이 되는 것입니다. 그러므로 우리는 그리스도를 영접하여 하나님의 아들이 되었고 이제는 하나님의 아들로서 그 신분에 맞도록 장성하기 위해 신앙 생활을 하는 가운데 우리 신앙 인격이 성장해가며 그런 연후에야 가나안에 들어가는 것입니다.

그러면 하나님은 광야 생활에서 어떻게 그의 백성을 연단시키고 성장시키는지 관심을 가지고 살펴 보겠습니다.

엘림을 떠나 20여 일이 지났고 애굽에서 나온 지 한 달이 되었을 때입니다. 애굽에서 가져온 양식이 이때쯤 완전히 바닥이 나게 되었고 그들은 신 광야에 들어서 있었습니다. 예정대로 한다면 적어도 보름 혹은 아무리 길게 잡아도 20일이면 애굽을 떠나 가나안에 도착하여야 합니다. 그런데 그들은 전혀 다른 곳에 와 있었습니다. 양식이 떨어지자 그들은 즉시 본성을 드러냈습니다. 16:2-3을 보면 무엇이 그들을 지배하고 있는가를 알 수 있습니다.

하나님은 "내가 너희를 위하여 하늘에서 양식을 비같이 내리리니 백성이 나가서 일용할 것을 날마다 거둘 것이라 이같이 하여 그들이 나의 율법을 준행하나 아니하나 내가 시험하리라"(16:4)고 말씀하십니다. 그런 후 저녁에는 메추라기를 아침에는 만나를 내려 일용할 양식을 주셨습니다. 그런데 이 양식은 꼭 하루 분만의 것이었습니다. 이는 앞으로 하나님이 양식을 주지 않으면 굶어 죽게 될 것을 의미합니다. 그리고 안식일 전 날에만 이틀 분 것을 주셨습니다. 안식일만은 먹을 것을 위해 애쓰지 아니하고 오직 이 날을 거룩하게 하여 하나님과 교제를 나누기 위해서입니다.

여기에서 우리는 하나님의 의도를 분명히 볼 수 있습니다. "그들이 나의 율법을 준행하나 아니하나 내가 시험하리라"(16:4)는 말씀은 이미 마라에서 "너희 하나님 나 여호와의 말을 청종하고 ..."(15:26) 하는 것과 일맥상통합니다. 환언하면 하나님의 말씀에 전폭적으로 순종하는 삶을 살도록 이 광야 생활 동안에 이스라엘은 특별히 훈련을 받을 것입니다.

이스라엘이 르비딤에 도착했을 때는 물이 없었습니다. 다시 이스라엘은 모세와 다투며 물을 찾았는데(17:1), 이것은 하나님의 능력을 그들이 시험해 보기 위한 의도였음이 드러났습니다(17:2). 과연 하나님은 우리를 가나안까지 인도하실 수 있는 분이신가? 그렇다면 지금 우리에게 물을 내어보라는 식이었습니다. 이에 대해 하나님은 그들에게 아무런 대꾸의 말씀도 하지 않으시고 모세에게 반석을 쳐 물을 내게 하셨습니다(17:6). 무엇을 위하여? 왜? 이것은 우리가 두고두고 음미해 볼 만한 내용입니다.

그때에 아말렉 군대가 이스라엘을 대적하게 되었습니다. 하나님은 조금 전에 하나님 앞에서 행하던 이스라엘의 파렴치한 행위를 전혀 개의치 아니하시고 친히 아말렉과 싸우셨습니다. "모세가 손을 들면 이스라엘이 이기고 손을 내리면 아말렉이 이기더니 ..."(17:1)란 말씀은 모세에게 특별한 권능이 있어서가 아닙니다. 모세는 그저 두 손을 들고 하나님이 싸워주실 것을 간청할 뿐입니다.

이상을 볼 때 광야 생활에서 우리가 얻을 것은 무엇일까요? 물론 광야 생활은 이제 시작입니다. 그러나 이것을 보면 광야 생활의 의미가 무엇인지 알 수가 있습니다.

첫째, 하나님의 자녀로서 성숙하기 위한 과정입니다. 이미 하나님의 자녀가 되었으나 이제는 그 자격에 알맞는 성숙된 성도로 자라야 합니다.

둘째, 하나님의 은혜를 떠나서는 하루도 살 수 없음을 보여 줍니다. 만나가 그것을 대변하고 있습니다. 광야는 양식과 물이 없으므로 특별한 돌보심이 없이는 도저히 살 수 없는 곳입니다. 이스라엘은 매일 하나님의 특별하신 은혜로 광야에서 살아 갈 수 있었는데 이것은 날마다 하나님만 바라보면서 살도록 훈련을 받고 있는 것입니다.

셋째, 하나님의 보호입니다. 어떤 외적이 쳐들어 와도 하나님이 친히 물리쳐 주십니다. 이제부터 이스라엘을 침공하는 어떤 세력도 하나님이 물리쳐 줄 것입니다. 이스라엘을 대적하는 세력은 곧 하나님을 대적하는 것이요, 그렇기 때문에 하나님이 친히 싸우시는 것입니다.

22. 모세 : 시내산 언약

출애굽기 18장 - 31장

이스라엘은 18장에 와서 족장 체제가 아닌 국가 체제로 변환되고 있음을 볼 수 있습니다. 지금까지 모든 문제를 모세가 처리해 왔습니다. 그러기 위해서는 여간 일이 복잡하고 시간이 필요한 게 아니었습니다. 그 결과 백성들은 자기들끼리 송사를 판단해 버릴 위험에 처하게 될 수도 있었습니다. 이러한 문제를 간파한 모세의 장인 이드로가 천부장, 백부장, 오십부장을 세울 것을 권고하므로(17:19-22) 그 권고에 따라 이스라엘은 국가로서의 조직체를 가꾸게 되었습니다.

국가로서의 조직체를 갖는다는 것은 이스라엘 모든 국민이 바로 하나님의 유업을 받는다는 뜻입니다. 모세는 단지 이스라엘의 대표자로서 하나님과 이스라엘의 중계 역할을 합니다. 이런 국가 체제가 되어 하나님은 이스라엘의 헌법을 공포하셨는데 그것이 곧 율법입니다.

우리가 여기서 알아야 할 것은 이스라엘은 정치적인 국가가 아니라는 점입니다. 즉 이스라엘은 종교적인 국가이며 율법은 어디까지나 하나님 나라로서의 형태를 갖춘 이스라엘의 법입니다. 그래서 이스라엘 백성은 누구나 이 율법에 따라 살도록 되어 있습니다.

그런데 하나님은 율법을 반포하시되 아담-노아-아브라함의 언약과 연관된 언약으로 제정하셨습니다. 그래서 이것을 율법의 언약이라고 한 것입니다. 이 율법의 언약을 맺기 위해 하나님은 이렇게 말씀하십니다. "나의 애굽 사람에게 어떻게 행하였음과 내가 어떻게 독수리 날개로 너희를 업어 내게로 인도하였음을 너희가 보았느니라 세계가 다 내게 속하였나니 너희가 내 말을 잘 듣고 내 언약을 지키면 너희는 열국 중에서 내 소유가 되겠고 너희가 내게 대하여 제사장 나라가 되며 거룩한 백성이 되리라"(19:4-6).

이 말씀 속에서 이스라엘이 어떤 국가가 될 것이 분명해졌으며, 이스라엘은 먼저 언약을 따라 살도록 되어 있음을 알 수 있습니다. 그래서 아담-노아-아브라함에게 주신 언약을 이어 다시 모든 백성이 받아들일 명백한 언약을 주시기로 하신 것입니다. 그리고 이스라엘은 하나님의 특별한 소유가 됩니다.

모든 세상의 나라가 다 하나님의 소유이지만 그중에 이스라엘을 특별한 하나님의 나라로 삼는 것은 이스라엘을 통하여 모든 민족에게 하나님의 복을 전달하는 중보자로 삼겠다는 것입니다. 온 세계 국가를 대신하여 하나님 앞에 서며 하나님을 대신하여 세상 국가 앞에 서는 역할을 해야 하기 때문에 이스라엘은 거룩한 백성이 되지 않으면 안 됩니다. 그래서 이스라엘은 하나님 앞에서 성결이 무엇보다도 중요했던 것입니다.

하나님은 이스라엘에게 언약을 주시기 전에 먼저 모든 백성에게 몸과 마음을 성결하게 하도록 하셨습니다(19:10 이하). 그리고 드디어 율법을 반포하시면서 "나는 너를 애굽 땅 종 되었던 집에서 인도하여 낸 너의 하나님 여호와로라"(20:2)라고 말씀하셨습니다.

언약의 제정을 하나님께서는 출애굽에서부터 시작하셨음을 말씀하셨는데, 즉 애굽 땅에서 종의 신분으로 있었을 때 구원하여 주시는 것부터가 모두 언약의 한 부분이 됩니다. 그러므로 이제 이스라엘은 종의 상태가 아니라 자유인으로서 하나님은 누구이시며 그 하나님의 말씀에 어떻게 순종할 것인가를 알아야 합니다. 특히 광야 생활 중에 율법을 주신 이유가 여기에 있음을 유의해야 합니다. 하나님의 말씀에 100% 순종하는 삶을 배우기 위해 율법이 주어진 것입니다. 그리고 또 하나 기억해야 할 것은 하나님은 이스라엘과 특별한 관계를 맺고 있다는 점입니다.

"나는 너를 … 너의 하나님"에서 이스라엘을 '너'(단수)라고 지목합니다. 이 말은 종의 신분에서 이스라엘을 이끌어 낼 때는 그들을 하나님의 것, 즉 '내것'(사 43:1)으로 삼으시려는 특별한 이유가 있었다는 것을 의미하는데 바로 이러한 이유 때문에 하나님은 율법을 주신 것입니다. 그러므로 율법은 이스라엘을 속박하며 벌을 주기 위한 방편으로 제정된 것이 아니라, 하나님과 이스라엘과의 특별한 관계를 확인하기 위해서 주신 것이며, 나아가 이스라엘이 100% 하나님의 말씀에 순종함으로써 거룩한 백성이 되어 온 세상에 하나님이 살아 계심을 선포하고 복을 나누어 줄 제사장 나라로 삼기 위한 것입니다. 그러므로 율법은 곧 은혜이며 이스라엘이 하나님의 소유라는 사실을 만방에 알리는 은혜의 선포입니다.

여기에 근거하여 하나님은 십계명을 주셨습니다(20장). 그리고 율례도 주셨는데(21-23장) 이 십계명과 율례는 앞으로 이스라엘이 그들의 생명을 걸고 지켜야 할 하나님의 법도입니다. 하나님은 이 법도에 따라 이스라엘이 살도록 언약 제정식을 24장에서 거행하도록 하십니다. 이 제정식에는 이스라엘을 대표하는 70인 장로가 선발되었고 이스라엘을 상징하는 12기둥이 세워졌으며 피로써 약정을 맺고 있음을 볼 수 있습니다.

그후 모세는 산 위에 올라가 특별한 명령을 받게 되는데 그것이 곧 성막입니다.

　이스라엘이 지켜야 할 율례와 법도는 그 성막을 중심으로 하여 지켜질 것이기 때문에 하나님은 성막의 건설이 중요함을 알리셨습니다. 특히 출애굽기는 애굽을 출발하여 성막이 완성되는 것으로 끝이 나고 있습니다. 한마디로 말하면 출애굽기는 애굽 탈출기가 아니라 성막 건설기라고 해도 무방할 것입니다. 이스라엘은 이 성막이 앞으로 그들의 상징으로서 모든 삶의 중심이 되며, 그들은 모든 생활의 근거를 이 성막에 두게 될 것입니다.

　하나님은 이 성막이 너무 귀중하기 때문에 브사렐과 오홀리압을 특별히 지목하여 성막을 짓는데 총감독으로 삼게 하셨습니다(31:1-11). 그리고 마지막으로 안식일에 대해 재차 강조함으로써 율법 제정을 모두 마치십니다. "이스라엘이 안식일을 지켜서 그것을 대대로 영원한 언약을 삼을 것이니 이는 나와 이스라엘 자손 사이에 영원한 표징이며 …"(31:12-17)라고 강조하신 것은 안식일의 중요성을 재삼 강조한 말씀입니다.

　하나님은 두 돌판 위에 친히 율법을 기록하여 모세에게 주시고 증거판으로 삼게 하셨습니다. 이 두 돌판은 당시의 법정 계약 체결에 따라 아마 똑같은 것 두 개인 듯하며, 하나는 이스라엘의 것 또 하나는 하나님의 것으로서 서로 약정을 맺은 증거가 되었습니다.

23. 율법 : 하나님 나라의 법

출애굽기 20장 - 23장

하나님께서 제정하신 율법은 종교적 이스라엘 국가의 헌법입니다. 이 것은 곧 이스라엘은 하나님에 의하여 다스려진다는 큰 뜻을 내포하고 있습니다. 특히 이스라엘의 광야 생활이 하나님의 율례와 법도를 적극적으로 순종하기 위한 것임을 연관시켜서 생각하여야 합니다.

제1계명 : 너는 나 외에는 다른 신들을 네게 있게 말지니라.

첫번째 계명은 이스라엘의 진정한 하나님이 누구인가를 알라는 말씀입니다. 곧 이스라엘에게는 하나님밖에 아무도 없다는 뜻입니다. 이스라엘의 진정한 주인은 오직 여호와 하나님뿐입니다. 그러므로 여호와 하나님만이 이스라엘의 주인이요, 이스라엘의 소유권을 주장하실 수 있습니다. "내가 어떻게 독수리 날개로 너희를 업어 내게로 인도하였음을 너희가 보았느니라"(19:4)에 근거한 하나님의 권리 요구입니다.

따라서 이 말씀은 하나님에 대하여 잘못된 지식을 가지고 있으면서 그것이 하나님인 것처럼 알아서는 안 된다는 점을 분명히 하고 있습니다. 하나님은 이스라엘의 주인으로서 날마다 자신을 새롭게 계시해 주시는 분이십니다. 그럼에도 불구하고 이전에 알았던 지식이나 경험만을 가지고 그것이 하나님인 것처럼 잘못 아는 것이 바로 '다른 신'을 섬긴다는 의미입니다. 날마다 새롭게 인도하고 보여주시는 하나님을 알지 못한다면 그전에 알고 있던 하나님은 이미 다른 하나님이기 때문입니다.

제2계명 : 너를 위하여 새긴 우상을 만들지 말라.

하나님은 우주의 창조주이십니다. 그밖에 모든 것들은 다 하나님의 피조물입니다. 우상을 만든다는 것은 하나님을 우상과 동일하게 만드는 것입니다. 하나님을 피조물로 전락시키는 무서운 결과입니다. 이는 곧 하나님을 하나님으로 인정하지 않으려는 죄악의 발상이기도 합니다. 또 다른 의미로는 어떤 피조물도 신격화시키지 말라는 의미입니다. 왜냐하면 우리 인류의 주인은 하나님이시기 때문입니다. 그 하나님의 자리에 어떤 피조물이라도 앉을 수 없다는 경고입니다. 하나님은 말씀하십니다. "나를 사랑하고 내 계명을 지키는 자에게는 천대까지 은혜를 베푸느니라"(20:6). 1세대를 30년으로 친다면 천대면 3만년입니다. 창조 과학자들은 지구의 역사가 1만년도 안 된다는 사실을 증거하고 있습니다. 이 말씀은 곧 영원히 사랑하신다는 축복입니다.

제3계명 : 너는 너의 하나님 여호와의 이름을 망령되이 일컫지 말라.

이 말씀은 예배 의식과 긴밀한 관계가 있는 것으로 생각됩니다. 그러므로 하나님의 이름을 헛되이 의미 없이 부르지 말라는 뜻입니다. 이것은 곧 하나님을 가볍게 생각하는 인간의 교만한 마음이 내포되어 있기 때문입니다. 하나님은 우리의 생명의 주인이십니다. 그러므로 하나님의 이름을 생각하고 부를 때는 곧 내 생명을 걸어놓고 부를 정도로 나의 가장 깊은 곳에서부터 하나님을 경외하며 예배해야 합니다.

제4계명 : 안식일을 기억하여 거룩히 지키라.

이 안식일은 창조 사역에서부터 구별된 날입니다. 마지막 날에 안식하셨다는 것은 하나님의 사역의 최후 상태가 곧 복된 안식인 것을 의미합니다. 이 안식은 또한 언약의 증표이기도 합니다. 그러므로 안식일을 지킬 때 비로소 하나님의 복을 체험하게 됩니다. 이것을 고의로 저버리는 자는 하나님의 복을 거부하는 자이며 하나님을 필요로 하지 않겠다는 교만이기도 합니다.

구약에서는 안식일을 바라봄으로써 장차 올 영원한 안식을 기다렸습니다. 신약에서는 주일을 지키는데 이것은 이미 하나님의 영원한 안식, 즉 천국에 속하여 있음을 미리 체험하고 나머지 6일간을 살아가는 것입니다. 그러므로 우리가 매일 살아가고 있는 6일간은 우리 시간이 아니요 곧 하나님의 날인 주일의 연속입니다. 때문에 6일간 역시 하나님을 떠나 사는 것이 아니라 하나님의 은혜 안에서 살고 있음을 기억해야 합니다.

제5계명 : 네 부모를 공경하라.

이 말씀은 부모와 자식간의 깊은 유대 관계를 그 근거로 하고 있습니다. 부모를 공경하지 않는 것은 부모와의 관계를 단절하는 행위입니다. 그러나 전 인류는 한 조상 아담에게서 유래했으며 그들은 모두 언약 안에 있습니다. 그렇기 때문에 부모와 단절된다는 것은 곧 하나님의 땅에서 끊어짐을 의미합니다. 그래서 하나님은 "네게 준 땅에서"라고 못박고 있습니다. 장수는 모든 축복의 근원입니다.

제6계명 : 살인하지 말지니라.

6, 7, 8, 9, 10계명은 이웃 관계에 있어서의 삶의 원리를 가르쳐 주고 있습니다. 이웃의 생명을 해친다는 것은 그 사람의 삶의 권리를 빼앗는 것으로서 상대방의 가장 귀한 것을 침해하는 행위입니다. 이것은 곧 이웃 관계의 단절을 의미하기도 합니다. 그러므로 살인을 하지 않는 것이야말로 이웃간의 가장 귀한 삶의 원리입니다.

제7계명 : 간음하지 말지니라.

간음을 한다는 것은 이웃의 가정을 파괴하는 잔악한 행위입니다. 특히 하나님의 창조 질서인 부부간의 관계를 파괴하는 것은 곧 하나님의 언약을 파기하는 것이 됩니다. 간음이란 이웃의 남편을 빼앗는 것이요 이웃의 아내를 빼앗는 것입니다. 그는 의당히 하나님의 언약에서 제외될 것입니다.

제8계명 : 도적질하지 말지니라.

남의 것을 훔치는 것만이 도적질이 아닙니다. 남에게 손해를 끼치면서 자신의 이익을 착복하는 것도 바로 도적질입니다.

제9계명 : 네 이웃에 대하여 거짓 증거를 말지니라.

이 계명을 어기는 자는 6, 7, 8계명을 모두 어기는 것과 같습니다. 왜냐하면 거짓 증거의 결과는 이웃의 생존권을 위협하며 가정을 파괴하며 이웃에게 손해를 끼치기 때문입니다.

제10계명 : 네 이웃의 집을 탐내지 말지니라.

탐심은 모든 죄악의 근원이 됩니다. 탐심은 6-9계명을 범하는 동기가 됩니다. 악은 그 뿌리에서부터 없어져야 합니다.

이렇게 십계명을 선포할 때 백성들은 "우뢰와 번개와 나팔 소리와 산의 연기"를 보고서 떨고 있었습니다. 이런 현상, 즉 하나님의 신현(나타나심) 현상은 백성들로 하여금 하나님을 경외하도록 하는 목적을 가지고 있습니다. 이것은 곧 하나님의 계명에 이스라엘 백성들이 전폭적으로 순종하도록 하는 하나님의 의도에서였습니다.

21장부터는 일반 법령과 같습니다. 이 법령을 가리켜 시민법civil low

이라고 합니다.

이 법령을 제정한 목적은;

첫째는 하나님의 명령에 순종함으로 거룩한 백성이 되게 하기 위함입니다.

둘째는 모든 삶의 표준이 하나님께 있다는 의미입니다. 그래서 하나님은 "네가 그 목소리를 잘 청종하고 나의 모든 말대로 내가 네 원수에게 원수가 되고 네 대적에게 대적이 될찌라 … 너의 하나님 여호와를 섬기라 그리하면 여호와가 너희의 양식과 물에 복을 내리고 너희 중에 병을 제하리니 네 나라에 낙태하는 자가 없고 잉태치 못하는 자가 없을 것이라 내가 너의 날 수를 채우리라"(23:22-26)고 말씀하십니다.

이스라엘의 모든 복의 근원은 곧 하나님이심을 알 수 있습니다.

24. 언약의 중보자

출애굽기 32장 - 34장

출애굽기는 애굽 탈출기보다는 오히려 성막 건축기로 볼 수 있다고 말한 바 있습니다. 하나님께서 이스라엘을 애굽에서 인도해 내신 것은;

첫째, 아브라함–이삭–야곱과 맺은 언약을 이루기 위함이며

둘째, 이스라엘이 하나님의 소유라는 것을 만방에 알리기 위함이며

셋째, 이스라엘로 하여금 하나님을 예배하기 위함이었습니다.

이렇게 하기 위해서 하나님은 이스라엘에 하나의 제도를 세우시길 원하셨습니다.

하나님은 친히 이스라엘의 주인이요 다스리는 분임을 알려 주시기 위해 먼저 이스라엘과 율법의 언약을 맺으셨습니다. 그리고 그들과 항상 함께하고 계심을 보여주기 위해 성막을 짓도록 하셨습니다. 이 성막 건설이 출애굽기의 대부분을 차지하고 있고 성막이 완성되는 것으로 출애굽기가 끝나는 것을 볼 때, 이스라엘을 구원해 내신 것이 곧 성막을 통해 하나님께 예배하기 위함이며 앞으로 성막이 이스라엘 백성들 가운데서 얼마나 중요한 위치를 차지하게 될 것인가를 짐작할 수 있게 합니다.

하나님께서 각 양식대로 성막을 건설하도록 모세에게 설계도를 계시하는 동안 시내산 아래에서는 가증스러운 일이 벌어지고 있었습니다. 40여일 동안이나 모세가 산에서 내려오지 않자 이스라엘은 모세가 죽

은 줄로 단정하고 아론에게 "우리를 인도할 신을 우리를 위하여 만들라 이 모세 곧 우리를 애굽 땅에서 인도하여 낸 사람은 어찌되었는지 알지 못함이라"(출 32:1)고 하면서 자기들의 신을 만들 것을 종용했습니다.

결국 아론이 그들을 인도할 신을 만든다고 하자 그들은 기다렸다는 듯이 금고리를 빼어다가 아론 앞으로 가져왔습니다.

지금까지 이스라엘이 그처럼 자발적으로 헌신한 적은 이번이 처음이 었습니다. 아론은 그 금붙이들을 모아 금송아지를 만들고 "이스라엘아 이는 너희를 애굽 땅에서 인도하여 낸 너희 신이로라"(출 32:4)고 하였습니다. 금송아지를 만든 것은 이스라엘이 애굽에 있을 때 애굽 사람들이 소를 신으로 섬기는 것을 보고 모방한 것 같습니다.

애굽은 많은 신들을 섬기고 있었는데, 멤피스 지방의 '프타' 라는 신은 황소였고, 테베스의 신 '아몬' 은 암소였습니다. 하늘의 신 '호러스' 와 태양의 신 '라' 역시 매였습니다. 죽음의 신 '오시리스' 와 그 아내 '이시스' 는 각각 염소와 암소였습니다. 그리고 원숭이는 지혜의 신 '도드' 로, 개구리는 그 아내 '헤카' 로 섬김을 받았습니다.

그밖에 뱀이나 독수리 등도 신으로 섬겼는데 특히 애굽의 왕 바로는 태양의 신 '라' 의 아들이라 하여 신으로 받들게 했습니다. 하나님께서 열 가지 재앙을 내리실 때 그 재앙의 대상이 이런 신들에 대한 심판과 깊은 연관이 있었음을 유의해야 합니다.

그런데도 이스라엘이 금송아지를 만들고 자기들의 신으로 섬겼다는 것은 참으로 하나님 앞에서 가증스럽지 않을 수 없습니다. 이런 것을 볼 때 비록 애굽에서 구원받아 하나님과 언약을 맺은 언약의 백성이라 할 지라도 여전히 애굽의 관습 아래 매어있음을 볼 수 있습니다. 하나님은 애굽에 열 가지 재앙을 내리시면서 오직 유일하신 한 분 하나님만 계심을 보여 주셨으나 이스라엘은 여전히 옛것에 사로잡혀 있었습니다.

비록 우리는 그리스도 안에서 새로운 피조물(창조물)이 되었어도(고후 5:17) 여전히 옛 사람의 성품을 가지고 있습니다. 따라서 자신을 죽여 그리스도 앞에 순종하도록 늘 채찍질하지 않는다면 우리 역시 수많은 금송아지를 만들고야 말 것입니다. 그래서 바울은 "내가 그리스도와 함께 십자가에 못박혔나니 그런즉 이제는 내가 산 것이 아니요 오직 내 안에 그리스도께서 사신 것이라"(갈 2:20)고 고백하고 있습니다.

이스라엘 백성이 이처럼 패역하자 하나님은 모세에게 말씀하셨습니다. "이 백성을 보니 목이 곧은 백성이로다 그런즉 나대로 하게 하라 내가 그들에게 진노하여 그들을 진멸하고 너로 큰 나라가 되게 하리라"(출 32:9-10). 하나님의 계명을 어기고 하나님의 형상을 금수로 바꾸어 그것을 신으로 섬기는 행위야말로 진정 죽어 마땅할 죄악입니다.

그러나 이스라엘이 행한 죄악은 그 정도가 아니었습니다. 그들의 죄악은 극에 달하고 있었는데 곧 하나님과 맺은 언약을 파기하고 있었기 때문입니다. 이에 대해 모세는 도무지 입술을 열지도 못할 만큼 얼굴이 뜨거웠을 것이지만, 그는 중보자의 자격으로 감히 하나님께 말씀을 올렸습니다.

> "주의 종 아브라함과 이삭과 이스라엘(야곱)을 기억하소서 주께서 주를 가리켜 그들에게 맹세하여 이르시기를 내가 너희 자손을 하늘의 별처럼 많게 하고 나의 허락한 이 온 땅을 너희의 자손에게 주어 영영한 기업이 되게 하리라 하셨나이다"(출 32:13-14).

이 간절한 중보 기도는 아브라함과 하나님과 사이에 맺은 '약속의 언약'에 근거하고 있습니다. 물론 언약은 이스라엘도 지켜야 하지만 하나님도 지키셔야 하는 것입니다. 그러나 이미 언약을 파기해 버린 이스라엘을 두고서 모세가 하나님께 그 언약을 근거로 떼를 쓰는 것은 억지입니다.

신실하신 하나님은 그들을 새롭게 변화시켜서라도 언약을 이루어 나가시길 원하셨기 때문에 모세의 간절하면서도 억지를 쓰는 기도를 들어주셨습니다. 이것이 곧 하나님의 은혜요 사랑입니다. 또한 모세를 통해서 예수님의 중보 사역의 한 면을 보게 하신 것입니다. 이스라엘뿐 아니라 우리 역시 이처럼 예수 그리스도께서 맺으신 새 언약에 근거하여 구원을 얻은 것입니다.

> "나 여호와가 말하노라 보라 새 날이 이르리니 내가 이스라엘 집과 유다 집에 새 언약을 세우리라 나 여호와가 말하노라 이 언약은 내가 그들의 열조의 손을 잡고 애굽 땅에서 인도하여 내던 날에 세운 것과 같지 아니할 것은 내가 그들의 남편이 되었어도 그들이 내 언약을 파하였음이라 나 여호와가 말하노라 그러나 그날 후에 내가 이스라엘 집에 세울 언약은 이러하니 곧 내가 나의 법을 그들의 속에 두며 그 마음에 기록하여 나는 그들의 하나님이 되고 그들은 내 백성이 될 것이라"(렘 31:31-33).

이제 우리도 하나님의 언약과 말씀을 기억하며 내가 해야 할 일이 무엇인지를 생각해 봅시다.

이 새 언약은 예수 그리스도께서 최후의 만찬에서 체결하심으로 우리가 새 언약 안에 들어가게 되었습니다(마 26:26-29; 눅 22:14-20 참고). 그러므로 우리가 성찬식에 참여하는 것은 이 새 언약에 참여하고 있음을 확인하는 것이며, 이것은 아브라함의 언약 안에 있는 성도들이 할례를 받아 그 표로 정하는 것처럼, 우리는 세례를 받아 그 표로 정하고 성찬식을 통해 그리스도의 새 언약 안에 참여하고 있음을 나타내는 것입니다.

예수 그리스도께서 중보자가 되어 우리를 새 언약 안에 거하게 하신 것처럼, 모세는 이스라엘을 위해 중보자가 됨으로써 이스라엘이 여전히 언약 안에 있도록 하였습니다. 여기에서 우리는 중보자의 사역이 얼마나 중요한가를 알 수 있습니다. 모세가 이스라엘의 중보자였다면 우리의 중보자는 예수님이십니다. 이것이 구약 성도보다 우리가 더 큰 하나님의 사랑을 받은 증거입니다.

우리가 모세를 중보자라고 할 때 관심을 가져야 할 것은 하나님과 언약을 맺은 대상은 모세가 아니라 이스라엘이라는 것도 잊어서는 안 됩니다. 물론 모세 역시 이스라엘의 한 일원으로서 언약의 대상자이기는 하지만 하나님과 모세 사이에 언약이 체결된 것이 아니라는 말입니다. 모세는 단지 이스라엘의 대표자로서 하나님과 언약을 맺은 것입니다. 그렇지만 모세는 하나님과 이스라엘 사이에 있는 중보자라는 점에서 모세의 중요성이 있습니다.

중보자란 하나님의 요구에 이스라엘이 부응할 수 있도록 노력해야 할 뿐만 아니라, 반면 하나님의 복을 이스라엘에게 전달해 주는 사람입니다. 그래서 먼저 모세는 이스라엘의 죄악을 정결케 하는 일을 해야 했습니다. 모세는 즉시 아론을 책망하고 "그들에게 이르되 이스라엘의 하나님 여호와께서 이같이 말씀하시기를 너희는 각각 허리에 칼을 차고 진이 문에서 저 문까지 왕래하며 각 사람이 그 형제를, 각 사람이 그 친구를, 각 사람이 그 이웃을 도륙하라 하셨느니라 레위 자손이 모세의 말대로 행하매 이 날에 백성 중에 삼천 명 가량이 죽인 바 된지라"(출 32:27-28)라고 한 것처럼 정화 작업을 단행하였습니다. 이로 인해 백성중 3천 명 가량이 죽임을 당했습니다.

이처럼 먼저 이스라엘의 죄를 질책한 모세는 하나님께 또다시 기도합니다.

"이제 그들의 죄를 사하시옵소서 그렇지 않사오면 원컨대 주의 기록하신 책에서 내 이름을 지워버려 주옵소서"(32:32). 하나님은 모세의 기도를 들어주셨습니다. 그리고 두 번째 돌비를 새겨 주셨습니다. 다시 산에서 내려온 모세의 얼굴은 하나님의 영광으로 인한 광채로 가득하여 사람들이 감히 쳐다보지도 못할 정도였습니다.

그러나 모세의 얼굴을 통해 하나님의 영광을 조금이나마 바라볼 수 있다는 것만으로도 대단한 은혜가 아닐 수 없습니다. 그런데 우리가 장차 거할 하나님의 나라는 온통 하나님의 영광의 광채로 가득하고 우리가 그 영광 가운데 살 것을 생각한다면 얼마나 큰 하나님의 은혜를 받았는지를 알 수 있습니다.

특히 우리의 중보자는 모세가 아니라 그리스도 예수라는 사실에서 더욱 은혜를 느끼지 않을 수 없습니다. 모세와 예수님은 비교할 수 없습니다. 우리가 예수님을 바라본다는 것은 이스라엘이 모세를 바라보는 것과는 천지 차이가 있으며 그만큼 우리는 하나님을 가깝게 볼 수 있습니다. 그러므로 우리의 삶은 더욱 하나님 앞에서의 삶이어야 합니다.

25. 성막 : 하나님의 임재

출애굽기 35장 - 40장

우리는 출애굽기 35장에 들어서면서 반복되는 성막 건축 양식이 지루하게 기록되어 있음을 보고 그냥 넘겨 버리기가 쉽습니다. 특히 이 부분은 설교자들도 거의 언급하지 않는 내용이기도 합니다. 그러나 성막 건축에 대하여 성경이 이처럼 자세하게 언급하는 데는 그만한 이유가 있습니다. 성막은 하나님께서 거하실 곳이기 때문입니다.

성막은 지성소와 성소로 나누어집니다. 그 사이에는 두께가 거의 30cm나 되는 두꺼운 휘장이 드리워져 있습니다. 지성소 안에는 법궤가 있고 그 위에 금으로 만든 그룹(천사의 이름)이 날개를 펴고 있습니다. 이 지성소에는 1년에 한 차례 대제사장이 피를 가지고 들어가 온 이스라엘을 속죄하는 예식을 행하였습니다.

성소에는 떡을 놓아두는 떡상과 일곱 등잔이 있는 촛대와 아침 저녁으로 향을 피우는 향단이 있습니다. 그리고 성막 뜰에는 제사장들이 몸을 씻는 물두멍과 번제를 드리는 번제단이 있습니다. 이 각각의 부분이 갖는 의미는 생략하기로 합니다. 그보다는 왜 성막이 이스라엘에게 주어졌고 성막의 의미가 무엇인가를 관심있게 살펴보고자 합니다.

첫째, 성막은 하나님이 거하시는 곳입니다.

지성소의 모양은 마치 하나님이 거하시는 궁궐처럼 만들어져 있습니다. 수많은 천사들이 지성소 안벽에 수놓아져 있는 것을 본다면 그곳이 하나님이 거하시는 시은소施恩所인 것을 누구나 알 것입니다. 그렇기 때문에 감히 아무나 들어갈 수 없습니다. 오직 1년에 한 번씩 몸을 성결케 한 대제사장만이 속죄의 피를 가지고 들어갈 수 있었습니다.

물론 동물의 피로써 이스라엘의 죄가 사해진다는 것은 아닙니다. 그러나 하나님은 그 피를 통해서만 이스라엘을 속하시겠다고 하셨기 때문에 이스라엘이 속죄 받을 수 있는 유일한 방법은 그 길밖에 없었습니다. 이것은 곧 우리 인류의 죄가 예수 그리스도의 피로써만 정결케 된다는 것을 예표하기 위한 하나님의 계시적 사역이었습니다.

둘째, 성막은 거룩한 곳입니다.

성막은 특별히 성막을 위해 구별된 레위인들이 지키고 있었습니다. 성막 주위에는 12지파가 둘러싸고 있었으며 12지파와 성막 사이에는 레위인들이 있었습니다. 그 이유는 부정한 자들이 함부로 성막에 접근하여 성막을 더럽히지 못하게 함이었습니다. 이처럼 성막은 하나님이 거하시는 거룩한 곳으로서 정결하게 구별되어야 했습니다.

셋째, 성막은 하나님께서 제사장을 통해 이스라엘 백성을 만나는 교제의 장소였습니다.

성막을 회막the tent of meeting이라고 부르는 것(출 40:2)을 보아서도 성막이 단순히 제사를 위한 것보다는 하나님께서 그 백성을 만난다는 의미를 가지고 있음을 알 수 있습니다. 사실 이스라엘 회중의 한 가운데 하나님이 계신다는 것은 하나님께서 항상 그들과 함께하시며 그들과 교제하심을 단적으로 나타내줍니다. 그러므로 성막을 하나님과 이스라엘의 만남의 장소라고 볼 수 있습니다.

넷째, 성막의 중요한 기능 중 하나는 이스라엘을 죄 가운데서 치유하는 기능입니다.

각종 죄로 인해 불결해진 백성들이 제사장의 중재를 통해 하나님으로부터 깨끗하다고 인정받을 수 있는 길이 열린 것입니다. 곧 제사제도를 통해 죄로부터 치유를 받을 수 있게 되었습니다. 이것은 늘 하나님 앞에서 중요한 문제였습니다.

이상에서 살펴 본 것처럼 우리는 하나님께서 친히 이스라엘을 다스리심을 알 수 있습니다. 즉 이스라엘 가운데 계시며 그곳에서 하나님의 뜻을 제사장들에게 알려 그의 백성들과 교제하시며 이스라엘을 친히 다스리심을 볼 때, 하나님은 이스라엘의 왕으로서 성막에 거하심을 알 수 있습니다. 그러므로 성막을 짓도록 하신 것은 하나님이 이스라엘의 왕이심을 선포하기 위함이었습니다.

이렇게 볼 때 성막 위에 낮에는 구름 기둥이 밤에는 불 기둥이 있었던 이유를 알 수 있으며, 또한 구름 기둥이 떠올랐을 때 이스라엘이 진행하고, 멈추었을 때 그곳에 장막을 쳤던 것을 이해할 수 있습니다(40:34-38). "낮에는 여호와의 구름이 성막 위에 있고 밤에는 불이 그 구름 가운데 있음을 이스라엘 온 족속이 그 모든 행하는 길에서 친히 보았더라"(40:38)는 말씀 속에서 우리는 왕으로서 이스라엘을 친히 인도하시는 하나님을 볼 수 있습니다.

이제 비로소 이스라엘 국가는 하나님의 나라로서 그 면모를 확실히 갖추게 되었습니다. 하나님이 그 나라의 왕이 되시고 이스라엘은 그 나라의 백성입니다. 그리고 율법이 곧 그 나라의 헌법이며 아브라함에게 약속하신 가나안 땅이 그 나라의 영토가 됩니다. 그러므로 이제부터 왕 되신 하나님께서 그의 백성을 이끌고 그 땅을 정복하기 위해 친히 진군하시며 지휘하실 것입니다.

하나님께서 그의 백성을 정비하고 군대로서 정돈하고 계심을 우리는 민수기 1-2장에서 찾아 볼 수 있습니다. 그 군대를 계수하시고 그 진군 방향과 순서 그리고 동서남북에 각각 진을 치도록 하는 모습들은 바로 하나님께서 지휘권을 행사하시는 모습입니다. 이렇게 하나님께서 이스라엘의 왕으로서 성막에 계신다는 것은 하나님께서 그 나라를 통치하심을 나타냅니다. 이것이 곧 하나님의 나라입니다. 이처럼 하나님이 통치하는 나라에서만이 진정한 평화를 찾을 수 있습니다. 바로 그 나라를 우리는 대망하고 있는 것입니다.

이 하나님의 나라는 요한계시록 21장에서 새 하늘과 새 땅으로 등장합니다. "하나님의 장막이 사람들과 함께 있으매 하나님이 저희와 함께 거하시리니 저희는 하나님의 백성이 되고 하나님은 친히 저희와 함께 계셔서 모든 눈물을 그 눈에서 씻기시매 다시 사망이 없고 애통하는 것이나 곡하는 것이나 아픈 것이 다시 있지 아니하리니 처음 것들이 다 지나 갔음이러라"(계 21:3-4). 바로 그 나라는 새 예루살렘(계 21:10)으로서 우리가 바라는 나라요 참 평화가 있는 나라입니다.

이런 점을 볼 때 성막의 건설에 대하여 자세하게 언급하며 출애굽기가 성막의 완공으로 끝난다는 것은 우리의 최종 구원의 완성이 어디에 있는지 알 수 있도록 돕고 있습니다. 하나님께서 이스라엘 백성을 애굽에서 인도해 내신 것은 사단의 세력 아래 있던 그의 백성을 이끌어 내신 것이며 이스라엘이 하나님의 소유인 것을 만방에 알리기 위함이었습니다. 그리고 마침내 성막을 통하여 그들을 하나님의 나라로 인도하기 위함인 것을 보여 주고 있습니다. 이것으로 보아 구속사의 최후 종점은 새 예루살렘으로 그의 백성을 인도하는 것임을 알 수 있습니다.

다섯째, 성막이 갖는 기능은 용서하는 기능입니다.

이 기능은 바로 앞의 금송아지 사건과 밀접한 연관이 있습니다. 이스라엘이 금송아지를 만들고 그것을 하나님으로 섬기는 악한 모습을 성막 건축 바로 앞에 기록하고 있는 것도 의미심장합니다. 금송아지 사건으로 이스라엘은 멸종 위기에 놓일 수밖에 없었습니다. 물론 모세의 중보 기도로 형벌이 잠시 유예되었으나 근본적으로 그들의 죄가 사해진 것은 아닙니다. 이것은 마치 구원받은 성도가 죄를 범했을 경우 그가 이미 구원 안에 들어와 있기 때문에 지옥에 가는 형벌은 면할지 모르지만 그 지은 죄의 형벌은 여전히 남아 있는 것과 같습니다.

하나님은 우리에게 그리스도의 공로를 통해 회개함으로써 죄 용서함을 받게 하셨습니다. 마찬가지로 하나님은 이스라엘 백성들이 성막에 나아와 속죄제를 드리게 함으로써 그들의 죄를 용서해 주셨습니다. 그러므로 성막은 이스라엘의 죄를 사해 주는 은혜의 통로가 되며 부정한 이스라엘을 정결하게 하는 치유의 장소였습니다.

이런 차원에서 우리는 레위기를 보아야 합니다. 레위기는 읽기에 좀 힘이 들지만 우리에게 깊은 감명을 주는 책이기도 합니다. 즉 출애굽기에서 완공된 성막을 중심으로 앞으로 살아야 할 규례와 법도를 레위기가 기록하고 있습니다. 그러므로 레위기는 출애굽기의 연속으로 하나님을 모시고 사는 이스라엘 백성의 삶이 어떠한가를 보여주는 책입니다.

우리는 언제나 출애굽기에서 보는 것처럼 구원의 초기 단계에만 머물러 있어서는 안 됩니다. 이제 레위기에서 보여주는 구원의 완성 단계에 있는 성도의 삶이 어떤 것인가를 알고 그 길로 나아가야 합니다.

〈부록 2〉

여호와께서 성막에 임재하신 방식에 대하여

여호와께서 성막을 접수하시고 그 안에 임재하신다는 증거는 구름이 회막에 덮이고 여호와의 영광이 성막에 충만했다는 현상으로 충분하게 드러났습니다. "낮에는 여호와의 구름이 성막 위에 있고 밤에는 불이 그 구름 가운데 있음을 이스라엘의 온 족속이 그 모든 행하는 길에서 친히 보았더라"(출 40:38)는 묘사 역시 여호와의 임재를 모든 백성이 인지하고 있음을 알려줍니다.

그런데 성막 건설과 완공에 대해 기록하고 있는 출애굽기 34장부터 40장에 두드러지게 나타난 사상은 성막 중심의 제의와 더불어 여호와의 임재 방식에 대한 것입니다. 그리고 성막 제의 역시 여호와의 임재를 상징한다는 속성을 가진다는 점에서 이 부분에서 실제로 가장 관심을 가져야 할 부분은 여호와의 임재 방식에 대한 것입니다.

출애굽기에서 여호와의 임재 방식과 관련하여 특이하게 나타난 것 중 하나는 여호와의 사자(מלאך יהוה)입니다. 출애굽기 3:2의 여호와의 사자는 4절에서 여호와와 동일시됩니다. 특히 구약에서 여호와의 사자는 특별한 의미를 가지는데 "여호와께서 말씀하신다"와 "여호와의 사자가 말씀하신다"는 말은 같은 의미로 사용됩니다. 따라서 여호와의 사자는 특별한 신분을 가진 분으로 하나님 자신이거나 하나님과 동등한 분으로 묘사되고 있습니다.

그리고 또한 이스라엘이 홍해를 건널 때에 등장하는 하나님의 사자

(מלאך אלהים)가 방향을 바꿀 때마다 구름 기둥과 불 기둥이 따라 움직이는 것을 볼 수 있는데(출 14:19-20), 이 구름 기둥은 여호와의 현현Theophany과 밀접한 관계가 있습니다(출 16:10). 무엇보다도 밤에는 구름 기둥에서 신비한 불빛이 나타났는데 그 불빛은 시내산에 임재하신 하나님의 불꽃 형상(출 3:2)을 연상시킵니다. 그리고 여호와의 사자를 가리켜 하나님은 '이스라엘 앞서 행하시는 분'(שלח)이라고 구체적으로 언급하신 것을 볼 때(출 23:20), 이분이 곧 이스라엘보다 앞서 행하시며 이스라엘을 지키고 인도하시는 분임을 알 수 있습니다.

성막 건설에 대한 계시가 주어지고 금송아지 사건을 치른 후 하나님은 "내가 사자를 네 앞서 보내어 가나안 사람과 아모리 사람과 헷 사람과 브리스 사람과 히위 사람과 여부스 사람을 쫓아내고 너희로 젖과 꿀이 흐르는 땅에 이르게"(출 33:2-3) 하겠다고 하신 말씀에서는 여호와의 사자가 샬라(שלח) 곧 '이스라엘 앞서 행하시는 분'과 동일시되고 있습니다. 그리고 이 여호와의 사자의 임재는 회막문의 쉐키나로 상징되었습니다(출 33:10).

그렇다면 쉐키나는 바로 그 사자 곧 '말락 아도나이'(מלאך יהוה)의 현현임을 분명히 보여줍니다. 그런데 이 쉐키나에서 여호와는 모세와 대면해 말씀을 나누십니다(출 33:11). 그리고 성막이 완공된 후 쉐키나가 성막을 뒤덮고 성막에는 하나님의 영광이 가득하게 됩니다.

앞서 성막의 구조와 기물들의 상징성에서 이미 살펴보았듯이 이것들은 한결같이 여호와의 임재와 밀접한 관련이 있음을 볼 때, 구름이 성막을 덮었다는 것은 곧 여호와께서 거기에 임재하신다는 하나님의 현현임을 알 수 있습니다. 그런데 때로는 여호와의 사자를 상징하는 쉐키나가 여호와의 임재와 동일시되기도 하고 여호와의 사자가 곧 여호와 자신과 동일시된다는 점을 볼 때 쉐키나는 곧 여호와의 현현이기도 합니다.

그러나 여호와는 영이시기 때문에 여호와께서 성막에 임재하신다는 것은 영으로 임재하신다는 의미입니다. 하나님은 특히 이 점을 중시하셨기 때문에 쉐키나가 엄연히 존재하고 있음에도 불구하고(출 33:10) 별도의 처소로서 성막을 세우도록 하셨던 것이다(35장 구속사 강해 참고). 그렇다면 쉐키나가 성막 위에 임했다는 것은 앞서 살펴본 것처럼 여호와의 사자가 거기에 함께 하신다는 논리적 결론을 얻게 됩니다.

모세가 "구름이 회막에 덮이고 여호와의 영광이 성막에 충만하였다"(출 40:34)고 묘사하고 있는 것 역시 여호와의 사자가 현현하신 형상으로서의 쉐키나와 영이신 여호와 하나님이 성막에 임재하셨다는 사실을 구별하고 있음이 분명합니다. 그러나 여호와는 여호와의 사자와 자신을 동일시하실 뿐만 아니라 여호와의 사자가 여호와와 동일한 신분을 가지신다는 증거들은 쉐키나와 여호와의 영광이 동일시 될 수 있음을 암시합니다. 이 사실에서 여호와와 여호와의 사자는 동일한 분이심과 동시에 다른 인격을 가진 분들임을 알 수 있습니다. 이는 삼위일체 하나님에 대하여 증거하는 하나의 중요한 자료가 될 수 있습니다.

"구름이 성막 위에서 떠오를 때에는 이스라엘 자손이 그 모든 행하는 길에 앞으로 발행하였고 구름이 떠오르지 않을 때에는 떠오르는 날까지 발행하지 아니하였으며"(출 40:36-37)라는 기사는 여호와의 사자가 친히 이스라엘을 인도하고 보호하심을 묘사하고 있습니다. 반면에 "낮에는 여호와의 구름이 성막 위에 있고 밤에는 불이 그 구름 가운데 있음을 이스라엘의 온 족속이 그 모든 행하는 길에서 친히 보았더라"(출 40:38)라는 기사는 여호와의 임재를 증거함과 동시에 여호와의 사자와 여호와가 동일시되고 있음을 시사해 줍니다.

26. 레위기 : 하나님 중심의 생활

레위기는 출애굽기의 연속으로 이스라엘 백성들에게 성막을 중심으로 하여 어떻게 살아야 할 것인가를 가르쳐 주는 책입니다. 그래서 우리는 레위기를 통해 구원받은 하나님의 백성으로서 이 세상에서 살아가야 하는 법을 배울 수 있습니다.

레위기에서 항상 강조되고 중요시하는 것은 '성결聖潔'입니다. 즉 하나님의 백성으로서의 삶은 언제나 성결을 유지해야 합니다. 그러나 인간의 본성은 죄의 오염으로 인하여 부정한 죄를 자꾸 좇아가려고 합니다. 그래서 인간은 자주 율법을 어기게 되고 맙니다. 그리고 그 대가는 죽음입니다.

그러나 하나님은 그의 백성을 다시는 죽음에 빠지지 않도록 하셨습니다. 바로 그 죄의 대가를 치르게 하고 죄의 오염을 깨끗케 하는 것이 제사 제도입니다. 이러한 하나님의 사랑에 근거하여 기독교는 자력 구원(자신의 힘으로 구원 얻는다는 것)을 말하지 않고 타력 구원(자기의 힘으로 구원을 얻지 못함)을 말합니다.

하나님은 이스라엘에게 제사를 행하게 함으로 하나님의 백성으로서 유지해야 할 성결을 지키도록 해 주셨습니다. 여기에 레위기의 중요성이 있습니다. 그 제사 제도는 다음과 같습니다.

1) 번제 : 황소, 수양, 염소, 비둘기 등의 제물을 완전히 태워서 하나님께 드리는 제사로서 자신을 온전히 하나님께 헌신함을 의미합니다.

2) 소제 : 곡물 가루, 누룩 없는 떡을 한줌만 태우고 나머지는 제사장에게 돌리는 제사입니다.

3) 화목제 : 소, 양, 염소 등의 기름만 태우고 나머지는 제사장과 드리는 사람이 나누어 먹습니다. 하나님과의 화목, 화해를 의미합니다.

4) 속죄제 : 죄의 경중에 따라 제물이 달랐으며 기름만 태우고 나머지는 제사장에게 돌렸습니다. 자신의 허물과 죄를 속하는 제사입니다.

5) 속건제 : 이웃간의 화목을 깨뜨린 죄를 속하기 위한 것으로 범죄한 물건의 보상으로 5분의 일을 더해 바쳤습니다.

그러나 이러한 제사 제도가 어떤 방식으로 드려졌는지 정확한 기록은 전해지지 않고 있습니다. 분명한 것은 피흘림이 없이는 죄사함이 없다는 것으로 죄의 대가가 얼마나 무겁고 중한가를 알려줌으로써 죄의 심각성을 밝혀주고 있습니다.

특히 양이나 소를 한 마리씩 드려야 한다는 것부터가 경제적으로 큰 부담이 되고 있으므로 제사 제도는 죄를 짓고 제사를 드려야 한다는 것보다는 죄의 심각성을 지적해 줌으로써 죄를 범하지 않도록 하는 데 더 큰 역점이 있음을 알 수 있습니다. 그러나 혹시 죄를 범했을 경우에 제사 제도를 통하여 죄를 씻음으로써 하나님의 백성으로서의 성결을 유지하도록 해 준다는 것이 제사의 큰 의미라고 하겠습니다.

하나님께서 얼마나 엄격한 성결을 요구하시는가는 10장에서 아론의 아들 나답과 아비후가 부정한 불로 여호와 앞에 분향을 드리다가 즉시 그 불에 타 죽는 것을 보아도 알 수 있습니다(레 10:1-2). 더 나아가 11장 이하에서 정한 짐승과 부정한 짐승을 엄격하게 구분하고 그에 따른 생활 규범을 정하는 데서도 찾아 볼 수 있습니다. 이처럼 성결이야말로 하나님의 백성으로서 가장 중시해야 할 요소입니다.

이런 맥락에서 12장의 산모의 정결 예식이나 문둥병자의 정결 예식 그리고 나아가 16장의 대 속죄일에 대한 기록 역시 하나님의 백성으로서의 성결 문제를 다루고 있음을 볼 수 있습니다. 특히 대 속죄일에는 아사셀 염소를 택하여 대제사장이 이스라엘의 모든 죄를 아사셀 염소에게 전가시키고 이스라엘의 회중에서 멀리 추방하는데 이것은 이스라엘에게는 어떠한 죄도 용납되지 않음을 상징하고 있습니다.

18장 이후에는 하나님의 백성으로서 어떻게 살아야 하는가에 대하여 생활 규범을 기록하고 있습니다. 이 규범들은 모두 십계명과 연결되어 있으며 성결된 삶을 요구하는 것입니다. 특히 사형에 해당되는 죄목들을 성경에서 찾아본다면 살인, 유괴, 과실치사, 부모를 구타하거나 저주하는 행위, 우상숭배, 마술, 거짓 선지자, 하나님을 모독하는 행위, 안식일을 범함, 간음, 강간, 혼인 전의 부정, 남색, 수음, 근친상간 등인데 이러한 것들은 모두 하나님 앞에서 거룩해야 할 성결의 요소를 더럽히는 행위입니다.

이처럼 성결을 강조하는 레위기는 25장 이후부터 자세하게 안식일 제도에 근거한 희년제도를 언급함으로써 하나님의 백성들이 바라보아야 할 것은 이 세상에서의 복락이 아닌 영원한 안식임을 가르쳐 주고 있습니다.

안식년이란 매 7년마다 땅을 경작하지 아니하고 과수의 열매도 거두

지 않는 제도입니다. 그리고 그 땅이나 과수에서 생산된 곡식이나 열매
는 가난한 사람이나 나그네들이 취하도록 놓아두어야 했습니다. 이렇
게 함으로써 하나님의 백성이 어떤 이유로 생계를 유지하지 못하는 일
이 없도록 했으며 우리는 모두 나그네로서 살고 있음을 보여주고 있습
니다.

희년은 더욱 대단한 절기였습니다. 희년은 일곱째 안식년 뒤에 오는
절기입니다. 그래서 안식년과 함께 2년을 안식하게 됩니다. 희년이 오
면 일대 변혁이 일어납니다. 모든 빚이 탕감되며 노예도 해방되고 팔렸
던 땅도 원 소유자에게 돌아갑니다.

이렇게 함으로써 이스라엘 12지파에게 기업으로 분배된 땅은 어떤 이
유로도 타인에게 양도할 수 없게 하셨습니다. 그 땅의 주인은 사람이 아
니라 하나님이시기 때문입니다. 그리고 노예를 모두 해방시키도록 한
것은 이스라엘이 전에 모두 애굽의 노예였으나 하나님의 은혜로 자유인
이 된 것을 기억하고 하나님의 나라에서는 노예가 없고 모두 자유인이
라는 사실을 알려주기 위함이었습니다.

이런 제도는 한결같이 하나님만이 이스라엘의 통치자이며 주인이심
을 의미하고 있습니다. 안식년이나 희년을 지킬 수 있는 것은 오직 여호
와 하나님의 약속을 믿어야만 가능합니다. 그러므로 이스라엘이 얼마나
하나님의 말씀을 듣고 순종하는가는 안식년을 어떻게 지내는가를 보면
알게 됩니다.

"내가 명하여 제6년에 내 복을 너희에게 내려 그 소출이 삼년 쓰기에
족하게 할찌라"(레 25:21)는 말씀은 안식년을 보장하시는 하나님의 말씀
으로, 이스라엘은 철저하게 하나님만 바라보며 살도록 되어 있음을 알

수 있습니다. 그러나 이스라엘은 가나안 정탐 이후 하나님을 바라보지 못해 거의 40년을 광야에서 철저하게 훈련받고 있음을 우리는 민수기에서 읽을 수 있습니다.

그래서 하나님은 26장에서 하나님만을 의뢰하면 이스라엘이 필요한 모든 것을 공급하겠고 어떠한 대적도 모두 물리칠 것과 "나는 너희 중에 행하여 너희 하나님이 되고 너희는 나의 백성이 될 것이니라"(26:12)고 약속해 주셨던 것입니다. 반면에 하나님을 의뢰하지 않고 여호와의 명령을 준행하지 않을 때에는 철저하게 이스라엘의 교만을 꺾으시겠다고 경고하십니다. 심지어 계속해서 하나님 앞에 패역을 행하면 이스라엘을 모두 하나님의 나라에서 추방해 버리겠다고 단언하십니다(26:27-39).

그러나 그후에라도 다시 하나님을 찾고 앙망한다면 "내가 야곱과 맺은 내 언약과 이삭과 맺은 내 언약을 생각하며 아브라함과 맺은 내 언약을 생각하고 그 땅을 권고하리라 … 그런즉 그들이(이스라엘이) 대적의 땅에 거할 때에(쫓겨난 곳에서) 내가 싫어 버리지 아니하며 미워하지 아니하며 아주 멸하지 아니하여 나의 그들과 세운 언약을 폐하지 아니하리니 나는 여호와 그들의 하나님이 됨이라 내가 그들의 하나님이 되기 위하여 열방의 목전에 애굽에서 인도하여 낸 그들의 열조와 맺은 언약을 그들을 위하여 기억하리라 나는 여호와니라"(26:42-45)고 하시며 이스라엘의 회복을 약속하시는 것을 볼 때 하나님의 무한하신 긍휼을 찾아 볼 수 있습니다. 그러므로 우리 역시 어느 때든지 하나님 앞에 나아오기만 한다면 하나님은 우리의 죄가 아무리 무겁고 클지라도 용서해 주실 것을 의심치 않습니다.

끝으로 레위기는 하나님의 것은 하나님께 드리도록 함으로써 하나님과 이스라엘 백성간의 관계를 분명히 밝혀 주며, 하나님의 은혜에 감사하며 사는 신앙인의 모습을 제시하고 있습니다. 그 대표적인 것이 곧 첫 열매를 하나님께 구분하여 드리는 것과 십일조입니다.

첫 열매란 모든 곡식의 첫 결실뿐만 아니라 모든 가정의 장자와 육축의 첫 새끼까지 그리고 과수의 처음 수확까지를 모두 포함하고 있습니다. 그리고 십일조란 모든 농산물의 10분의 1과 가축의 10분의 1을 하나님께 바치는 제도입니다. 이것만은 하나님의 것으로서 구별하여 드리도록 요구하고 있습니다.

이러한 제도는 하나님 우선의 삶을 이스라엘이 가져야 함을 가르쳐 줍니다. 그리고 여기에 근거하여 하나님께서는 계속적으로 이스라엘에게 복을 내려 주시겠다는 약속이기도 합니다. 제1계명이 "너는 나 외에는 다른 신들을 네게 있게 말지니라"고 하심과 연결지어 생각해 볼 때 하나님의 백성은 오직 하나님 제일주의, 하나님 중심주의의 삶을 살아야 할 것이 분명해집니다.

결론적으로 레위기는 단순히 제사 법도만을 가르쳐 주기 위한 것이 아니라, 하나님의 백성으로서 성결하게 살아야 할 법도와 오직 여호와 하나님만 바라고 살 것과 철저하게 하나님 중심주의의 삶의 자세를 요구하는 책인 것을 알 수 있습니다.

27. 인구조사 : 하나님의 군대 조직

민수기 1장 - 12장

정월 15일 유월절과 함께 애굽을 출발한 이스라엘은 홍해를 건너 3월경 시내산에 도착하여 하나님과 율법의 언약을 맺고 성막을 건축하게 됩니다. 그리고 출애굽 이듬해 정월 초하루에(출 4:17) 성막을 완공하고 낙성식을 거행했습니다. 그후 2월 1일에 하나님은 모세에게 명하여 이스라엘을 각 지파대로 계수하도록 하셨습니다(민 1:1).

계수함을 입은 총계는 603,550명이었습니다(20세 이상의 남자로 싸움에 나갈 만한 장정만 계수한 것임). 여기에 레위인은 포함되지 않았습니다. 레위인은 성막을 위해 구별되었고 특히 하나님께 드려진 이스라엘의 십일조로서 하나님의 소유였기 때문입니다.

레위인들은 성막을 지키는 일과 시중드는 일을 맡았습니다. 그리고 누구든 성막에 가까이 오지 못하도록 함으로써 성막을 보호하였습니다. 이것은 마치 왕을 호위하는 친위대 같은 역할이었습니다.

그리고 동편은 유다, 잇사갈, 스블론 지파가, 남편은 르우벤, 시므온, 갓 지파가, 서편은 에브라임, 므낫세, 베냐민 지파가, 북편은 단, 아셀, 납달리 지파가 각각 진을 치도록 배치되었습니다. 그리고 진군할 경우에는 제일 앞에 법궤가 인도했고 뒤를 이어 동편 지파들이, 그 뒤를 이어 남편 지파들이 따라가며 중군에는 레위 지파가 성막을 운반하고 그 뒤를 서편, 북편 지파들이 각각 뒤를 이었습니다.

이것은 이제 가나안을 정복해 들어가기 위한 군대의 조직이라고 볼 수 있습니다. 그리고 그 진군의 제일 앞에는 언제나 법궤가 앞장서도록 되어 있었습니다. 이제부터는 하나님께서 그 군대의 최고 통치자인 왕으로서 이스라엘을 지휘해 나갈 것입니다.

7장에서 각 지파의 두령들이 각기 하나님의 성막에 예물을 드리는 장면도 그들이 이제부터 하나님께 목숨을 다해 충성을 서약하는 왕께 대한 경배인 것으로 이해할 수 있습니다. 이렇게 함으로써 이스라엘의 군대 조직은 완벽하게 이루어졌습니다. 그리고 하나님께서 그 군대를 운영하기 위해 은나팔을 만들게 하셨습니다(10:2).

그런데 하나님의 군대는 일반 세상 군대와 특별히 다른 점이 있었습니다. 그것은 우리가 레위기에서 살펴본 바와 같이 하나님의 군대에는 결코 부정한 것이 있어서는 안 됩니다. 민수기 5-6장에서 하나님께서 재차 부정한 것들을 물리치고 이스라엘이 성결해야 할 것을 말씀하시는 것은 바로 이 때문이었습니다. 특히 우리가 주목할 것은 바로 이 레위인들의 직무입니다.

"여호와께서 모세에게 일러 가라사대 아론과 그 아들들에게 고하여 이르기를 너희는 이스라엘 자손을 위하여 이렇게 축복하여 이르되 여호와는 네게 복을 주시고 너를 지키시기를 원하며 여호와는 그 얼굴로 네게 비추사 은혜 베푸시기를 원하며 여호와는 그 얼굴을 네게로 향하여 드사 평강 주시기를 원하노라 할지니라 하라 그들은 이같이 내 이름으

로 이스라엘 자손에게 축복할지니 내가 그들에게 복을 주리라"(민 6:22-
27)는 말씀 속에서 레위인들의 직무의 중요성을 발견하게 됩니다.

그래서 레위인들은 먼저 하나님 앞에서 철저히 구별되어야 했고 부정
한 이스라엘을 성결케 하며 하나님의 복을 전달하는 일을 감당해야 했
습니다. 이 점을 볼 때 하나님과 이스라엘간에 있는 중보자의 역할은 하
나님의 복을 전달하기 위한 것임을 알 수 있습니다.

드디어 군대 조직이 완료되었고 출애굽 2년 2월 20일에 구름이 떠오
르자 하나님의 군대가 진군하기 시작했습니다.

"그들이 여호와의 산에서 떠나 삼 일 길을 행할 때에 여호와의 언약궤
가 그 삼 일 길에 앞서 행하며 그들의 쉴 곳을 찾았고 그들이 행진할 때
에 낮에는 여호와의 구름이 그 위에 덮였었더라"(10:33-35). 이 말씀 속
에서 우리는 하나님께서 친히 이스라엘의 갈 길을 예비하여 주심을 발
견할 수 있습니다. 삼 일 길을 먼저 예비하신다는 것은 광야 생활에서
얼마나 평안을 누릴 수 있으며 안전한가를 상상할 수 있습니다. 이스라
엘의 진정한 장수가 곧 여호와 하나님이시니 이스라엘은 조금도 두렵거
나 불안을 느끼지 않았을 것입니다.

그러나 그러한 평안중에도 죄의 싹이 틈을 타고 솟아나왔습니다. 길
을 떠나 사흘이 지나자 불평이 일어나기 시작한 것입니다(민 11:1). 그 불
평이 무엇인지는 모르지만 즉시 하나님의 징벌이 내려졌습니다. 그럼에
도 그들의 불평은 끝날 줄 몰랐습니다. 이번에는 각기 장막문에서 울며
고기를 달라고 아우성치기 시작했습니다. 모세도 역시 난감했습니다.
이것이 지도자의 큰 고통이기도 합니다. "... 나 혼자는 이 모든 백성을
질 수 없나이다 …. 즉시 나를 죽여 나로 나의 곤고함을 보지 않게 하옵

소서"(민 11:13-15)라는 비통한 기도속에서 모세의 직무가 얼마나 힘들고 막중했는가를 볼 수 있습니다.

하나님은 "여호와의 손이 짧아졌느냐 네가 이제 내 말이 네게 응하는 여부를 보리라"(11:23)고 하시면서 메추라기를 주어 먹게 하셨습니다. 그리고 70장로들에게 성신을 주어 모두 예언하도록 하셨고 그들로 하여금 모세를 조력하도록 은혜를 베푸셨습니다.

그런데 또 다른 문제가 발생했습니다. 이른바 모세의 지휘권에 대한 도전이었습니다. 모세가 구스 여인을 취하자 미리암과 아론이 "여호와께서 모세와만 말씀하셨느냐 우리와도 말씀하지 아니하셨느냐"(12:2)면서 모세를 힐난하였습니다.

모세가 구스 여인을 취하게 된 배경이나 원인에 대해서는 확실한 것이 없지만 하나님께서는 이 일로 미리암과 아론에게 진노하시고 미리암에게는 문둥병이 발하게 하여 7일간 장막에서 떠나 있도록 하셨습니다. 이 사건을 통해 하나님은 모세의 지휘권을 확고하게 못박아 주심을 볼수 있습니다.

어찌했던 하나님의 군대가 조직되어 진군을 시작한 지 며칠만에 이런 불미스런 사건이 계속적으로 발생되었다는 것은 참으로 부끄러운 일이 아닐 수 없습니다. 적어도 하나님의 백성으로서 계수함을 입고 이제 하나님이 친히 앞장서서 가나안으로 진군하는 이때에 이러한 불미스런 일이 있다는 것은 아직도 그들이 옛 사람을 벗어버리지 못했음을 보여줍니다.

우리는 레위기를 통하여 하나님의 백성들의 삶이 어떠해야 하는가를 보았습니다. 물론 이스라엘도 모세를 통해 직접 이야기를 들었기 때문에 그 말씀에 합당하게 살아야 할 것은 당연했습니다. 하나님의 백성으로서 성결해야 하며 하나님만 바라보아야 하며 매사에 하나님 제일주의로 살아야 한다는 것을 알았던 그들이 이처럼 아직도 자신들의 육욕에 빠져 있다는 것은 참으로 안타까운 일이 아닐 수 없습니다.

그렇지만 신약의 성도인 우리들도 역시 옛 사람의 성품을 가지고 있습니다. 이것은 어쩔 수 없는 우리 인간의 죄악성입니다. 그래서 바울 사도는 "내가 원하는 바 선은 하지 아니하고 도리어 원치 아니하는 바 악은 행하는도다 … 오호라 나는 곤고한 사람이로다 이 사망의 몸에서 누가 나를 건져내랴"(롬 7:19-24)고 절규했던 것입니다.

비록 하나님의 군대로 계수된 이스라엘이었지만 완벽하게 새 사람을 입어야 한다는 문제점이 나타나고야 말았습니다. 과연 하나님께서는 그의 백성을 어떻게 새 사람으로 변화시켜 약속의 땅인 가나안으로 인도하실지, 그 해답은 민수기 13-26장에서 찾아 볼 수 있습니다.

파노라마 구약성경
제3부 _ 애굽에서 가나안까지

28. 정탐꾼들의 보고 : 옛 세대의 죽음

민수기 13장 - 26장

민수기를 읽다가 가장 흥미 있는 곳이 있다면 13장에서 12정탐꾼을 파송하는 사건입니다. 그 12정탐꾼은 각 지파에서 1명씩 선출되었습니다. 그러므로 이 12명은 이스라엘을 대표한다고 볼 수 있습니다. 그들은 즉시 모세의 명을 받고(민 13:17-20) 40일 동안 가나안을 정탐한 후 돌아와 보고하였습니다.

그 땅은 하나님께서 약속해 주신 땅으로서 "과연 젖과 꿀이 그 땅에 흐르고" 심히 기름진 땅이었습니다. 그 땅을 주시기로 약속하신 분은 곧 우주의 주관자이신 하나님이십니다. 그러나 두 사람을 제외한 10명의 보고자들은 이 사실을 망각하고 있었습니다.

그래서 그들은 "우리는 능히 올라가서 그 백성을 치지 못하리라 그들은 우리보다 강하니라"(13:31)고 보고했습니다. 그 땅의 주인이 누구며 누가 지금까지 그들을 인도해 왔는지 전혀 생각조차 해보지 않은 불신앙의 모습을 발견할 수 있습니다.

나아가 그들은 그 땅을 악평할 뿐만 아니라(13:32) 스스로 낙담하여 이르기를 "우리는 스스로 보기에도 메뚜기 같으니 ..."(13:33)라고 말합니

다. 이는 자기들의 모습이 대적들에 비해 얼마나 초라하고 볼품 없는가
를 단적으로 보여주는 표현입니다. 그러자 이스라엘 회중은 밤새도록
통곡하며 모세와 아론을 원망하면서 차라리 애굽 땅에서 죽는 것이 낫
겠다고 불평을 늘어놓았습니다. 그리고는 "어찌하여 여호와가 우리를
그 땅으로 인도하여 칼에 망하게 하려 하는고 우리 처자가 사로잡히리
니 애굽으로 돌아가는 것이 낫지 아니하랴"(14:3)고 하면서 그들 자신을
위해 새 지도자를 세우고 애굽으로 돌아가자며 선동하기 시작했습니다.

이런 그들의 처사는 곧 하나님을 정면으로 거부하며 하나님의 약속을
불신하는 행위가 아닐 수 없습니다. 단순히 눈앞에 보이는 가나안 족속
들에 대한 두려움을 이기지 못하고 마침내는 하나님을 불신하는 경지에
도달한 그들의 모습 속에서 인간의 미약한 의지를 찾아 볼 수 있습니다.

그때에 갈렙과 여호수아가 "오직 여호와를 거역하지 말라 또 그 땅 백
성을 두려워하지 말라 그들은 우리 밥이라 … 여호와는 우리와 함께 하
시느니라"(14:9)고 외쳤으나 이미 불신과 불평에 찌든 이스라엘은 오히
려 돌을 들어 그들을 치려하였습니다. 바로 그순간 여호와의 영광이 회
막 가운데서 모든 이스라엘 자손에게 나타났습니다.

하나님은 "이 백성이 어느 때까지 나를 멸시하겠느냐 내가 그들 중에
모든 이적을 행한 것도 생각하지 아니하고 어느 때까지 나를 믿지 않겠
느냐"(14:11)고 하시면서 이스라엘을 멸절시키고 모세를 통해 더 크고 강
한 나라를 이루시겠다고 진노하셨습니다.
그러나 모세는 또 간절히 기도합니다. 만일 그렇게 되면 오히려 하나
님의 영광과 명성이 이방 중에 가리워지게 될 것을 말하면서 "주의 인
자의 광대하심을 따라"(14:19) 이스라엘의 죄를 사하여 줄 것을 간구했
습니다.

비록 이러한 모세의 중보 기도를 통하여 이스라엘 백성들은 멸절의 위기를 넘기기는 했으나 "나의 영광과 애굽과 광야에서 행한 나의 이적을 보고도 이같이 열 번이나 나를 시험하고 내 목소리를 청종치 아니한 그 사람들은 내가 그 조상들에게 맹세한 땅을 결단코 보지 못할 것이요 또 나를 멸시하는 사람은 하나도 그것을 보지 못하리라"(14:22-23)는 말씀대로 하나님께 버림을 받고 말았습니다. 그 결과 "너희가 그 땅을 탐지한 날수 사십 일의 하루를 일 년으로 환산하여 그 사십 년간 너희가 너희의 죄악을 질지니 너희가 나의 싫어버림을 알리라"(14:34)는 심판을 받게 되었습니다.

이것으로 보아 이제부터의 광야 생활은 그 의미가 달라지게 되었습니다. 앞으로 사십 년간의 광야 생활은 옛 세대의 사람들을 철저히 심판하시고 완전히 궤멸시키겠다는 하나님의 의도를 발견하게 됩니다. 옛 모습을 가지고는 도저히 새 나라에 들어갈 수 없다는 것입니다. 뿐만 아니라 그 나라를 볼 수도 없습니다(14:13).

그러나 이 옛 세대의 죽음이 단순히 하나님의 심판만을 뜻하는 것은 아닙니다. 왜냐하면 비록 옛 세대는 죽어 그 시체는 광야에 묻히게 되지만(14:32) 그들의 후손인 새 세대는 그 약속의 땅에 들어갈 것이기 때문입니다(14:31). 이것을 본다면 앞으로의 광야 생활은 옛 세대에 대한 심판임과 동시에 새 세대를 이루기 위한 하나님의 섭리임을 알 수 있습니다. 이는 곧 옛 세대를 광야에서 철저히 심판하시고 새 세대를 가나안 땅으로 인도하시겠다는 하나님의 놀라운 계획입니다. 우리가 이 세상에 살아가는 또 다른 이유가 있다면 바로 이 점입니다. 이미 우리는 출애굽기 15:22-27에서 광야 생활의 의미가 무엇인가를 보았습니다.

그 의미는 (1) 하나님의 자녀로서 성숙되기 위한 과정이며 (2) 하나님을 떠나서는 살 수 없음을 깨닫고 하나님만 바라보고 사는 훈련이며 (3) 하나님의 인도와 보호를 체험하는 생활이었습니다. 그리고 여기에 한가지 더 첨가한다면 옛 사람은 완전히 죽고 새 사람을 입는 과정이 곧 광야 생활이 갖는 또 다른 의미입니다.

이런 의미를 알았다면 16장에서 고라당들의 반역에 대한 형벌로써 왜 그들이 산채로 땅속에 떨어지게 되는가를 이해하게 될 것입니다. 즉 하나님의 권위에 도전하는 옛 세대에 속하는 모든 행위는 즉각적으로 단절되어야 하기 때문입니다. 이것은 또한 20장에서 당시 대단한 여선지자인 미리암이 죽고 이어서 아론이 죽게 되며 마침내 모세까지도 왜 가나안 땅에 들어가지 못하게 되는가를 해답해 주고 있습니다.

물론 모세가 반석에서 물을 내어줄 때 분을 품었기 때문이기도 하지만 결코 그 한번의 분냄으로 모세가 가나안에 들어가지 못하게 되었다는 것은 뭔가 석연치 않습니다. 그러나 옛 세대에 속한 옛 사람은 철저하게 광야 생활을 통해 제거되어야 합니다. 오직 새 사람만이 가나안에 들어가야 하기 때문입니다. 그래서 하나님은 19장에서 재삼 정결 예식을 명하는데 하나님의 나라에 들어가기 위해서는 어떤 불결한 것도 용납되지 않기 때문이었습니다.

그렇기 때문에 21장에서 이스라엘이 하나님을 원망하자마자 불뱀을 보내어 이스라엘을 심판하심을 볼 수 있습니다. 이제부터는 하나님 앞에서의 옛 사람은 철저하게 심판을 받을 뿐입니다.

그러나 우리는 22장의 발람 사건을 통해 하나님의 크신 섭리와 사랑을 다시 한번 발견하게 됩니다. 발락이 발람을 통해 이스라엘을 저주하도록 하였으나 발람은 끝내 이스라엘을 축복하고 있다는 점입니다. 이것은 그 어떠한 방법과 계획으로도 하나님께서 이스라엘을 인도하고 보호하는 일에 대해 결코 방해할 수 없다는 사실을 보여주고 있습니다.

광야 생활의 최종 목적이 어디에 있었는가는 26장에 와서야 비로소 분명해집니다. 그러나 25장에서 먼저 하나님은 부패한 이스라엘을 완전히 심판하여 끊어내고 계심을 보아야 합니다. 하나님의 백성이 하나님 앞에서 부패할 때 하나님은 즉시 그리고 철저하게 심판하고 계시는 것입니다.

마침내 정화의 사역이 끝났습니다. 그러자 하나님은 이스라엘을 계수하도록 명령하십니다. 26장에서 갑자기 족보가 언급되고 있는 것은 지금까지 역사를 정리하고 새로운 시대가 오고 있음을 암시하고 있습니다. 그리고 여기에서 발견할 수 있는 놀라운 것은 63절 이하의 기록입니다.

처음 계수된 이스라엘 회중은 여호수아와 갈렙을 제외하고는 한 사람도 새 이스라엘의 계수에 속하지 않았다는 것을 명심해야 합니다. 우리가 새 하늘과 새 땅에 들어가기 위해서는 우리의 옛 사람의 모습이나 성품은 조금이라도 새 사람의 품성에 남아 있어서는 안 됩니다.

이제 옛 세대는 죽었습니다. 새로운 세대가 등장했습니다. 그들을 향하신 하나님의 계획은 무엇일까요? 그 해답은 민수기 27-36장에 있습니다.

29. 여호수아 : 새 세대의 지휘관

민수기 27장 - 36장

제2차 인구조사는 옛 세대의 종말을 고함과 동시에 새 세대의 이스라엘이 탄생되었으므로 옛 사람은 광야에서 철저하게 단절되고 오직 새 사람만 약속의 땅에 들어간다는 것을 의미하고 있음을 볼 수 있었습니다. 이 말속에는 또 다른 의미가 포함되어 있는데 그것은 곧 민수기 26:52-56에서 나타나고 있습니다.

이스라엘 백성을 다시 계수하여 새 이스라엘이 된 것은 약속의 땅에서 기업을 나누어주기 위한 것이기도 합니다. 그러므로 새 이스라엘로 계수된 사람들에게는 약속의 땅에서 누릴 기업이 주어지도록 하나님께서 명령하셨습니다.

이것은 곧 우리가 새 사람을 입어 새로운 피조물이 된다면 하나님의 나라에서 영원한 기업을 누리게 될 것을 예표한다고 볼 수 있습니다. 이런 뜻에서 27:1-11을 이해해야 합니다. 갑자기 슬로브핫의 다섯 딸이 우리에게도 기업을 주소서 요구하고 나오는 것은 새 이스라엘의 백성된 자로서 당연히 요구할 만한 것입니다.

하나님은 그들의 소원대로 기업을 분배받도록 명령하셨고 놀랍게도 민수기 마지막 장에서 자세하게 그 성취를 기록하고 있음을 발견하게 됩니다. 이것으로 보아 제2차 인구조사의 의미는 ① 옛 세대의 죽음과 새 세대의 탄생을 뜻하기 위함이고, ② 새 세대에게는 하나님의 약속의 기업이 분배되어야 한다는 것을 보여주기 위함입니다.

하나님은 제1차 인구조사에서 가나안 땅을 장차 정복해 나갈 하나님의 군대로서 이스라엘을 정비하셨습니다. 그리고 제2차 인구조사를 통해 옛 성품을 완전히 벗어버리고 오직 새 사람을 입은 군대만이 하나님이 행하실 거룩한 전투에 참여할 수 있고 그후에야 기업(전투의 승리에 따른 전승물자)을 받게 되리라고 말씀하십니다. 그 결과 이제 이스라엘은 새로운 군대가 되었습니다. 그러므로 새로운 지도자가 필요했습니다. 그래서 하나님은 모세에게 명하여 여호수아를 새 세대의 지휘관으로 삼도록 하셨습니다.

이렇게 함으로 새롭게 군대가 조직되고 새로운 지휘관이 세워졌습니다. 그 군대의 계수는 놀랍게도 이전에 계수함을 받은 603,550명과 거의 다를 바 없는 601,730명이라는 점을 보아서도 갱신된 새로운 군대나 옛 군대나 수적으로는 큰 차이가 없음을 알 수 있습니다. 만일 옛 군대가 하나님의 말씀에 온전히 순종하여 가나안에 들어갔다면, 지금 가나안에 들어갈 새 군대와 그 수에 있어서 별 차이가 나지 않음을 알 수 있습니다.

이와같이 계수함을 받은 새 세대가 비록 새롭게 세워진 군대일지라도 하나님은 그들을 성결하게 하도록 또 다시 율례를 명하고 있음에 대하여 주목해야 합니다.

먼저 하나님은 이스라엘이 드릴 제사에 대하여 재차 언급하시며 안식과 월삭 및 유월절 그리고 여러 절기에 대하여 이스라엘이 지킬 규례를 선포하십니다. 그리고 하나님은 미디안을 철저히 궤멸시키도록 모세에게 명령하십니다(31장). 왜 갑자기 하나님께서 미디안을 치라고 하시는지는 위의 맥락과 연결해 생각하면 이해할 수 있습니다.

이스라엘에게는 결코 부정한 것이 있어서는 안 되기 때문입니다. 25장을 보게 되면 좀더 명확해집니다. 이스라엘 백성들이 싯딤에 머물러 있을 때 미디안 여인들과 이스라엘 백성들간에 성적으로 문란해졌고 그 결과 2만 4천명이 죽임을 당한 일이 있었습니다. 그래서 하나님은 미디안을 심판하도록 명령하셨습니다(25:16-18).

미디안을 완전히 궤멸시킨 후 하나님은 또다시 이스라엘 백성들의 성결을 요구하십니다(31:13-24). 이렇게 함으로써 하나님의 군대는 그 숫자나 전력에 따라 전쟁의 승패가 갈리는 것이 아니라, 하나님 앞에서 얼마나 자신들을 정결하게 하고 하나님을 의지하느냐에 따라 승패가 결정됨을 분명하게 보여주고 있습니다.

우리는 세상에서 살아갈 동안 수없는 싸움을 치러야 합니다. 그때마다 우리의 전력과 능력으로 싸움을 치른다면 처음 몇 번은 승리할지 모르나 결국은 패배하고 말 것입니다. 우리의 싸움은 인간들의 문제에 얽힌 싸움이 아니라 "정사와 권세와 이 어두움의 세상 주관자들과 하늘에 있는 악의 영들"에 대한 싸움이기 때문입니다(엡 6:11-12). 즉 우리의 싸움은 사단과의 싸움입니다. 그러므로 우리보다 월등히 힘과 능력에 뛰어난 사단과 싸우기 위해서는 먼저 철저하게 하나님의 권능과 지혜로 무장되어 있지 않으면 안 됩니다.

그래서 바울은 우리에게 하나님의 전신갑주를 입어야 한다고 권면하고 있습니다(엡 6:13). 이것은 우리가 전폭적으로 하나님께 의탁한다는 것을 뜻합니다. 이처럼 먼저 하나님 앞에서 자신을 성결하게 하고 하나님을 전적으로 의지하여야 함을 우리는 미디안과의 싸움에서 찾아 볼 수 있습니다.

33장에서도 하나님은 모든 죄악을 버려야 할 것을 거듭 강조하심을 볼 수 있습니다. 이 말씀은 광야 여정이 끝나는 시점에 주신 말씀이기 때문에 더욱 관심을 가져야 합니다. 먼저 33장은 이스라엘이 애굽에서 나와 어떤 경로를 통해 40년간 광야 생활을 마치고 마침내 여리고 맞은편 모압평지에 이르게 되었는지를 약술하고 있습니다.

비록 이렇게 긴 세월이었으나 그들이 하나님을 전폭적으로 의지하였다면 너무 쉽게 끝났을 여정이기도 했습니다. 그러나 이 여정은 하나님을 원망하는 불신앙의 연속이었을 뿐입니다. 그들이 지나온 곳곳마다 불순종의 이정표가 있음을 우리는 상고할 수 있습니다.

이처럼 모든 여정이 끝나자 하나님은 모세에게 말씀하십니다. "… 너희가 요단을 건너 가나안 땅에 들어가거든 그 땅 거민을 너희 앞에서 다 몰아내고 그 새긴 석상과 부어 만든 우상을 다 파멸하며 산당을 다 훼파하고 … 너희가 만일 그 땅 거민을 너희 앞에서 몰아내지 아니하면 너희의 남겨둔 자가 너희의 눈에 가시와 너희의 옆구리에 찌르는 것이 되어 너희 거하는 땅에서 너희를 괴롭게 할 것이요 나는 그들에게 행하기로 생각한 것을 너희에게 행하리라"(33:50~56).

이것은 가나안 땅에 들어가서 이스라엘 백성들이 어떻게 살아야 할 것을 단적으로 가르쳐 준 말씀입니다. 새 사람이 된 성도들의 모습 또한 이러해야 합니다. 새 이스라엘에게는 결코 부정된 모습이 남아 있어서

는 안 됩니다. 또한 이 말씀 속에는 놀라운 약속이 숨겨져 있는데, 그것
은 그 땅을 기업을 주시겠다는 약속입니다. "... 내가 그 땅을 너희 산업
으로 너희에게 주었음이라 ... 너희 열조의 지파를 따라 기업을 얻을 것
이니라"(33:53-54).

하나님은 그 기업을 나눌 영토를 정확하게 34장에서 제시해 주십니
다. 그리고 그 기업은 결코 사거나 팔지 못하도록 하셨습니다. 왜냐하면
그 땅은 여호와의 소유이기 때문입니다. 이렇게 함으로써 이스라엘 각
지파에게 주어진 기업은 결코 시간이 흐른다 하더라도 타인에게 매매되
지 않도록 하셨습니다. 그 기업은 언제까지나 주어진 지파의 소유였습
니다.

지금까지 살펴본 대로 이제 새로운 이스라엘 군대의 조직이 완료되었
습니다. 또한 새로운 지도자로서 여호수아가 세워졌습니다. 그리고 그
들의 삶의 모습이 하나님 앞에서 정결하고 하나님을 의지해야 할 것과
하나님께서 영원한 기업을 약속의 땅으로 주실 것임을 확고하게 함으로
써 민수기는 막을 내리고 있습니다.

30. 구약에 나타난 하나님 나라의 개념

하나님 나라의 사상은 신구약에서 가장 중요한 주제가 됩니다. 그러므로 여기에서는 구약에서의 하나님 나라의 개념을 개괄적으로 살펴보도록 하겠습니다.

하나님의 나라에 대한 가르침은 예수님의 공생애에서 큰 비중을 차지하고 있습니다. 예수님은 공생애를 시작하실 때 하나님의 나라를 선포함으로써 시작하셨고(마 4:17; 막 1:15), 하나님의 나라를 전파하는 것을 사명으로 여기셨습니다(눅 4:19, 43). 예수님의 가르침의 핵심이라 할 수 있는 산상수훈에서도 하나님의 나라가 큰 비중을 차지하고 있습니다. 특히 요한복음에서는 3:3, 5에서 하나님의 나라에 들어가기 위해 거듭나야한다고 가르치신 것 외에는 '하나님의 나라' 라는 용어가 나타나지 않으나 영생, 빛, 진리, 생명 등의 주요 단어가 모두 하나님의 나라를 염두에 두고서 사용되고 있다는 점은 아주 특이하다고 할 수 있습니다.

1. 하나님 나라의 의미

kingdom(왕국)으로 번역되는 '나라, 왕국' 이라는 단어는 원래 왕의 현존being, 성질nature, 또는 형세state를 가리켰습니다. 그후 왕국은 점차 왕의 위엄dignity 또는 권세power를 의미하게 되었고 이것이 발전하여 왕권kingship 또는 통치권royal dominion을 상징하게 되었습니다.

'왕국'으로 번역되는 히브리어 '나라'의 의미 역시 추상적인 권세, 통치, 지배를 나타내며 나아가 통치권의 개념을 가지고 있습니다. 그리고 점차 주권sovereignity을 의미하게 되었습니다.

이렇게 볼 때 '왕국'은 추상적으로는 왕이 다스리는 왕권이나 통치를 의미하며, 구체적으로는 그 왕권이 미치는 영토와 그 통치를 받는 백성과 모든 소유물을 의미한다고 볼 수 있습니다. 그러나 성경에서 '왕국' 또는 '나라'가 사용될 때 그리고 특히 하나님의 나라와 연관되어 사용될 때는 왕의 통치 작용이 미치는 영역이나 범주를 뜻할 뿐만 아니라 주로 하나님의 왕권이나 주권 또는 통치권을 뜻하고 있음을 볼 수 있습니다.

그러므로 하나님의 나라는 하나님이 다스리고 지배하시는 나라이며 하나님의 주권이 행사되는 나라이며 하나님의 공의가 실현되는 나라입니다. 그리고 하나님 나라의 중요한 측면은 하나님의 거룩한 긍휼에 대한 계시, 의와 사랑의 통치, 악의 세력에 대한 승리, 파괴된 인간성의 구원과 치유, 죄사함, 그리고 사람을 하나님께로 회복시키는 것을 포함하고 있는 것으로 볼 수 있습니다(마 6:10; 눅 4:16-21).

2. 구약에 나타난 하나님 나라의 개념

구약에 나타난 '나라'는 주로 왕국 또는 왕권을 나타내며 대부분 정치적인 세속국가를 지칭하는 데 사용되고 있고, 하나님의 나라를 표현하기 위해서는 거의 사용되지 않고 있습니다. 그 이유는 구약시대는 신정정치theocracy 사회였기 때문에 '하나님의 나라'라는 표현이 필요하지 않았기 때문입니다. 반면에 하나님 나라에 상응하는 표현이 역대상 28:5에서는 '여호와의 나라'로 나타납니다. 그리고 이와 비슷한 경우가 곳곳에서 나오는데 '당신의 나라'(시 45:6; 145:11, 13) '그의 나라'(시

103:19), '내 나라'(단 7:14) 등의 표현입니다. 그런데 여기에서 사용된 나라는 영역적인 의미가 아니라 주로 왕권이나 통치권을 의미하고 있음을 알 수 있습니다.

이 점을 볼 때 구약에서 '하나님의 나라'라는 용어는 없으나 오히려 하나님의 나라를 나타내는 사상은 풍부하게 찾아볼 수 있습니다. 그 대표적인 사상이 "하나님은 왕이시다"라는 사상입니다.

(1) 하나님은 창조주로서 온 우주의 왕이시다(시 103:19; 47:2).
(2) 하나님은 이스라엘의 왕으로서 이스라엘을 다스리신다(사 41:21; 렘 8:19; 민 23:21).
(3) 하나님은 영원한 왕이시다(시 145:13).
(4) 하나님은 장차 왕으로서 이스라엘에 임하실 것이다(사 40:9-10; 52:7-10).

이상과 같이 하나님의 나라 사상은 역사가 흐름에 따라 더 명백하게 나타나고 있습니다. 먼저 창세기 1-2장의 기록은 하나님의 나라를 건설한 것으로 볼 수 있습니다. 그런데 아담의 범죄로 인해 하나님은 창세기 3:15에서 하나님의 의로운 나라를 메시아를 통해 재건할 것을 계시해 주셨습니다. 바로 이 언약covenant이 노아의 홍수를 거쳐 아브라함 시대에 이르자 비로소 좀더 명백하게 나타나고 있습니다(창 12:1-3).

"여호와께서 아브라함에게 이르시되 너는 너의 본토 친척 아비의 집을 떠나 내가 네게 지시할 땅으로 가라 내가 너를 큰 민족을 이루고 네게 복을 주어 네 이름을 창대케 하리니 너는 복의 근원이 될지라. 너를 축복하는 자에게는 내가 복을 내리고 너를 저주하는 자에게는 내가 저주하리니 땅의 모든 족속이 너를 인하여 복을 얻을 것이니라"고 언약을 세우심으로 장차 하나님께서 친히 그의 왕국을 세우시며 통치하시리라는 사상이 분명해지게 된 것입니다.

이 사상이 더욱 명백하게 드러난 것은 출애굽 후에 하나님께서 시내산에서 이스라엘 백성과 맺은 언약에서입니다.

하나님은 먼저 이스라엘 백성에게 "나의 애굽 사람에게 어떻게 행하였음과 내가 어떻게 독수리 날개로 너희를 업어 내게로 인도하였음을 너희가 보았느니라 세계가 다 내게 속하였나니 너희가 내 말을 잘 듣고 내 언약을 지키면 너희는 열국 중에서 내 소유가 되겠고 너희가 내게 대하여 제사장 나라가 되며 거룩한 백성이 되리라"(출 19:4-6)고 선포하신 후, 아브라함과 맺으신 언약을 성취하시며 친히 이스라엘을 다스리시는 증표로 율법을 제정하시고 성막을 세우게 하심으로 이스라엘 백성 중에 거하시며 통치하고 계심을 나타내셨던 것입니다.

이렇게 함으로 이스라엘은 하나님 나라의 백성이 되었고 하나님은 이스라엘을 다스리는 왕이 되심으로써 이스라엘은 하나님께서 친히 통치하시는 신정국가가 되었습니다. 이처럼 이스라엘 국가는 지상에서 보여진 하나님 나라의 완전한 모형을 이루고 있습니다.

이러한 하나님 나라의 가장 완벽한 모형은 다윗 왕국에서 그 모습을 찾아볼 수 있습니다. 그러나 이스라엘을 다스리시는 왕은 하나님이시기 때문에 사실 이스라엘은 왕이 필요하지 않았습니다. 그래서 사사 기드온은 백성들이 그를 왕으로 삼고자 할 때 "내가 너희를 다스리지 아니하겠고 나의 아들도 너희를 다스리지 아니할 것이요 여호와께서 너희를 다스리리라"(삿 8:23)고 강조하였습니다. 그후 사무엘 시대에 이스라엘이 사울을 왕으로 삼았으나 선지자 사무엘은 왕을 세우는 것을 적극 반대하였으며 하나님도 이 일을 가리켜 이스라엘 백성이 하나님을 떠난 것으로 말씀하고 계십니다(삼상 7-9장).

결국 사울이 폐위되고 다윗이 하나님의 마음에 합당하게 여겨져 왕으로 세워지자 비로소 이스라엘의 왕은 하나님의 대리자로서 그 권한을 부여받게 되었습니다. 그 결과 이스라엘의 왕들은 엄격하게 여호와의 대리자였으며 이스라엘의 참 왕은 여호와 하나님이라는 사상이 구약 전반에 나타나게 된 것입니다. 다윗 왕국이 가장 완벽한 형태로 지상에 설립된 하나님 나라의 모형이었으나 하나님은 다윗과 맺은 언약에서 이스라엘의 진정한 왕으로 다윗의 후손 가운데서 메시아가 등장할 것을 약속하시므로 친히 하나님께서 그의 나라를 세우실 것을 예언하셨습니다.

그 이유는 하나님의 나라는 단지 이스라엘에만 국한되어 있는 유한한 나라가 아니고 전 세계를 포괄하는 거국적인 나라이며, 하나님은 전 우주를 통치하시는 분으로서 영원하신 분이시기에 그의 나라는 영원 불변한 나라여야 하기 때문이었습니다. 그래서 하나님은 지상의 이스라엘 나라의 멸망을 앞두고 예레미야를 통해 '새 언약'을 체결하시며 죄악 가운데서 멸망해 버린 이스라엘을 구원하시되 전혀 새롭게 그의 나라를 세우시겠다고 예언하셨습니다.

예레미야 31:31-34의 "나 여호와가 말하노라 보라 날이 이르리니 내가 이스라엘 집과 유다 집에 새 언약을 세우리라 나 여호와가 말하노라 이 언약은 내가 그들의 열조의 손을 잡고 애굽 땅에서 인도하여 내던 날에 세운 것과 같지 아니할 것은 내가 그들의 남편이 되었어도 그들이 내 언약을 파하였음이니라. 나 여호와가 말하노라 그러나 그날 후에 내가 이스라엘 집에 세울 언약은 이러하니 곧 내가 나의 법을 그들의 속에 두며 그 마음에 기록하여 나는 그들의 하나님이 되고 그들은 내 백성이 될

것이라 그들이 다시는 각기 이웃과 형제를 가리켜 이르기를 너는 여호
와를 알라 하지 아니하리니 이는 작은 자로부터 큰 자까지 다 나를 앎이
니라 내가 그들의 죄악을 사하고 다시는 그 죄를 기억지 아니하리라 나
여호와의 말이니라"에 나타난 새 언약은 온전히 하나님의 무한하신 사
랑과 신실함에 근거하고 있는데, 이 새 언약은 마침내 그리스도에 의해
완벽하게 실현됨으로써(눅 22:20; 고전 11:25) 이땅에 하나님께서 친히 그
의 백성을 부르시고 그의 나라를 세우셨음을 보여주고 있습니다.

이상에서 볼 때 구약에는 '하나님의 나라' 라는 용어는 없으나 그 개
념(혹은 사상)은 다분히 포함되어 있음을 알 수 있습니다. 그리고 당시의
하나님의 통치 곧 신정에 기초하여서 '하나님의 나라' 의 의미와 미래의
'하나님의 나라' 라는 개념이 고도의 종말론적 형태로 수립되어 있음을
볼 수 있습니다.

그 하나님 나라는 ;
(1) 전 세계적이며
(2) 종말론적 의미를 갖고 있으며 심판이 있을 것과 영원한 구원이 있
    을 것을 지시하고 있으며(사 51:6)
(3) 새 창조를 통해 나타날 것과(사 60:19, 65:17)
(4) 최후에 하나님의 왕권이 발휘되는 하나님의 나라가 올 것(사 11:7)을
    시사해 주고 있습니다.

이렇게 함으로 현 우주의 질서보다 뛰어난 완전하고 영원한 하나님의
나라가 수립될 것을 구약은 밝혀주고 있습니다. 이런 사상은 후기 유대
주의 문학에서도 다분히 나타나고 있습니다. 그러나 후기 유대주의에
나타난 하나님의 나라 개념은 비록 구약의 영향을 받았으나 ;
(1) 율법주의적 성격을 띠며

(2) 극단적인 국수주의적 선민 의식을 강조하고 있으며(솔로몬의 시편)

(3) 초자연적인 우주의 변혁이 있을 것과(The testament of the twelve datriachs)

(4) 지상적인 왕국이 완성된 후 전 우주의 구속이 있을 것(Revlation of Barak) 등을 가르치고 있습니다.

이러한 하나님 나라의 개념을 포함한 것은 사실이나 예수님은 여기에 훨씬 새로운 의미를 더하심으로 하나님의 나라를 선포하셨습니다. 예수님의 하나님 나라에 대한 가르침은 구약에서의 가르침 그대로이며 여기에 예수님 자신이 해석하심을 볼 때 구약의 하나님 나라의 개념이 잘 발달되어 있음을 알 수 있습니다.

31. 신명기 : 새 세대와의 언약 체결

신명기 1-34장

신명기란 이름에 대하여 먼저 이해를 해야 합니다. 신명申命이란 말은 "마음에 새긴다"라는 뜻으로서 신명기 6:6의 "오늘날 내가 네게 명하는 이 말씀을 너는 마음에 새기고"라는 말씀 가운데서 찾아 볼 수 있습니다. 즉 신명기란 출애굽기, 레위기, 민수기에 포함된 모든 율법과 규례를 재차 진술하고 있는 책입니다. 광야에서 진멸해 버린 옛 세대에게 주어진 율례를 새롭게 탄생된 새 세대에게 주기 위하여 모세가 가나안 땅에 입성하기 전 모든 새 이스라엘 백성 앞에서 강론한 율법의 기록이 곧 신명기입니다(신 29:10-13).

그렇기 때문에 신명기는 죽은 옛 세대와의 언약을 새 세대와 다시 체결하기 위한 책으로 이해할 수 있습니다. 그런데 이 언약 체결은 당시 새 이스라엘뿐만 아니라 그 후손들 모두에게 해당된다고 모세는 말하고 있습니다. "내가 이 언약과 맹세를 너희에게만 세우는 것이 아니라 오늘날 우리 하나님 여호와 앞에서 우리와 함께 여기 있지 아니한 자에게까지니"(29:14-15)라고 함은 대대 후손에게도 이 언약이 유효하다는 것을 시사한 말입니다.

그러므로 이제 새롭게 태어난 새 세대의 이스라엘과 그 후손들은 지금 모세가 강론하고 있는 신명기의 말씀대로 살아야 합니다.

신명기가 주어진 장소는 40년간의 광야 생활이 끝나고 이제 막 가나안에 들어가기 직전인 모압 평야입니다. 그런데 시내산에서 이곳까지의 길은 열하룻길(신 1:2)에 불과했습니다. 반면에 이스라엘 백성은 시내산에서 율법을 받은 뒤 무려 40여년이나 걸려 지금에서야 이곳에 도착한 것입니다. 그 이유는 12정탐꾼의 보고를 듣고 올라가기를 즐겨 아니하고 하나님의 명을 거역하고 원망했기 때문이었다고 모세는 지적하고 있습니다(신 1:26 이하).

결국 그 불순종의 세대는 여호수아와 갈렙 그리고 아론의 아들 엘르아살을 제외하고는 모두 광야에서 멸절하고 맙니다(민수기). 불순종하는 자들은 하나님이 약속하신 땅에 들어갈 수 없기 때문입니다. 그 약속의 땅 가나안은 곧 안식(쉼)의 땅이었습니다. 광야 생활의 여정이 종식되는 곳이 가나안이라고 한다면 가나안은 곧 하나님께서 주신 안식의 증표입니다. 그러나 하나님께 순종하기를 거부하는 자들에게 그 안식이 주어질 수가 없었습니다. 결국 불신앙으로 점철된 옛 세대가 모두 죽은 뒤에 비로소 가나안을 향한 진군의 깃발이 올려지게 되었습니다(2:14-25). 그리고 하나님은 이 여호와의 군대에게 승리의 확신을 주십니다. 그들이야말로 진정 하나님의 안식에 들어가야 할 하나님의 백성이기 때문입니다.

> "오늘부터 내가 천하 만민으로 너를 무서워하며 너를 두려워하게 하리니 그들이 네 명성을 듣고 떨며 너로 인하여 근심하리라"(2:25).

과연 하나님이 그들을 위해 싸우심으로 그 어떤 대적도 하나님 앞에서 견디어 낼 수가 없었습니다. 그러므로 "우리 하나님 여호와께서 비산 왕 옥과 그 모든 백성을 우리 손에 붙이시매 우리가 그들을 쳐서 한 사람도 남기지 아니하였느니라"(신 3:3)고 담대히 고백하면서, 모세는 "너희는 그들을 두려워하지 말라 너희 하나님 여호와 그가 너희를 위하여 싸우시리라"(신 3:22)고 권면할 수 있었습니다.

이렇게 지나간 40년을 회고한 모세는 비로소 현 세대의 이스라엘에게 신명기를 주는 목적을 밝혀 말하고 있습니다. "이스라엘아 이제 내가 너희에게 가르치는 규례와 법도를 듣고 준행하라 그리하면 너희가 살 것이요 너희의 열조의 하나님 여호와께서 너희에게 주시는 땅에 들어가서 그것을 얻게 되리라"(신 4:1). 즉 여호와의 명령과 율법을 따라야만 눈앞에 보이는 가나안 땅에 들어가 살게 된다는 의미입니다.

그래서 모세는 그들에게 오직 하나님만을 바라보고 살 것과 십계명에 대해 강론합니다(신 5:15-33). 그리고 그것을 요약하여 "너는 마음을 다하고 성품을 다하고 힘을 다하여 네 하나님 여호와를 사랑하라"(신 6:5)고 인을 치고 있습니다. 또한 여호와를 사랑하는 증표란 다른 것이 아니라 하나님의 말씀을 따라 준행하는 것이기 때문에 "사람이 떡으로만 사는 것이 아니요 여호와의 입에서 나오는 모든 말씀으로 사는"(신 8:3) 기본적인 원리를 계속해서 강조하고 있습니다. 이 기본적인 원리를 무시했을 때는 즉시 하나님의 심판이 임할 것을 더불어 경고하고 있습니다.

그리고 옛 이스라엘이 얼마나 하나님 앞에 목이 굳은 백성이었던가를 금송아지 사건(9장)을 들어 증거하면서 "네가 만일 네 하나님 여호와를 잊어버리고 다른 신들을 좇아 그들을 섬기며 그들에게 절하면 내가 너희에게 증거하노니 너희가 정녕히 멸망할 것이라"(신 8:19)고 경고하고 있습니다.

오직 이러한 멸망에서 구원받을 수 있는 유일한 길은 "이스라엘아 네

하나님 여호와께서 네게 요구하시는 것이 무엇이냐 곧 네 하나님 여호
와를 경외하며 그 모든 도를 행하고 그를 사랑하며 마음을 다하고 성품
을 다하여 네 하나님 여호와를 섬기고 내가 오늘날 네 행복을 위하여 네
게 명하는 여호와의 명령과 규례를 지킬 것이 아니냐"(신 10:12-13)는 말
씀 속에서 찾을 수 있습니다.

그렇기 때문에 새로워진 하나님의 백성은 "그러므로 너희는 마음에
할례를 행하고 다시는 목을 곧게 하지 말라"(신 10:16)는 말씀대로 그 본
성이 새롭게 변화되어야 합니다. 그런 하나님의 백성에게는 "젖과 꿀이
흐르는 땅"(신 11:9)에서 그 생명이 장수하는 복을 누리게 됩니다.

여기서 우리는 그 가나안 복지가 어떤 성격의 땅인지 유의하여 살펴
볼 필요가 있습니다. 그 땅은 원래 사람들이 마음대로 개간을 하거나 농
경을 할 만큼 그렇게 비옥하지 않았습니다. 오히려 하늘만 바라보고 농
사를 지을 수밖에 없는 땅이었습니다. 그런데도 그 땅이 젖과 꿀이 흐를
정도로 농사가 잘 된다는 것은 순전히 하나님께서 때에 따라 이른 비와
늦은 비를 주실 때만이 가능한 것이었습니다(신 11:13-17).

결국 광야 생활 중에 이스라엘이 그러했던 것처럼 약속의 땅에서도
하나님만 바라보고 살아야 합니다. 그처럼 오직 하나님만 바라보고 사
는 것이 성도의 참 모습입니다. 신명기 12-18장에 걸쳐 자세하게 기록
된 말씀을 통하여 우리는 하나님의 백성이 살아가야 할 진정한 삶의 모
습을 볼 수 있습니다.

이어 19장부터는 가나안 땅의 이방 족속에 대한 태도를 말하고 있는
데, 그것은 그들이 올무가 되지 않도록 철저하게 궤멸시키라는 엄명이
었습니다. 여기서 우리가 거하는 곳에는 어떤 형편에서도 악의 모양을

남겨 두어서는 안 된다는 사실을 발견할 수 있습니다.

마침내 하나님은 시내산에서 옛 이스라엘과 언약을 맺었던 것처럼 모압 평지에서 새롭게 언약을 체결하십니다(신 29:1). 이처럼 여호와 하나님과 이스라엘 백성 사이에 언약을 체결한 후 모세는 자신이 더이상 이스라엘을 인도할 것이 아니라 하나님께서 친히 그 백성을 인도할 것이라고 전제하고(31:3) 모든 대권을 여호수아에게 이양하게 됩니다(32:7-8). 그리고 매 안식년마다 율법을 낭독하여 모든 백성들과 장차 후손들까지도 여호와를 경외하는 것을 배우도록 유언을 하고 있습니다(32:10-13).

그런데 놀라운 것은 31:24-29에 기록된 모세의 경고입니다. 이스라엘의 패역과 교만이 자긍하여 마침내 여호와의 율법 행하기를 즐겨하지 않다가 끝내 멸망하고 만다는 것입니다. 32장에 기록된 '모세의 애가' 역시 이스라엘이 마침내 멸망하고 말 것을 주제로 하고 있습니다.

그러나 여기에 하나님의 또 다른 깊고 오묘한 구원의 계획이 숨겨져 있습니다. 곧 이 세상에는 그 어떤 형태로도 결코 완벽하게 하나님을 경외할 수 없다는 것입니다. 이것을 알게 함으로써 우리에게 이 세상이 아닌 더 나은 세상을 바라보게 하시는 것입니다. 하나님께서 우리에게 말할 수 없을 정도의 절망과 낙담을 주시는 것은 바로 우리의 안목을 열어 영원한 하늘나라를 소망하도록 하기 위한 하나님의 사랑이라는 점을 기억해야 합니다. 사실 우리의 본질을 놓고 본다면 우리가 당한 그 어떤 고난으로도 대신할 수 없을 것입니다. 그러니 그 정도의 고통을 당하는 것이 오히려 고마울 뿐입니다.

제 4 부
가나안 정착부터 왕국시대까지

32. 가나안 입성 : 하나님의 승리

여호수아 1장 - 5장

이스라엘이 가나안에 들어가는 사건에 대한 올바른 이해를 얻기 위해서는 민수기와 연결지어 살펴보아야 합니다. 즉 제1, 2차 인구조사를 통해서 하나님이 하신 사역이 무엇이었는가를 바로 알아야 비로소 이스라엘이 가나안에 들어가서 해야 할 일이 무엇인지를 분명히 알 수 있기 때문입니다. 물론 이 문제에 대해서는 신명기에서 자세하게 언급하고 있지만 잠시 우리의 시각을 민수기로 돌려보기로 하겠습니다.

1, 2차 인구조사를 통해 하나님 나라의 군대로서 정비를 마치신 하나님은 이스라엘 백성들에게 새 성품으로서 하나님의 전투에 참여할 것을 말씀하신 후 그 전투에서 승리한 하나님의 백성들에게 약속의 땅인 가나안에서 각 기업을 나누어주실 것을 말씀하십니다(민 26:52-56).

그런데 그 전투에서는 어떤 전술이나 군대의 수효나 무기에 따라 승패가 좌우되지 않고 오직 하나님의 말씀을 얼마나 순종하느냐에 따라 결정된다는 것을 알려 주시며(민 31:13-24), 따라서 무엇보다 먼저 백성들 가운데서 모든 악과 더러운 것을 제하고 성결한 군대가 될 것을 명령하십니다(민 33:50-56).

이처럼 새로워진 하나님의 군대를 위해서 새로운 지도자인 여호수아를 세우게 하십니다.

이상에 대한 자세한 교훈이 신명기에서도 반복되고 있음을 보아 하나님께서 그의 백성을 안식의 땅에 인도하기 위해 얼마나 애쓰고 계시는가를 엿볼 수 있습니다. 안식의 땅은 오직 그의 신령한 백성들에게만 약속된 것이기 때문에 (결코 죄와 악으로 더럽혀진 자들이 들어가서는 안 되는 곳이기 때문에) 그처럼 철저하게 끊어내시고 새롭게 하시는 것입니다.

마침내 결전의 날이 왔습니다. 드디어 약속의 땅에 거룩한 백성 이스라엘이 들어갈 때가 온 것입니다. 그런데 성경은 "여호와의 종 모세가 죽은 후에"(수 1:1)라고 그 때를 밝히고 있습니다. 여기서 모든 옛 세대의 죽음을 가리켜 모세의 죽음으로 묘사하는 하나님의 의중을 엿볼 수 있습니다.

"내 종 모세가 죽었으니 이제 너는 이 모든 백성으로 더불어 일어나 이 요단을 건너 내가 그들 곧 이스라엘 자손에게 주는 땅으로 가라 내가 모세에게 말한 바와 같이 무릇 너희 발바닥으로 밟는 곳을 내가 다 너희에게 주었노니 … 오직 너는 마음을 강하게 하고 극히 담대히 하여 나의 종 모세가 네게 명한 율법을 다 지켜 행하고 좌로나 우로나 치우치지 말라 그리하면 어디로 가든지 형통하리니 … 네가 어디로 가든지 네 하나님 여호와가 너와 함께 하느니라"(수 1:2-9)는 말씀 속에서 우리는 이제부터 무엇에 관심을 가져야 할 것인지 알 수 있습니다.

이제 새롭게 변화된 이스라엘은 여호수아를 총 군대장으로 삼고 약속의 땅(수 1:3)으로 진군함으로써 아브라함에게 약속하신 언약이 성취되기에 이른 것입니다. 물론 이 말씀 속에서도 우리는 여호와의 율법을 지켜야 할 것과 하나님이 함께해 주신다는 약속에 따라서만 그 언약이 성취되리라는 것도 알 수 있습니다. 그리고 여호수아를 총 지휘자로 인정하고 있음도 여호수아 1:16-18에서 찾아 볼 수 있습니다.

"우리는 범사에 모세를 청종한 것같이 당신을 청종하려니와 오직 당신의 하나님 여호와께서 모세와 함께 계시던 것같이 당신과 함께 계시기를 원하나이다"(수 1:17)는 말씀에서도 여호수아가 지휘자로 세움을 입는데 있어서 하나님의 선택(수 1:2-9)과 백성의 인정함(수 1:17-18)을 모두 받고 있음을 볼 수 있습니다.

이처럼 총 지휘관으로 선출된 여호수아는 여리고를 정탐할 정탐꾼들을 먼저 가나안 땅에 보내게 됩니다. 우리는 언뜻 하나님의 신실한 약속을 받은 여호수아가 거침없이 군대를 이끌고 가나안을 정복해 들어가지 않는 것에 대해 불만을 가질 수 있습니다. 그러나 군사적 전술을 조금이라도 아는 사람이라면 여호수아의 결정이 당연하다는 사실도 알 것입니다. 하나님은 그러한 여호수아에게 이미 가나안 땅을 이스라엘의 손에 붙이셨음을 친히 확인시켜 주십니다.

"여호와께서 이 땅을 너희에게 주신 줄을 내가 아노라 우리가 너희를 심히 두려워하고 이 땅 백성이 다 너희 앞에 간담이 녹나니"(수 2:9)라는 라합의 말을 통해 이미 가나안 백성들이 이 전투에서 완전히 패배하고 있음을 보여 주셨던 것입니다. 그렇기 때문에 정탐꾼들이 여호수아에게 보고하기를 "진실로 여호와께서 그 온 땅을 우리 손에 붙이셨으므로 그 땅의 모든 거민이 우리 앞에서 간담이 녹더이다"(수 2:24)라고 보고할 수 있었습니다.

물론 한 여인의 말만 듣고 그들이 이러한 보고를 한다는 것은 자칫 위태한 일이 될 수도 있습니다. 그렇기 때문에 하나님은 그 사실의 신빙성을 확고히 하기 위하여 그들로 하여금 생명의 위협을 느끼게 하신 후 라합을 통해 극적으로 구출하심으로써 하나님께서 그 일을 계획하셨음을 체험하도록 이끌어 주신 것입니다.

이처럼 하나님은 크고 비밀하신 놀라운 계획으로 이스라엘을 인도하실 뿐 아니라, 한 걸음 더 나아가 이 전투에서 친히 하나님이 싸우고 계심을 보여주시는 기적을 모든 이스라엘 앞에서 행하셨습니다. 곧 요단강을 건너는 사건이 그 증거가 됩니다.

이스라엘이 요단을 건널 시기는 헬몬산의 눈이 녹아내려 요단 강물이 넘쳐 흐르는 시기였습니다(수 3:15). 그러나 "사시는 하나님이"(수 3:10) 이스라엘과 함께하셨기 때문에 도무지 인간으로서는 상상도 할 수 없는 방법으로 요단강을 건너게 하셨습니다. 하나님은 먼저 3일 동안이나 이스라엘이 그곳에 머물게 하심으로써 어느 누구도 감히 요단강을 쉽게 건널 수 없음을 보여주셨습니다.

그후에 제사장들로 하여금 언약궤(하나님이 친히 임재하시고 있음을 상징)를 메고 요단 물을 밟게 하셨습니다. 그러자 그곳에서부터 물이 갈라지기 시작하더니 흐르는 물은 사해로 계속 흘러가 버리고 내려오던 물은 요단 상류까지 차곡차곡 쌓이기 시작했습니다(수 3:15-16). 이스라엘 백성은 마치 그들의 조상이 홍해를 건너듯 요단강을 건넜습니다.

하나님께서는 이스라엘 제1세대들을 홍해에서 새롭게 변화시키신 것처럼, 요단 물을 통해 제2세대 이스라엘 백성들을 씻어주고 계시는 것입니다. 하나님은 그들을 깨끗하게 씻으신 증표로 12개의 돌덩이로 기념비를 세우게 하셨습니다. 그리고 영원토록 하나님의 이름을 높이고 이스라엘로 하여금 하나님을 경외하도록 하셨습니다(수 4:22-24).

이러한 일련의 사건들을 통해 하나님께서 친히 여호수아를 택하시고(수 1:2-9) 백성들로 하여금 복종을 맹세케 하시며(수 1:16-18) 라합의 이야기와 요단 강물을 갈라 마른 땅으로 건넜던 기적을 베푸신 것은 모두 여호수아를 모세와 같이 높이 세우고자 하시는 하나님의 의도에서 였습니다. 이러한 사실을 우리는 여호수아 4:14에서 찾아 볼 수 있습니다. "그 날에 여호와께서 모든 이스라엘의 목전에서 여호수아를 크게 하시매 그의 생존한 날 동안에 백성이 두려워하기를 모세를 두려워하던 것같이 하였더라."

모세와 여호수아를 비교해 볼 때 누구나 모세에게 더 권위를 줄 것입니다. 그런데 그런 모세 밑에서도 이스라엘이 그렇게 많이 하나님을 대적했다면, 여호수아 밑에서는 얼마나 더 많은 죄악을 저지를 것인가는 눈으로 보지 않아도 확연합니다. 이것을 잘 아시는 하나님은 모세보다도 여호수아를 더 두려워하도록 친히 이스라엘 앞에서 그처럼 놀라운 일을 베푸셨던 것입니다.

요단을 건넌 여호수아는 제2세대들에게 그동안 광야의 여정에서 행하지 못했던 할례를 실시하고 있습니다(수 5:2-3). 이 할례는 아브라함의 유업을 이을 자라는 독특한 증표입니다. 나아가 애굽을 떠나온 지 40년 만에 유월절을 지키게 하였습니다(수 5:10-12). 그리고 이스라엘이 가나안 땅의 소산을 먹게 되자 그동안 내렸던 만나가 그쳤습니다.

이렇게 함으로써 아브라함과 하나님이 맺은 언약이 드디어 성취되기에 이르렀습니다. 마침내 승리하고야 마시는 하나님은 이처럼 크고 위대한 분이십니다. 그 승리를 얻기까지 언약을 성취해 오신 하나님의 크신 권능을 찬양합니다.

33. 가나안 정복사 : 하나님 나라의 영토 확장

여호수아 6장 - 10장

아브라함과 그 후손들을 통해 건설하기로 계획하셨던 하나님 나라는 기나긴 역사를 거치는 동안 끊어질듯 하면서도 계속 이어져 마침내 눈앞에 성취되기에 이르렀습니다.

그 성취의 첫 번째 팡파르가 여리고 성 전투에서 울려 퍼졌습니다. 누가 이처럼 하나님의 나라가 이땅에 세워지리라고 생각이나 했겠습니까? 그리고 누가 이 하나님 나라의 건설을 위해 수고의 땀을 흘렸습니까? 오직 그분 혼자서 고요와 침묵과 사람들의 무관심 속에서 묵묵히 일해 오셨을 뿐입니다. 단지 우리는 그저 하나님께서 행하신 크고 비밀스러운 놀라운 일들을 지켜볼 뿐입니다.

그렇기 때문에 이스라엘이 여리고를 점령하고자 진군할 때 여호와의 사자가 칼을 빼들고 이스라엘과 마주서서 더이상 접근하지 못하도록 막고 있었습니다(수 5:13-15). 그리고 여호수아에게 신을 벗으라고 명령했습니다. 신을 벗는다는 것은 자신의 무력함을 인정하고 항복한다는 의미입니다.

모세 역시 하나님 앞에서 신을 벗었습니다(출 3:5). 그런 후에야 하나님은 모세를 일꾼으로 쓰셨습니다. 역시 여호수아도 신을 벗어야 했습니다. 왜냐하면 하나님 나라의 건설은 오직 하나님 자신만이 하시기 때문입니다. 모세도 하나님 나라의 건설을 위한 하나의 일꾼으로 쓰였을 뿐입니다. 여호수아 역시 그럴 것입니다. 하나님의 나라는 결코 인간의 계획이나 땀과 수고로 이루어지지 않는다는 사실을 우리는 뼈저리게 알아야만 합니다. 이 일에 대해서만은 절대로 우리의 주장이나 의견을 피력할 수 없어야 합니다.

여리고 점령 작전은 철저하게 하나님에 의해 주도되었습니다. 작전의 계획과 일자와 방법까지도 하나님께서 지시하셨습니다. 여호수아와 이스라엘은 그 작전 명령대로 따를 뿐입니다. 그러기 위해 하나님 앞에서 신을 벗으라고 하신 것입니다.

우리 역시 마찬가지입니다. 우리의 수단과 방법을 가지고 하나님의 일을 하려 한다면 결코 하나님께서 용납하지 않으시는 것입니다. 아니 오히려 그 일을 방해하시며 실패하게 하실 것입니다.

어느 누구도 그분을 대신하려 해서는 안 됩니다. 오직 그분의 손에 붙잡힌 바 되어 일할 뿐입니다. 그분에게 쓰임받는 것, 이것이 곧 우리의 영광입니다.

"이에 백성은 외치고 제사장들은 나팔을 불매 백성이 나팔 소리를 듣는 동시에 크게 소리질러 외치니 성벽이 무너져 내린지라 백성이 각기 앞으로 나아가 성에 들어가서 그 성을 취하고 성중에 있는 것을 다 멸하되 남녀 노유와 우양과 나귀를 칼날에 멸하니라 … 무리가 불로 성읍과 그 가운데 있는 모든 것을 사르고 은금과 동철 기구는 여호와의 집 곳간에 두었더라"(수 6:20-24).

이날의 승리의 함성을 들어 보셨습니까? 그러나 그렇게 큰 기쁨과 영광의 이면에는 우리의 또 다른 본성이 숨겨져 있었습니다. 우리 안에 미처 몰랐던 죄, 그것은 곧 아간의 마음입니다.

어찌 하나님의 것을, 하나님의 영광을 훔칠 수 있습니까? 이 전투에서 승리자는 이스라엘이 아닙니다. 하나님 그분이십니다. 이스라엘은 단지 쓰여질 뿐입니다. 그런데 영광의 승리자만이 가져야 할 전리품을 훔쳤습니다. 이것은 그분의 영광을 훔친 것입니다.

그뿐이 아닙니다. "백성을 다 올라가게 말고 이삼천 명만 올라가서 아이를 치게 하소서 그들은 소수니 모든 백성을 그리로 보내어 수고롭게 마소서"(수 7:3). 아니 누가 누구와 싸운다는 말인가요? 이스라엘이 언제 싸움을 계획하고 작전을 세웠다는 말인가요? 하나님 그분의 싸움에 누가 감히 간섭하고자 나설 수 있단 말인가요?

결과는 어떻습니까? 그들은 그날 대패하고 말았습니다. "백성의 마음이 녹아 물같이 된지라"(수 7:5)는 말은 오히려 가볍기조차 합니다. 그들이 저주를 받아 몽땅 죽지 않은 것만으로도 천만 다행입니다. "이스라엘이 범죄하여 내가 그들에게 명한 나의 언약을 어기었나니 곧 그들이 바친 물건을 취하고 도적하고 사기하여 자기 기구 가운데 두었느니라 … 그 바친 것을 너희 중에서 멸하지 아니하면 내가 다시는 너희와 함께 있지 아니하리라 너는 일어나서 백성을 성결케 하여 이르기를 너희는 성결케 하여 내일을 기다리라"(수 7:11-13).

하나님은 결코 이스라엘의 죄를 모르시거나 그냥 놓아두시는 분이 아닙니다. 기필코 그것을 멸하시고 잘라내시는 분입니다(수 7:16-26). 그리고 감히 어느 누구도 하나님의 전투에 대해 작전 계획을 세우는 것을 허락하지 않으십니다. 하나님의 나라를 건설하고 확장하는 일에 있어

서도 우리의 방법과 수단은 통하지 않습니다. 그분이 친히 일하십니다
(수 8:1-29).

그러므로 우리는 그분 앞에서, 그분의 불꽃같은 눈동자 앞에서 자신
을 성결케 해야 합니다. 그리고 그분이 하시는 일에 대해 순순히 그리고
기쁜 마음으로 쓰여지길 바라야 합니다.

아간은 누구입니까? 그는 본래 하나님의 백성으로서 구원이 약속된
사람이었습니다. 그러나 하나님께서 지키라 하신 말씀을 두려워하지 않
고 자기 욕심에 빠져 하나님의 것을 도적질하고 이스라엘에게 수치를
가져다줌으로써 영원히 하나님의 나라에서 단절되고 말았습니다(수
7:25-26).

그러나 라합을 보십시오. 그는 멸망 받아 마땅할 여리고 성 사람이었
으며, 하나님이 누구이신지도 전혀 몰랐던 이방여인이었습니다. 그렇지
만 그가 한번 하나님에 대하여 알고 난 후에는 자신의 생명을 걸고서라
도 "너희 하나님 여호와는 상천 하지에 하나님이시니라"(수 2:11)며 하나
님을 믿고 구원을 간절히 구하였습니다. 그리고 정탐꾼들에게 한 맹세
대로 다 지켜 행하였습니다(수 2:15-21). 이로써 라합은 그 가족들과 함께
구원을 얻었을 뿐 아니라(수 7:22-23) 영원한 구원 사역에 쓰임을 받아 예
수 그리스도의 족보에까지 오르게 되었습니다(마 1:5).

이러한 이방인의 구원은 단지 라합뿐이 아니었습니다. 누구나 하나님
의 약속의 말씀 안에만 있다면 구원이 보장되었습니다. "온 이스라엘과
그 장로들과 유사들과 재판장들과 본토인뿐 아니라 이방인까지 여호와
의 언약궤를 멘 레위 사람 제사장들 앞에서 궤의 좌우에 서되"(수 8:33).
율법의 말씀을 듣고 행하기만 한다면 구원이 약속된 것입니다. 이 원리
에 따라 기브온 거민들이 하나님의 약속의 땅에서 생명을 보전 받기도

했습니다(수 9장). 그러나 비록 혈통으로 이스라엘에 속했다 할지라도 그가 하나님의 말씀을 떠났다면 그는 영원히 하나님의 나라에서 단절되고 마는 것입니다.

하나님의 나라를 확장하는 전투는 이상과 같은 원리 속에서 계속 진행되었습니다. 하나님 안에 거하지 않는 자들에게는 죽음만이 그 대가로 주어질 뿐이었습니다. "그들이 이스라엘 앞에서 도망하여 벧호론의 비탈에서 내려갈 때에 여호와께서 하늘에서 큰 덩이 우박을 아세가에 이르기까지 내리우시매 그들이 죽었으니 이스라엘 자손의 칼에 죽은 자보다 우박에 죽은 자가 더욱 많았더라"(수 10:11).

그것뿐이 아닙니다. 하나님은 대적하는 자들을 진멸하시기 위해 태양까지도 멈추게 하시는 분입니다(수 10:12-14). 이처럼 여호와께서 이스라엘을 위하여 싸우셨기 때문에(수 10:14) 그 앞에서는 누구도 이스라엘의 발에 밟힐 뿐입니다(수 10:24). 하나님께서 친히 싸우십니다(수 10:42).

"온 천하는 그 앞에서 잠잠할지니라"(합 2:20).

34. 기업분배 : 하나님 나라 백성의 기업

여호수아 11장 - 24장

하나님은 비록 이방인일지라도 하나님의 법도와 다스림 속에 들어오고자 하는 자들을 거절하지 않으셨음을 앞에서 살펴보았습니다. 또한 비록 하나님 나라의 백성으로서 혈통을 타고났다 하더라도 하나님의 말씀을 어기면 가차없이 이스라엘의 회중에서 끊어지는 것을 '아간' 의 죽음을 통해서 볼 수 있었습니다.

이런 면에서 하나님의 나라는 '하나님의 말씀' 에 의해 다스려지고 세워진다는 사실을 분명히 알 수 있습니다. 그러므로 하나님 나라에 속하기 위해서는 혈통으로나 육정으로나 사람의 뜻으로 되는 것이 아니라 오직 하나님의 뜻으로만 가능한데, 그 모습이란 곧 하나님의 말씀을 얼마만큼 순종하며 믿고 따르는가에 의해 나타나는 것입니다.

어떤 사람이 하나님의 뜻에 따라 태어나고 장성하여 하나님 나라에 들어가느냐 하는 것은 그가 과연 하나님의 말씀을 얼마만큼 따라 사느냐를 통해 알 수 있습니다. 교회를 다닌다 하면서도 도무지 하나님의 말씀과 가르침에 따라 살지 아니하면 그가 세례를 받았든 직분을 맡았든 상관없이 하나님의 자녀라고 보기가 어렵습니다. 비록 직분은 없어도 하나님의 말씀에 붙잡힌 바 되어 그 말씀에 따라 최선을 다해 살려고 애쓰는 이들이 참 성도요 하나님의 나라를 기업으로 받을 약속의 후손들입니다.

　이스라엘 백성들은 아이 성 전투에서 크게 쓴맛을 본 후로는 자신들의 전투 능력에 힘입지 아니하고 하나님께서 약속하신 말씀을 부여잡고 가나안 정복 사업을 확장해 나갔습니다. 그 결과 여호수아 11장부터 21장까지 승승장구하는 모습을 볼 수 있습니다. 그리고 각 지파별로 제비를 뽑아 땅을 기업으로 나누어줌으로써 전쟁이 그치게 됩니다.

　"여호와께서 이스라엘의 열조에게 맹세하사 주마 하신 온 땅을 이와 같이 이스라엘에게 다 주셨으므로 그들이 그것을 얻어 거기 거하였으며 … 그 열조에게 맹세하신 대로 하셨으므로 그 모든 대적이 그들을 당한 자가 하나도 없었으니 이는 여호와께서 그들의 모든 대적을 그들의 손에 붙이셨음이라 여호와께서 이스라엘 족속에게 말씀하신 선한 일이 하나도 남음이 없이 다 응하였더라"(수 21:43-45)는 말씀과 함께 이스라엘의 정복 사업은 끝나게 되었고 비로소 출애굽 이후의 기나긴 여정을 풀어놓게 됩니다.

　여호수아는 요단 동편에 기업을 정한 르우벤 지파와 갓 지파와 므낫세 반지파(반수는 요단 서쪽 가나안 땅에 기업을 정함)에게 각기 자기의 처소로 돌아가게 함으로써 드디어 그 땅에 안식이 찾아 들게 됩니다(수 22:1-6). 그리고 그들에게 "크게 삼가 여호와의 종 모세가 너희에게 명한 명령과 율법을 행하여 너희 하나님 여호와를 사랑하고 그 모든 길로 행하며 그 계명을 지켜 그에게 친근히 하고 너희의 마음을 다하며 성품을 다하여 그를 섬길지어다"(수 22:5)고 부탁합니다. 이처럼 하나님의 말씀만을 붙잡고 사는 길만이 참 생명의 길이었기 때문입니다.

　그러나 사방의 대적들이 무력해지고 그 땅에 안식이 가득 찼을 때 이스라엘은 서서히 곪기 시작하였고 눈에 띄지 않게 무너지고 있었습니다. 그것은 하나님의 말씀에 따라 그 땅의 거민들을 완전히 진멸했어야 함에도 불구하고 적당히 타협하여 그들을 이스라엘 가운데 남겨두었기 때문입니다.

처음 전투를 시작해서는 잘 싸웠으나 거듭되는 전투 때문이었는지 15:63에는 "예루살렘 거민 여부스 사람을 유다 자손이 쫓아내지 못하였으므로 여부스 사람이 오늘날까지 유다 자손과 함께 예루살렘에 거하니라"고 기록하고 있습니다. 나아가 16:10에도 "그들이 게셀에 거하는 가나안 사람을 쫓아내지 아니하였으므로 ...", 17:13에도 "이스라엘 자손이 강성한 후에야 가나안 사람에게 사역을 시켰고 다 쫓아내지 아니하였더라"고 기록하고 있습니다.

그러나 21:44에는 하나님의 일에 대하여 이렇게 기록하고 있습니다. "그 모든 대적이 그들을 당한 자가 하나도 없었으니 이는 여호와께서 그들의 모든 대적을 그들의 손에 붙이셨음이라"고 말하고 있습니다. 그렇다면 이미 가나안 족속들은 도무지 이스라엘의 상대가 되지 못한다는 것입니다. 때문에 그 많은 전투에서 이스라엘이 승승장구할 수 있었습니다. 그리고 마음만 먹으면 어느 성이든 점령할 수 있었습니다. 그런데도 이스라엘은 그들 가운데 이방인을 남겨두었습니다.

하나님은 신명기 7:2-6에서 가나안에 있는 이방인들을 진멸할 것을 명령했는데도 이스라엘은 그들을 남겨두었을 뿐 아니라 그들이 섬기는 우상 숭배에 물들기 시작했고 그들과 통혼까지 하고자 했습니다. 그러나 이는 하나님의 말씀대로 살아야 할 이스라엘에게 있어서는 명백한 죄악이 아닐 수 없습니다. 이것을 가장 마음 아파하며 우려했던 것이 곧 여호수아의 유언에서 나타나고 있습니다(수 23:16; 24:14-20). 하나님의 땅에서 하나님의 기업을 나누어 받은 하나님의 백성들은 오직 하나님의 말씀과 약속에 따라서만 살아야 합니다. 그렇다면 하늘 나라의 소망을 가지고 그 기업을 약속으로 받은 우리의 삶은 과연 어떠해야 하겠습니까?

"백성이 여호수아에게 말하되 우리 하나님 여호와를 우리가 섬기고 그 목소리를 우리가 청종하리이다 한지라"(수 24:24).

35. 사사 시대 : 이스라엘의 패역

사사기 1장 - 12장

"여호와께서 이스라엘의 열조에게 맹세하사 주마 하신 온 땅을 이와 같이 이스라엘에게 다 주셨으므로 그들이 그것을 얻어 거기 거하였으며 여호와께서 그들의 사방에 안식을 주셨으되 그 열조에게 맹세하신 대로 하셨으므로 그 모든 대적이 그들을 당한 자가 하나도 없었으니 이는 여호와께서 그들의 모든 대적을 그들의 손에 붙이셨음이라 여호와께서 이스라엘 족속에게 말씀하신 선한 일이 하나도 남음이 없이 다 응하였더라"(수 21:43-45)는 기록은 이제 가나안 땅에 전쟁이 끝나고 안식이 찾아들었음을 시사해 주고 있습니다.

그리고 그 이전에 각 지파별로 가나안 모든 지역을 분배해 주고 있음을 볼 때 "이제는 너희 하나님 여호와께서 이미 말씀하신 대로 너희 형제에게 안식을 주셨으니"(수 22:4) 각기 자기 장막으로 돌아가라고 말한 여호수아의 말속에서도 전쟁이 끝이 난 것처럼 보입니다. 그러나 이 가나안 정복 전쟁은 아직 끝이 난 것이 아니었습니다. 원칙적으로는 가나안의 모든 땅을 받은 것이나 다름이 없으나 이제 각자 자기에게 주어진 기업의 땅을 정복하기 위해 싸워 나가는 일이 여전히 남아 있었습니다.

사사기는 이렇게 시작하고 있습니다. "여호수아가 죽은 후에 이스라엘 자손이 여호와께 묻자와 가로되 우리 중 누가 먼저 올라가서 가나안 사람과 싸우리이까 여호와께서 가라사대 유다가 올라갈찌니라 보라 내가 이 땅을 그 손에 붙였노라"(삿 1:1-2). 이 말은 곧 지금까지 여호와의 대리자로서 여호수아가 있었지만 가나안 땅, 즉 하나님의 나라 안에서는 대리자를 거치지 않고 하나님이 친히 다스리시고 있음을 암시해 주고 있습니다.

때문에 여호수아는 "이제는 여호와를 경외하며 성실과 진정으로 그를 섬길 것이니라 너희의 열조가 강 저편과 애굽에서 섬기던 신들을 제하여 버리고 여호와만 섬기라"(수 24:14)고 유언하면서 여호와 하나님의 말씀을 얼마나 잘 따르고 순종하는가에 따라 그들의 성패가 달려 있음을 강력하게 시사해 주었습니다.

그러므로 이제부터의 싸움에서는 이스라엘 백성들이 하나님의 말씀을 직접 따라 살면서 하나님께서 친히 다스리시는 나라를 세워 나가야만 합니다. 그리고 하나님은 이미 모세를 통해서 "너희가 요단을 건너 가나안 땅에 들어가거든 그 땅 거민을 너희 앞에서 다 몰아내고 그 새긴 석상과 부어 만든 우상을 다 파멸하며 산당을 다 훼파하고 그 땅을 취하여 거기 거하라 내가 그 땅을 너희 산업으로 너희에게 주었음이라 너희의 가족을 따라서 그 땅을 제비 뽑아 나눌 것이니 수가 많으면 많은 기업을 주고 적으면 적은 기업을 주되 각기 제비 뽑힌 대로 그 소유가 될 것인즉 너희 열조의 지파를 따라 기업을 얻을 것이니라 너희가 만일 그 땅 거민을 너희 앞에서 몰아내지 아니하면 너희의 남겨둔 자가 너희의 눈에 가시와 너희의 옆구리에 찌르는 것이 되어 너희 거하는 땅에서 너희를 괴롭게 할 것이요 나는 그들에게 행하기로 생각한 것을 너희에게 행하리라"(민 33:51-56)고 말씀해 주심으로써 이스라엘이 가나안 땅에서 치러야 할 전쟁의 성격을 분명히 해주신 바 있습니다.

곧 이 싸움은 단순히 약속된 땅을 정복하는 정도만이 아니라 하나님을 온전히 섬기기 위해서는 가나안 사람들을 모두 몰아내고 모든 우상들을 깨뜨려야 한다는 것이며 만일 남겨둔다면 그것들이 이스라엘의 가시가 될 것이라는 경고입니다.

그런데 유다는 승승장구하여 자기의 기업을 모두 정복해 나가던 중 "골짜기의 거민들은 철병거가 있으므로 그들을 쫓아내지 못하였으며"(삿 1:19) 나아가 베냐민 자손도 예루살렘에 거한 여부스 사람들을 쫓아내지 못하고 말았습니다(삿 1:21). 그뿐 아니라 요셉 족속은 루스를 침공할 때 성읍의 입구를 알려준 사람을 살려주어 그 사람이 루스라는 성을 건축하게 했고(삿 1:26) 기타 모든 지파들도 역시 가나안 족속을 조금씩 남겨두고 말았습니다.

그러자 여호와의 사자가 "내가 너희로 애굽에서 나오게 하고 인도하여 너희 열조에게 맹세한 땅으로 이끌어 왔으며 또 내가 이르기를 내가 너희에게 세운 언약을 영원히 어기지 아니하리니 너희는 이 땅 거민과 언약을 세우지 말며 그들의 단을 헐라 하였거늘 너희가 내 목소리를 청종치 아니하였도다 그리함은 어찜이뇨 그러므로 내가 또 말하기를 내가 그들을 너희 앞에서 쫓아내지 아니하리니 그들이 너희 옆구리에 가시가 될 것이며 그들의 신들이 너희에게 올무가 되리라"(삿 2:1-3)고 경고했습니다.

그러나 여호수아가 죽고 그 시대 장로들도 모두 죽고 난 후에 드디어 이 무서운 경고의 말씀이 현실로 등장하기에 이릅니다. "그 후에 일어난 다른 세대는 여호와를 알지 못하며 여호와께서 이스라엘을 위하여 행하신 일도 알지 못하였더라"(삿 2:10)는 한마디는 그들이 하나님을 떠났고 그 결과 하나님의 심판이 가까웠음을 암시해 주고 있습니다.

마침내 "이스라엘 자손이 여호와의 목전에 악을 행하여 바알들을 섬기며 애굽 땅에서 그들을 인도하여 내신 그 열조의 하나님 여호와를 버리고 다른 신 곧 그 사방에 있는 백성의 신들을 좇아 그들에게 절하여 여호와를 진노케"(삿 2:11-12) 한 것입니다. 이렇게 되자 "여호와께서 이스라엘에게 진노하사 노략하는 자의 손에 붙여 그들로 노략을 당케 하시며 또 사방 모든 대적의 손에 파시매 그들이 다시는 대적을 당치 못하였으며 그들이 어디를 가든지 여호와의 손이 그들에게 재앙을 내리시매 곧 여호와께서 말씀하신 것과 같고 여호와께서 그들에게 맹세하신 것과 같아서 그들의 괴로움이 심하였더라"(삿 2:14-15)는 기록과 같이 하나님의 징계가 임하게 되었습니다.

그러나 이스라엘은 진정으로 하나님께 돌아서지 않고 자꾸만 패역해질 뿐이었습니다. 때문에 사사기의 기록은 이스라엘이 회개하고 진정으로 하나님의 나라를 건설하기 위해 애쓰는 삶을 그리고 있지 않습니다. 오히려 하나님보다는 죄를 더 사랑하고 하나님의 다스림보다는 자기들의 인생을 더 즐기기를 좋아하는 인간성의 부패된 모습이 어떠한가를 여실히 보여주고 있습니다.

이 부패된 모습은 시간이 갈수록 더 심해지고 마침내 하나님을 완전히 배도해 버리는 죄악된 인간의 실상을 보여주고 있습니다. 사사기 2:18-23의 기록은 이러한 사사기 전체의 성격이 무엇인지를 규정하고 있는 말씀입니다.

36. 삼손 : 하나님의 군대

이스라엘이 하나님을 떠나 부패해질 때마다 하나님은 직접 그들에게 개입하셨습니다. 그 개입의 방법은 이스라엘이 남겨둔 옆구리의 가시(수 23:13)들인 이방 족속들을 들어 이스라엘을 치시는 것이었습니다. 그런데 이러한 하나님의 직접적인 개입에 대하여 우리가 좀더 관심을 가질 필요가 있습니다. 처음에 하나님께서 아브라함을 부르실 때는 개인 중심적인 만남이었습니다.

족장사의 성격은 하나님과 직접 개인과의 만남을 통해서 인도되고 다스려졌던 것입니다. 그런 후 모세 시대와 여호수아 시대, 즉 이스라엘 국가를 형성하던 시기에 와서는 하나님은 이스라엘 전체를 상대하시지만 특히 대표자 곧 모세와 여호수아를 택하여 만나주셨습니다. 그리고 그들을 통해 하나님의 나라를 다스리셨습니다.

그러나 여호수아가 죽고 난 후부터 하나님은 이스라엘 백성 각 사람이 하나님을 섬기고 하나님의 말씀을 따라 살도록 하셨습니다(수 24:14). 따라서 이스라엘이 하나님을 바로 섬기고 따른다면 하나님께서 직접 그들에게 복을 주시되 이스라엘이 하나님을 떠나면 하나님께서 친히 그들을 간섭하시게 되었습니다. 이 나라는 하나님이 다스리는 하나님의 나라이기 때문입니다.

이스라엘이 부패함으로 말미암아 "대적에게 압박과 괴롭게 함을 받아 슬피 부르짖으므로"(삿 2:18) 여호와께서는 그때마다 긍휼을 베풀어 주셨습니다. 곧 사자들을 보내어 이스라엘의 대적을 물리치셨고 그 땅에 평화를 주셨습니다. 그러나 이러한 사랑을 받았음에도 불구하고 이스라엘은 갈수록 더욱 패괴하고 악독해졌습니다.

"이스라엘 자손이 여호와 목전에 악을 행하여 자기들의 하나님 여호와를 잊어버리고 바알들과 아세라들을 섬긴지라 여호와께서 이스라엘에게 진노하사 그들을 메소보다미아 왕 구산 리사다임의 손에 파셨으므로 이스라엘 자손이 구산 리사다임을 팔 년을 섬겼더니 이스라엘 자손이 여호와께 부르짖으매 여호와께서 그들을 위하여 한 구원자를 세워 구원하게 하시니 그는 곧 갈렙의 아우 그나스의 아들 옷니엘이라"(삿 3:7-9)는 기록은 사사기 전반에서 찾아 볼 수 있는 관용구적인 표현이기도 합니다. 그와 같이 부르심을 받은 사사는 무려 12명이나 되었습니다.

그런데 자세히 그들의 활동을 살펴보면 처음에는 그래도 하나님 앞에서 그 임무를 잘 감당해 나갔음을 볼 수 있으나 시간이 갈수록 그 정도가 둔화되는 것을 알 수 있습니다.

옷니엘은 갈렙의 조카로서 어느정도 지도자로서의 자질을 갖춘 인물이었습니다. 그러나 삼갈은 부랑아 출신이었고 드보라는 여성이었습니다. 여성이라 해서 사사로 쓰임받지 못한다는 것이 아니라 그 시대에는 그 사람밖에 쓸모가 없었다는 것을 생각해 보아야 합니다.

또한 기드온은 이름없는 가문 출신입니다. 그는 소심한 평민에 지나지 않았는데 하나님은 그를 사용하시기 위해 여러 차례 하나님의 권능을 보여주셔야 했고 그때서야 비로소 기드온은 하나님의 말씀을 따를 수 있었습니다. 그리고 입산이나 압돈은 60-70여 명의 자녀를 둘 정도로 많은 아내를 가진 사람들이었습니다.

이런 모습들은 사사의 모습이나 자격으로 볼 때 그다지 바람직한 것이 아니기 때문에 우리를 크게 실망시키기도 합니다. 우리는 언뜻 이스라엘의 사사로 쓰임받을 정도라면 대단하고 고매한 인격이나 신앙을 소유했을 것이라는 막연한 추측을 하겠지만 그당시 얼마나 부패하고 하나님 앞에서 온전한 사람이 없었으면 그와 같은 사람들을 하나님께서 사사로 세우셨는가를 돌이켜 볼 때 당시의 시대상을 짐작하고도 남음이 있습니다.

그러나 하나님은 매 순간마다 사사를 세우셨고 이스라엘을 구원하셨습니다. 그렇다고 해서 이스라엘이 진정으로 하나님 앞에 회개하고 변한 것은 아니었습니다. 오히려 더욱 부패해져 갔습니다. 그 절정기에 사사로 불리운 사람이 삼손이었습니다. 따라서 삼손의 역할에 대해서도 우리는 크게 기대를 가져서는 안 될 것입니다.

왜냐하면 그동안 수 차례 걸쳐 사사들이 나섰지만 이스라엘은 그때만 하나님을 섬기는 듯 했으며 사사들이 죽고 나서는 여전히 옛 생활에 빠져 우상을 섬기며 사악한 행위를 그치지 않았기 때문입니다.

삼손은 여느 사사들과는 다른 특이한 요소가 있습니다. 곧 여호와의 사자가 직접 그 부모에게 나타나 "이 아이는 태에서 나옴으로부터 하나님께 바치운 나실인이 됨이라 그가 블레셋 사람의 손에서 이스라엘을 구원하기 시작하리라"(삿 13:5)는 예언을 하고 있음에 주의를 기울여야 합니다.

당시는 "이스라엘 자손이 여호와의 목전에서 악을 행하였으므로 여호와께서 그들을 사십 년 동안 블레셋 사람의 손에 붙이시니라"(삿 13:1)고 한 것을 보아 사십 년 간의 압제가 얼마나 힘이 들었는가를 짐작할 수 있습니다. 특히 성경에서 40이라는 숫자는 그 때가 충분히 차서 무르익어 추수할 기한이 가까웠음을 의미하는데, 먼저는 이스라엘이 40

년씩이나 블레셋의 압제를 받아야 할 만큼 그 죄악이 중했다는 것을 생각해 볼 수 있고, 또 하나는 그 압제의 끝이 다가옴에 따라 하나님께서 개입하실 때가 가까웠음을 알 수 있습니다.

이러한 때 하나님은 지금까지 사사들과는 달리 특별한 사람을 사사로 세우셨습니다. 곧 삼손을 세우심으로 하나님께서 비상 개입을 하신 것입니다. 거의 같은 시기에 사무엘의 출생에도 하나님은 비상 개입을 하셨음을 염두에 둘 때 이들을 통해 놀라운 일을 계획하고 있음을 미루어 짐작할 수 있습니다. 그러나 그 시대가 심히 부패하여 특별한 비상 간섭을 통해 세우신 사사 삼손은 여느 사사들과는 다른 역할을 할 것이라는 기대감 마저 삼손의 죽음과 함께 무너져 버리고 맙니다. 그리고 이후부터 다시는 사사가 세워지지 않았습니다.

우리가 지금까지 사사기의 내용을 살펴본다면 "여호와께서 사사를 세우사 노략하는 자의 손에서 그들을 건져내게 하셨으나 그들이 그 사사도 청종치 아니하고 돌이켜 다른 신들을 음란하듯 좇아 그들에게 절하고 여호와의 명령을 순종하던 그 열조의 행한 길을 속히 치우쳐 떠나서 그와 같이 행치 아니하였더라"(삿 2:16-17)는 말로 나타납니다.
그리고 하나님께서 무언가 새로운 시도를 위해 세운 삼손마저도 그러한 모습에서 크게 떠나지 않음을 볼 수 있는데, 이는 전혀 새로운 하나님의 통치가 나타나야 할 것을 암시해 주고 있습니다.

곧 지금까지 방법이 아닌 새로운 방법으로 하나님의 나라가 가꾸어져야 하고 꾸며져야 하고 다스려져야 할 것을 예표해 주는 이가 곧 삼손입니다. 그리고 이 일에 대해 우리는 관심을 가지고 사사기 나머지 부분과 룻기 그리고 사무엘서를 읽어 나가야 합니다. 과연 하나님께서 계획하신 전혀 새로운 통치 방법은 무엇일까요?

37. 기브아 사건 : 이스라엘의 몰락

사사기 17장 - 21장

사사기는 크게 세 부분으로 나누어 볼 수 있습니다. 1-2장은 당시 이스라엘의 전반적인 상태를 서론적으로 제시한 것이며, 3-16장에서는 역사적인 인물 중심으로 이스라엘의 회복을 위한 사사들의 활동을 보여주고 있으며, 끝으로 17-21장에는 사사 시대의 시대적 정황을 적나라하게 밝히면서 도저히 하나님의 백성이라고 불러서는 안될 만큼 부패해진 이스라엘을 그리고 있습니다.

이러한 부패된 상황에서 사사기는 반복적으로 어떤 현상이 필요하다는 것을 지적하고 있다는 점이 아주 특이합니다. 곧 그것은 이스라엘에 왕이 있어야 한다는 암시입니다.

17장은 미가라는 사람의 등장에서부터 시작하고 있는데 그가 어머니의 돈을 훔쳤음을 어머니에게 고백하면서부터 이야기가 발단됩니다. 그런데 그의 어머니는 그 돈을 가지고 놀랍게도 신상을 부어 만들고 신당을 짓고 있습니다. 그뿐만 아니라 실로에 있는 여호와의 성막에만 있어야 할 에봇을 만들고 드라빔을 만들었으며 마음대로 제사장까지 세웠습니다. 당시에는 그러한 일들이 사사로운 일에 불과한 것 같습니다.

곧 집집마다 신상을 만들어 두었음에 틀림없을 정도로 이스라엘은 깊은 우상숭배에 빠져 있었습니다. 그러면서 17:6에 와서 "그때에는 이스라엘에 왕이 없으므로 사람마다 자기 소견에 옳은 대로 행하였더라"고 하면서 마치 그러한 이스라엘의 부패가 하나님과 백성 사이에 중보자 역할을 감당해야 할 왕이 없어서 발생한 것처럼 기록하고 있습니다. 이러한 기록은 18:1에서도 "그때에 이스라엘에 왕이 없었고 ..."라고 나타나며, 새로운 사건이 시작되는 19:1에서도 역시 "이스라엘에 왕이 없을 그때에 ..."라고 나타나 있습니다.

그리고 사사기는 "그때에 이스라엘에 왕이 없으므로 사람이 각각 그 소견에 옳은 대로 행하였더라"(삿 21:25)고 마치고 있습니다. 이러한 일련의 반복적인 기록은 사사 시대가 끝나고 새로운 시대 곧 왕이 통치하는 시대가 올 것을 암시해 줍니다.

미가의 신상 사건과 기브아의 살인 사건은 이스라엘이 종교적으로 경건을 잃어버렸고 도덕적으로 타락해버린 모습을 단적으로 묘사해 주고 있습니다. 그러므로 우리가 여기서 읽을 수 있는 것은 분명합니다. 곧 '왕'의 출현이 시급해졌음을 알 수 있습니다. 이 왕은 메시아를 가리키고 있음에 또한 주목해야 합니다.

구약 시대에는 임직을 할 때 기름붓는 직분이 세 가지가 있었습니다. 곧 제사장, 선지자, 왕이었습니다. 이처럼 기름을 부은 사람을 히브리어로 '메시아'라고 합니다. 그리고 신약의 헬라어로는 '그리스도'라고 합니다. 그러므로 메시아나 그리스도는 똑같이 기름부음을 받은 자를 뜻하며 왕, 선지자, 제사장들은 모두 메시아이며 그리스도입니다.

그러나 우리가 항상 의지하고 믿는 예수는 그들과 다릅니다. 물론 예수님도 역시 기름부음 받은 자로서 메시아이며 그리스도이지만, 구약의 모든 왕, 선지자, 제사장, 즉 메시아들은 모두 우리 구주 메시아를 예표하기 위해 세워졌던 인물들이었고 예수 그리스도는 그 모든 그리스도들의 완성이시기 때문입니다.

이렇듯 사사기에서 왕이 필요하다고 할 때는 왕 중의 왕이신 메시아, 즉 예수 그리스도의 의로운 통치가 절박하다는 의미를 담고 있습니다. 그러면 영원한 메시아이신 왕은 어떻게 출현하게 될 것인지 관심을 기울여 보아야 합니다. 그 해답은 룻기에 있습니다.

38. 룻기 : 이스라엘의 회복

룻기 1장 - 4장

룻기를 시작하기 전에 먼저 사사기가 주는 교훈(삿 21:25)을 돌아보는 것이 크게 도움이 될 것입니다.

여호수아에 의해 가나안 땅은 정복되었습니다. 그러나 완전히 정복된 것은 아니었습니다. 그 정복 사업은 사사 시대에 완성되도록 남겨져 있었습니다. 그렇지만 이스라엘은 그땅의 이방 족속을 다 멸하지 못했고 마침내 그들과 공존하고 말았습니다. 그 결과 서로 통혼이 이루어졌고 이 통혼은 결국 이스라엘로 하여금 신앙적 타락을 가져다 주기에 이르렀습니다. 이것은 이미 여호수아가 경고한 일이었습니다.

> "만일 너희가 너희 하나님 여호와께서 너희에게 명하신 언약을 범하고 가서 다른 신들을 섬겨 그에게 절하면 여호와의 진노가 너희에게 미치리니 너희에게 주신 아름다운 땅에서 너희가 속히 망하리라"(수 23:16).

그러나 "이스라엘 자손은 마침내 가나안 사람과 헷 사람과 아모리 사람과 브리스 사람과 히위 사람과 여브스 사람 사이에 거하여 그들의 딸들을 취하여 아내를 삼으며 자기 딸들을 그들의 아들에게 주며 또 그들

의 신들을 섬겼더라"(삿 3:5-6)는 말씀과 같이 이스라엘은 종교적으로 그
리고 정치적으로 부패에 빠지고 말았습니다.

사사기에는 일정한 패턴의 유형이 반복적으로 나타나고 있습니다. 곧
타락 – 심판 – 회개 – 구원이라는 패러다임이 그것입니다. 여기에서 우
리는 끈질기게 그의 백성을 구원하시는 하나님을 보게 됩니다. 그리고
철저하게 망해가는 이스라엘 속에서 어떤 희망을 찾아야 한다는 절대적
가치 판단의 근거를 발견하게 됩니다.

그것은 마치 홍해라는 죽음을 거쳐 생명을 얻었던 이스라엘에서 이미
보여진 바 있습니다. 그리고 광야 40년 동안 철저하게 멸망해 가는 제1
세대 이스라엘의 죽음 이후 가나안에 들어가는 제2세대에서도 보여진
바 있습니다. 이제 제2세대 이스라엘이 사사 시대를 거치는 동안 철저
하게 망해가는 과정 이후 전개될 하나님의 구원 계획에 대해 우리는 관
심을 가지지 않을 수 없는 것입니다.

1) 미가 신상 사건(삿 17-18장)
a) 이 사건은 단지 우상을 만든 것만 말하지 않습니다.
b) 제사장 계열인 아론 자손으로 실로에는 엘리 제사장이 건재하고
있었습니다. 그럼에도 불구하고 무명의 레위인을 제사장으로 삼고 있다
는 점에서 종교적 부패가 얼마나 심각한가를 볼 수 있습니다.
c) 나아가 불법한 우상 숭배와 제사장을 차지하려고 다른 지파 사람
들과 다툼을 일으키고 있다는 점에서 하나님을 섬기는 이스라엘이 민족
공동체로서의 모습을 잃어버리고 있음을 단적으로 엿볼 수 있습니다.

2) 기브아의 살인 사건(삿 19-21장)
a) 사건의 발단은 레위인이 첩을 둔 일에서부터 시작합니다. 백성을

다스려야 할 위치에 있는 레위인마저 윤리적으로 타락하고 있음을 보여주고 있습니다. 이것은 종교적 몰락을 보여주는 단적인 예입니다.

b) 기브아 사람들은 남색을 요구할 뿐만 아니라 나아가 그 첩을 밤새도록 욕보여 기진해서 죽게 만들었습니다. 이 사건은 철저하게 이스라엘이 도덕적으로 부패해진 상태를 보여줍니다.

c) 시체를 12토막 내고 이것을 각 지파에 돌려 동족인 베냐민 지파를 멸절 상태에 이르도록 도륙한 것은 이스라엘이 그 고유한 민족적 사명, 즉 약속의 땅에 존속하여 하나님의 나라를 세워나가야 한다는 사명 의식이 철저히 땅에 떨어지고 말았음을 증거하고 있습니다.

이상의 사건들이 사사기 말미를 장식하고 있는 것은 더이상 이스라엘에게서 아무런 희망을 찾을 수 없음을 보여주는 것입니다. 그렇다면 이처럼 무너져버린 이스라엘 공동체를 향한 하나님의 계획이 무엇인지 관심을 가지지 않을 수 없습니다. 과연 이들에 대한 하나님의 계획은 어떻게 진행될 것인가 사사기의 저자는 우리의 시각을 룻기로 돌리고 있습니다.

"사사들이 치리하던 때에 그 땅에 흉년이 드니라 유다 베들레헴에 한 사람이 그 아내와 두 아들을 데리고 모압 지방에 가서 우거하였는데 …"(룻 1:1)라고 시작하는 룻기는 당시의 상황에 대하여 구체적으로 묘사해 주고 있습니다. 이미 앞에서 살펴보았지만 사사 시대의 종교적, 도덕적, 정치적 타락과 부패 현상은 극에 달해 있었고 시간이 갈수록 그 정도가 심해져 하나님의 복된 나라가 붕괴될 만큼 위급한 상황에 처해 있었습니다.

그러한 시대에 설상가상으로 흉년이 들어 심각한 기근에 빠지게 되었습니다. 원래 하나님께서 다스리시는 나라에는 기근이 있어서는 안 될니다. 우리가 누차 레위기나 여호수아에서 보았듯이 이스라엘, 즉 하나님의 백성들이 하나님만 바라보며 선별된 삶을 유지한다면 하나님은 그들을 항상 기억하시고 그들에게 복을 내려 주시기 때문입니다.

그러나 그 약속의 땅에 기근이 들었다는 것은 사사 시대의 상황이 얼마나 부패하였고 하나님의 백성으로서의 선별된 삶을 잃어버렸는가를 단적으로 보여주는 것입니다. 그러므로 "그 땅에 흉년이 드니라"는 말은 하나님의 자비와 도우심이 그 땅에서 떠났음을 상기시키고 있습니다.

이러한 배경을 따라 룻기가 시작되는데 유다 지파 사람 엘리멜렉이 약속의 땅 베들레헴을 버리고 이방인의 땅 모압 지방으로 떠나가고 있습니다. 이것 역시 심상치 않은 사건임을 짐작할 수 있습니다. 유다 지파란 이미 창세기 38장과 49:8-11에서 예언되었듯이 이스라엘의 소망인 메시아, 즉 진정한 왕이 약속된 가문입니다. 하나님의 백성이 약속의 땅을 떠나는 것도 납득이 되지 않을 것인데 진정한 왕이 태어날 것이 약속된 유다 지파 사람이 약속의 땅을 떠났다는 것은 여간 심상치 않은 일입니다. 이는 어쩌면 아브라함 때부터 약속된 언약이 여기에 와서 파기될 수도 있다는 위험을 담고 있기 때문입니다.

더군다나 모압 지방에 가서 얼마 있지 않아 엘리멜렉이 죽었고 이어 두 아들 말론과 기룐 마저도 죽고 말았습니다. 그 결과 엘리멜렉의 가문이 끊어지게 되었습니다. 비록 아내인 나오미와 두 자부인 오르바와 룻이 남아 있다 하더라도 더이상 자손을 생산할 수 없으므로 사실상 엘리멜렉의 가문은 완전히 하나님의 회중에서 사라져 버릴 위기에 직면하게 된 것입니다.

그러한 상황에서 나오미는 "여호와께서 자기 백성을 권고하사 그들에게 양식을 주셨도다"(룻 1:6)라는 고향 소식을 듣게 됩니다. 모압 땅에서 더이상의 소망을 찾을 수 없게 된 나오미는 다시 약속의 땅으로 돌아가고자 합니다. 그리고 그 자부들에게 "너희는 각각 어미의 집으로 돌아가라 너희가 죽은 자와 나를 선대한 것같이 여호와께서 너희를 선대하기를 원하며 여호와께서 각각 너희로 남편의 집에서 평안함을 얻기를 원하노라"(룻 1:8-9)고 권고합니다. 이 말은 엘리멜렉의 가문에 더이상 소망이 없으니 각각 자기 집으로 돌아가 재혼하여 살라는 말입니다.

그런데 룻기는 1:1에서 "사사들이 치리하던 때에 그 땅에 흉년이 든지라"라고 시작하지만 6절에 와서는 "여호와께서 자기 백성을 권고하사 그들에게 양식을 주셨다"라고 전환이 되는데, 이것은 하나님이 패역한 이스라엘을 심판하여 기근을 주셨으나 이제 그들에게 긍휼을 베푸셔서 기근을 거두셨음을 보여줍니다.

더욱이 유다 지파인 하나님의 백성이 약속의 땅을 버리고 떠났었는데 이제 다시 그 땅으로 돌아오는 모습은 마치 하나님의 심판으로 그 땅에서 쫓겨난 백성들이 하나님의 권고하심으로 회복되어 귀환하는 것과 다름 없습니다. 이런 점들을 미루어 볼 때 룻기는 단순히 엘리멜렉의 한 가정사를 이야기하고 있지 않음을 알 수 있습니다.

기록된 내용으로 볼 때는 나오미가 남편과 두 아들을 잃어버리고 자부 룻의 충정과 헌신으로 베들레헴으로 돌아와서 보아스라는 사람을 만나게 되어 하마터면 끊어질 뻔한 엘리멜렉의 가문을 잇게 되었다는 평범한 이야기에 불과할 수 있습니다.

그러나 룻기는 그와 같이 단순하지 않은 놀라운 하나님의 계획과 섭리를 담고 있습니다. 특히 사사기에서 완전히 부패한 이스라엘의 종교적, 도덕적, 정치적 상태를 상세히 묘사하면서 무언가 새로운 전환점에 도달해 있음을 암시한 연후에 룻기가 기록되어 있는 것은 이러한 하나님의 계획과 전혀 무관하지 않습니다.

그리고 룻기는 다윗의 탄생을 기록하며 그 족보를 소개하고 끝남으로써 다윗의 등장을 예고하고 있습니다. 특히 족보란 지금까지 역사를 총정리하고 그 사건들에 심상치 않은 새로운 사건이 발생하게 될 인물을 소개함으로써 그 인물을 통해 새로운 역사가 시작될 것을 지시하고 있음에 유의해야 합니다.

다시 이스라엘 고향으로 돌아가기에 앞서 나오미는 두 자부에게 떠나기를 권하지만 그들은 늙은 시어머니를 홀로 두고 떠날 수 없다고 합니다. 그러나 나오미가 "여호와의 손이 나를 치셨으므로 나는 너희로 인하여 더욱 마음이 아프도다"(룻 1:13)고 한탄하자 큰 자부인 오르바는 떠나가게 됩니다. 남아 있는 룻에게 나오미는 "네 동서는 그 백성과 그 신에게 돌아가나니"(룻 1:15) 하면서 룻도 함께 떠나갈 것을 권합니다. 그러자 룻은 이렇게 대답합니다.

> "어머니께서 가시는 곳에 나도 가고 어머니께서 유숙하시는 곳에서 나도 유숙하겠나이다. 어머니의 백성이 나의 백성이 되고 어머니의 하나님이 나의 하나님이 되시리니 어머니께서 죽으시는 곳에서 나도 죽어 거기 장사될 것이라 만일 내가 죽는 일 외에 어머니와 떠나면 여호와께서 내게 벌을 내리시고 더 내리시기를 원하나이다"(룻 1:16-17).

결국 나오미는 룻을 동반하고 베들레헴에 이르게 됩니다. 여기에서 우리는 룻이 나오미를 따르는 것은 시어머니에 대한 연민의 정을 넘어서 나오미의 백성과 그 하나님에 대한 분명한 인식과 신앙을 소유하고 있다는 점을 보아야 합니다. 곧 이스라엘 백성은 하나님의 약속과 기업을 받을 언약의 백성이며 그들의 하나님이야말로 그 약속을 이루어 주실 전능자이시며 실제로 온 우주의 왕이시며 유일하신 하나님이시라는 사실을 룻이 확신하고 있었다는 것입니다.

따라서 이방 여인 더군다나 모압의 여인이 약속의 땅에 들어와 하나님의 백성이 되었다는 사실은 대단한 은총이 아닐 수 없는 획기적인 사건입니다. 원래 모압 족속은 아브라함의 조카 롯이 소돔성이 심판을 받을 때 두 딸과 함께 산 속에 숨어살다가, 두 딸이 아버지를 술에 취하게 만든 후 동침하여 난 아들 곧 모압과 암몬의 후예들이었습니다(창 19:36-38).

이처럼 불륜의 관계에서 출생된 족속이었으므로 모세는 "암몬과 모압 사람은 여호와의 총회에 들어오지 못하리니 그들에게 속한 자는 십 대뿐 아니라 영원히 여호와의 총회에 들어오지 못하리라"(신 23:3)고 선언하였습니다. 그런 모압 여인인 룻이 나오미와 함께 약속의 땅에 들어오게 된 것은 하나님의 총회를 구성함에 있어 무언가 심상치 않은 일이 발생하고 있음을 단적으로 보여주고 있습니다.

이렇게 하여 두 사람의 과부가 베들레헴에 이르자 사람들이 놀라 달려 나옵니다. 나오미는 그들에게 "나를 나오미(희락)라 칭하지 말고 마라(괴로움)라 칭하라 이는 전능자가 나를 심히 괴롭게 하였음이니라 내가 풍족하게 나갔더니 여호와께서 나로 비어 돌아오게 하셨느니라"(룻 1:20-21)고 하면서 자신이 얼마나 비참해졌으며 그 심경이 얼마나 고통스러운지에 대하여 토로합니다.

나오미가 베들레헴에 도착했을 시기는 마침 보리를 추수할 때였습니다(룻 1:22). 하나님은 모든 소망이 끊어진 나오미에게 전혀 새로운 삶의 방법으로 복을 주실 계획을 이미 세워놓으셨습니다. "나오미의 남편 엘리멜렉의 친족 중 유력한 자가 있으니 이름은 보아스더라"(룻 2:1)라고 기록한 대로 하나님은 보아스를 준비하시고 때마침 추수기에 나오미가 그곳에 도착하도록 인도해 주셨습니다. 이와 같이 하나님의 백성이 하나님의 약속의 땅으로 돌아올 때는 하나님께서 전혀 예기치 않았던 때와 장소와 방법으로 풍성케 하실 계획을 예비해 놓으시는 것입니다.

여기에서 우리가 한가지 짚고 넘어가야 할 것이 있는데 룻기의 주인공이 누구인가 하는 문제입니다. 언뜻 보기에는 이야기 주인공이 룻으로 보여질 수 있습니다. 시어머니 나오미를 극진하게 공양하는 룻이 유력한 사람 보아스를 만나 행복하게 그 생을 살았다는 해피엔딩의 전형적인 스토리를 볼 수 있기 때문입니다.

그러나 룻기의 실마리에서부터 심상치 않은 저자의 의도가 담겨 있고 그 배경이 사사기로부터 시작되었음을 볼 때 룻기의 내면적 주인공은 당연히 나오미가 되어야 합니다. 나오미가 약속의 땅을 떠나 철저하게 망한 상태에서 자부인 룻을 동반하고 약속의 땅으로 다시 돌아와 어떻게 그 위치가 회복되었는가를 보여주고 있기 때문입니다. 그리고 자칫 가문이 끊어질 뻔하였던 유다 지파의 엘리멜렉에게서 보아스의 계대로 다시 이어지고 있는 그 중심에 나오미가 우뚝 서 있음을 보아서도 룻기의 주인공은 바로 나오미라는 사실을 알 수 있습니다.

마침 룻은 이스라엘의 관례대로 보리이삭을 줍기 위해 밭에 나갔다가 그곳에서 보아스를 만나게 됩니다. 보아스는 "네 남편이 죽은 후로 네가 시모에게 행한 모든 것과 네 부모와 고국을 떠나 전에 알지 못하던 백성에게로 온 일이 내게 분명히 들렸느니라"(룻 2:11)고 룻을 칭찬합니다.

룻이 시어머니 나오미에게 충정을 다한 것을 보아스는 칭찬하면서 "여호와께서 네 행한 일을 보응하시기를 원하며 이스라엘의 하나님 여호와께서 그 날개 아래 보호를 받으러 온 네게 온전한 상 주시기를 원하노라"(룻 2:12)고 축복합니다. 그리고 식사 자리에 룻을 초청하여 함께 떡을 나누며 볶은 곡식을 주어 룻은 배불리 먹을 수 있었습니다. 그리고 사환들에게 곡식을 조금씩 뽑아 버리게 하여 룻이 마음껏 곡식을 줍도록 배려하는 것도 잊지 않았습니다.

여기에도 하나님의 섭리가 숨겨져 있었습니다. 원래 식사에 초대를 받는다는 것은 단순히 한끼를 해결하자는 정도의 의도가 아닙니다. 특히 유대인에게 있어서 식사에 초대를 받는다는 것은 그 집안의 상속을 받을 만한 자격을 가지고 있다는 증표이며 한 식구나 다름없다는 보증이 됩니다. 물론 보아스는 무의식중에 룻을 초대하였을지 모르지만 머지않아 룻과 혼인하게 되고 한 식구가 됨을 볼 때 이것을 우연한 일로 넘겨 버릴 수 없는 의미를 찾을 수 있습니다.

보아스는 룻에게 축복하기를 '여호와의 날개' 아래에서 영원한 보호를 얻어 하나님 나라의 기업을 받을 것이라고 했습니다. 그런데 오히려 하나님은 보아스의 옷자락 밑에서 곧 보아스의 날개 밑에서 룻이 영원한 보호를 받으며 보아스의 기업을 받도록 하십니다. 이것 역시 보아스가 무의식 가운데서 한 축복이었으나 하나님은 영원한 예정 아래 룻을 보아스의 날개 아래 거하게 하시는 은총을 베풀어 주셨습니다.

뿐만 아니라 그 일로 인하여 나오미 또한 보아스로 인하여 보호를 받으며 위로를 받고 마침내 자손까지 얻게 됨을 볼 때, 하나님께서 그의 백성을 돌아보실 때에는 언제나 이처럼 놀라운 계획과 인도하심 아래 불러모으심을 알 수 있습니다. 그러한 나오미에게 주어질 하나님의 계획에 대하여는 나오미 자신뿐만 아니라 보아스 역시 알지 못했습니다.

단지 그들은 할 수 있는 최선을 다했을 뿐이지만 하나님은 그들을 권념하사 하나님의 계획대로 역사를 이끌어 나가십니다. 바로 이러한 하나님의 손길과 구원을 우리가 지금도 느끼고 있다면 그것은 대단한 일이 아닐 수 없습니다. 그런 사람은 진정으로 하나님의 은혜와 사랑을 받고 있는 것이며 하나님의 나라를 건설해 나가는 데 있어 중요한 역할을 감당하고 있는 것입니다.

룻이 보아스의 밭에서 보리를 한 에바쯤 가져오고 보아스로부터 받은 음식을 나오미 앞에 내어놓자 비로소 나오미는 살아날 수 있으리라는 소망을 가지게 됩니다. 사실 모압에서 돌아왔으나 나오미에게는 아무런 소망이 없었습니다. 그런데 룻이 곡식과 음식을 가져오자 비로소 하나님의 은혜를 접하기 시작함을 느낄 수 있었습니다. 더구나 룻이 보아스를 만난 사실과 보아스로부터 예우를 받았다는 사실을 듣고 난 후 나오미는 참으로 깜짝 놀랄 만큼 기뻐하지 않을 수 없었습니다.

나오미는 그 이야기를 듣고 "여호와의 복이 그에게 있기를 원하노라 그가 생존한 자와 사망한 자에게 은혜 베풀기를 그치지 아니하도다 … 그 사람은 우리의 근족이니 우리 기업을 무를 자 중 하나이니라"(룻 2:20)고 좋아하는 모습은 참으로 나오미의 전 생애를 바꾸어 놓을 만한 기쁨이었습니다. 나오미의 인생에 극적인 반전이 시작된 것입니다.

나오미가 무엇보다도 기뻐했던 것은 보아스가 곧 자기 남편의 기업을 무를 자격을 갖추고 있다는 데에 있었습니다. 이스라엘에는 기업을 무르는 제도가 있는데 하나는 가장 가까운 친족이 대신 빚을 갚아 줌으로써 팔았던 땅을 되찾아 주는 제도가 그것입니다. 또 하나는 수혼법이라는 것이 있었습니다. 곧 형제 중에 아들을 얻지 못해서 기업을 이을 자를 생산하지 못하고 죽으면 그 동생이 대신 형수와 혼인하여 아들을 낳은 후 그 첫 아들은 형의 가문을 이어서 기업이 끊어지지 않도록 하는 제도입니다.

이러한 제도는 중요한 의미가 있습니다.

첫째, 하나님께서 약속해 주신 기업은 장차 영원한 하나님 나라를 받을 수 있는 보증이 된다는 것입니다. 따라서 어떤 경우에도 그 기업을 잃어버리거나 타인에게 양도할 수 없었습니다. 그럴 경우에는 하나님 나라의 기업도 포기하는 것과 같기 때문입니다. 그런 이유 때문에 희년이 되면 모든 기업을 원 주인에게 돌려주도록 되어 있었습니다.

둘째, 그 기업의 땅이 타인에게 넘어가지 못하게 하기 위함이었으며, 또 하나의 의미는 약속의 왕이 그들의 혈통을 통해 주어질 것을 확신했기 때문입니다. 그는 유다의 가문에서 태어날 것이지만 후손이 끊어져서는 안 되기 때문에 그러한 제도가 법적으로 공고히 서 있었습니다.

그러므로 현재의 나오미에게는 팔아버린 기업의 땅을 찾을 방도가 없었고 그 기업을 이을 후손도 없었기 때문에 약속의 땅에 들어왔어도 아무런 소망이 없는 비참한 처지에 빠져있는 것과 다를 바가 없었던 것입니다. 그런데 바로 그러한 처지에서 나오미를 구원할 자는 곧 기업 무를 자인데 그 사람이 능력이 없어서 기업을 찾아 주지 못한다면 큰 낭패가 아닐 수 없습니다. 또한 땅을 이어받을 후손이 없다면 당연히 그 기업을 잃어버리게 되기 때문에 나오미로서는 이 두 가지의 필요사항을 충족시킬 만한 기업 무를 자가 꼭 필요했습니다.

이 사실을 나오미가 룻에게 주지시켜 줄 때 룻은 기꺼이 시어머니를 위해 그렇게 하기를 원했습니다. "내 딸아 내가 너를 위하여 안식할 곳을 구하여 너로 복되게 하여야 하지 않겠느냐 네가 함께 하던 시녀들을 둔 보아스는 우리의 친족이 아니냐 그가 오늘 밤 타작 마당에서 보리를 까불리라 그런즉 너는 목욕하고 기름을 바르고 의복을 입고 타작 마당에 내려가서 그 사람이 먹고 마시기를 다 하기까지는 그에게 보이지 말고 그가 누울 때에 너는 그 눕는 곳을 알았다가 들어가서 그 발치 이불을 들고 거기 누우라 그가 너의 할 일을 네게 고하리라"(룻 3:1-5)고 나오미가 말하자 룻은 그 말대로 따랐습니다.

밤중에 보아스가 놀라 "네가 누구뇨"라고 묻자 룻은 "나는 당신의 시녀 룻이오니 당신의 옷자락으로 시녀를 덮으소서 당신은 우리 기업을 무를 자가 됨이니이다"(룻 3:9)라고 대답합니다. 이 말은 분명하게 하나님의 말씀이 무엇인가를 깨달아 하는 말입니다. 앞서 말했듯이 하나님의 영원한 나라를 소망하기 때문에 기업을 받아야만 하고 그 기업을 이을 후손이 절실하게 필요했기 때문입니다.

룻이 자기 개인적인 욕구 충족을 위하거나 보아스의 재산을 넘보았기 때문이 결코 아니었습니다. 그러자 보아스는 "내 딸아 여호와께서 네게 복 주시기를 원하노라 네가 빈부를 물론하고 연소한 자를 좇지 아니하였으니 너의 베푼 인애가 처음보다 나중이 더 하도다 내 딸아 두려워 말라 내가 네 말대로 다 행하리라 네가 현숙한 여자인 줄 나의 성읍 백성이 다 아느니라"(룻 3:10-11)고 대답합니다.

그러면서 보아스보다 먼저 기업 무를 자의 권리를 행사할 자격이 있는 사람이 있는데 그에게 이 사실을 통고하고 그가 그 권리를 포기할 경우 자신이 기업을 무르겠다고 약속을 해주기에 이릅니다. 그리고 그 증표로 보리 여섯 되를 담아 주었습니다. 그런 후 룻은 돌아가 나오미에게 그간의 과정을 이야기합니다.

그런데 여기에서 우리가 주의해서 살펴보아야 할 것은 모든 대화에서 여호와가 주체가 되고 있다는 사실입니다. 어느 개인이 이 일을 주도한 다기보다는 여호와 하나님께서 주도해 나가시는 것처럼 등장 인물들이 여호와를 의지하고 여호와께서 그와 같은 복을 주실 것을 소원하고 있다는 점입니다.

이 시대적 배경이 사사 시대임을 놓고 볼 때 그처럼 철저하게 패역하고 부패한 상태에서 이처럼 여호와를 중심으로 대화가 진행되고 있음을 볼 때, 아무리 시대가 어둡고 잔악해질 때라도 어느 한 곳 이름 없는 곳에서는 하나님의 나라를 새롭게 건설해 나갈 하나님의 섭리가 있음을 결코 잊어서는 안 됩니다.

이튿날 아침 보아스는 성문에서 그 기업 무를 자를 만나고 장로 십인을 청하여 증인으로 세운 뒤에 엘리멜렉의 기업 무를 자로서 권리 행사 여부를 확인합니다. 그러나 그 사람은 이 일을 할 능력과 마음이 준비되어 있지 못했습니다. 그리고 그 증표로 자기의 신을 벗어 보아스에게 주며 권리를 포기하게 됩니다(룻 4:1-8).

보아스는 장로들과 모든 백성에게 "내가 엘리멜렉과 기룐과 말룐에게 있던 모든 것을 나오미의 손에서 산 일에 너희가 오늘날 내 증인이 되었고 또 말룐의 아내 모압 여인 룻을 사서 나의 아내로 취하고 그 죽은 자의 기업을 그 이름으로 잇게 하여 그 이름이 그 형제 중과 그곳 성문에서 끊어지지 않게 함에 너희가 오늘날 증인이 되었느니라"(룻 4:9-10)고 선포합니다.

보아스가 기업 무름을 선포하자 모든 백성과 장로들이 "우리가 증인이 되노니 여호와께서 네 집에 들어가는 여인으로 이스라엘 집을 세운 라헬, 레아 두 사람과 같게 하시고 베들레헴에서 유명케 하시기를 원하며 여호와께서 이 소년 여자로 네게 후사를 주사 네 집으로 다말이 유다에게 낳아준 베레스의 집과 같게 하시기를 원하노라"(룻 4:11-12)고 축복합니다.

이 축복의 내용대로 이스라엘, 즉 야곱은 라헬과 레아를 통해 12아들을 낳고 그 아들들을 통해 비로소 이스라엘 민족을 이루었습니다. 그러므로 룻이 라헬과 레아와 같이 된다는 것은 룻이 새로운 이스라엘의 시조가 되기를 바란다는 축복입니다.

그리고 다말이 유다에게서 낳은 베레스의 집과 같다는 것은 곧 유다를 통해 영원한 왕이 태어날 것이라는 창세기 49:8-11을 염두에 두고 있음인데 그렇다면 룻을 통하여 참으로 진정한 이스라엘의 왕이 태어나기를 바란다는 축복이 됩니다. 이는 곧 룻을 통하여 새 이스라엘을 이루고, 바라던 왕이 태어날 것을 축복한 것입니다.

과연 이 축복은 성취되었습니다. 곧 베들레헴 땅에서 다윗이 등장한 것이 그 성취의 결과입니다. 이 예언의 축복은 다윗에게서 현실로 나타났지만 먼 훗날 과연 룻의 후손 중에서 메시아가 탄생하셨고 그 메시아야말로 영적으로 새로운 이스라엘의 시조가 되셨습니다. 이것을 증명이라도 하듯 룻기는 "베레스의 세계는 이러하니라(베레스는 유다의 아들) … 보아스는 오벳을 낳고 오벳은 이새를 낳았고 이새는 다윗을 낳았더라"(룻 4:18-22)고 기록하며 끝마치고 있습니다. 그리고 먼 훗날 이 모든 사건을 포함하여 마태는 이렇게 기록하고 있습니다.

"유다는 다말에게서 베레스와 세라를 낳고 베레스는 헤스론을 낳고 헤스론은 람을 낳고 람은 아미나답을 낳고 아미나답은 나손을 낳고 나손은 살몬을 낳고 살몬은 라합에게서 보아스를 낳고 보아스는 룻에게서 오벳을 낳고 오벳은 이새를 낳고 이새는 다윗을 낳으니라"(마 1:3-6). 과연 그 옛날 베들레헴성중에서 룻에게 축복한 장로와 백성들의 예언은 그대로 성취되었고 영원한 왕이신 예수 그리스도가 베들레헴에서 태어나셨습니다.

보아스와 룻은 혼인하여 아들 오벳을 낳자 베들레헴 여인들이 나오미에게 나아와 찬송을 합니다. "찬송할지로다 여호와께서 오늘날 네게 기업 무를 자가 없게 아니하셨도다 이 아이의 이름이 이스라엘 중에 유명하게 되기를 원하노라 이는 네 생명의 회복자며 네 노년의 봉양자라 곧 너를 사랑하며 일곱 아들보다 귀한 자부가 낳은 자로다"(룻 4:14-15).

이 찬송에서 노래하듯 이 모든 일을 주장하신 이는 여호와 하나님이십니다. 그리고 그 아들은 생명의 회복자입니다. 나오미는 이 아이를 가슴에 안았습니다. 그러나 이러한 일을 마침내 이루시고야 마는 하나님께서는 우리의 생명의 회복자를 벌써 우리 품에 안겨 주셨습니다. 그리고 이 모든 일들의 성취는 최종적으로 우리 주 예수 그리스도 안에서 완성되었음을 다시 한번 되새겨 보아야 합니다.

곧 하나님께서 아브라함에게 약속하신 하나님의 나라 건설은 마침내 하나님께서 세우실 한 왕 곧 다윗 왕에 의하여 완성될 것을 룻기는 강력하게 증거하고 있으며, 그러한 모든 예언의 성취는 우리 주 예수 그리스도에 의하여 완성되었음을 우리는 읽을 수 있습니다. 특히 룻이 이방 여인으로서 더군다나 이스라엘의 회중에 결단코 들어올 수 없는 모압 족속으로서 하나님의 나라인 가나안에 들어온 것은 놀라운 일이 아닐 수 없습니다.

얼마 후 모압 족속은 다윗 왕에 의하여 강제로 이스라엘에 예속되는데 이것은 약속된 하나님 나라의 백성으로 그 회중에 든 것이나 다름이 없습니다. 그러나 우리 주님이 오셨을 때는 칼에 정복되어 들어오는 것이 아니라, 그 마음에 새 계명이 새겨짐으로써 모두 하나님 나라의 거룩한 기업에 참여하게 되는 것입니다.

이제 룻기의 의미를 종합해 보도록 하겠습니다.

룻기는 단순한 가정사에 대한 이야기가 아닙니다. 사사기는 왕이 그 시대에 필요함을 강조하면서 막을 내리고 있습니다. 반면에 사무엘서는 다윗 왕이 세워지는 역사를 기록하고 있습니다. 그런데 그 사이에 나오는 룻기가 어떻게 다윗이 태어나는가를 기록하고 있음을 볼 때 룻기는 다윗 왕과 떨어져 생각할 수 없기 때문입니다.

이러한 점들을 염두에 두고 생각해 볼 때 룻기는 장차 왕으로 세움 받을 다윗 왕이 이스라엘 국가에 대한 사역의 의미가 무엇인가를 보여주는 책이라고 할 수 있습니다. 곧 쓰러져 가는 가문이 회생되고 보아스에 의해 대속(기업 무름)이 되는 것처럼, 다윗 왕은 몰락해 가는 이스라엘을 다시 세워야 하며, 그렇게 세워진 다윗 왕국을 통하여 이방 나라들도 하나님의 통치 아래로 들어오게 될 것이라는 다윗 왕의 모든 사역을 축소해서 보여준 책이 곧 룻기입니다.

이 모든 사건은 최후에 예수 그리스도에게서 완성됨을 볼 때 "아브라함과 다윗의 자손 예수 그리스도의 세계라"(마 1:1)는 마태의 기록은 예수 그리스도께서 이루실 사역의 성격 역시 영적인 새 이스라엘의 건설 곧 새로운 성격의 하나님 나라를 건설하실 것을 계시해 주는 것으로 볼 수 있습니다.

제5부

사울 왕국에서 다윗 왕국까지

39. 사무엘 : 하나님의 대언자

사무엘상 1장 - 8장

아브라함에게 약속하신 땅은 하나님께서 믿음을 따라 산 아브라함에게 상급으로 주셨던 땅은 아닙니다. 그 땅은 이미 아브라함이 믿음으로 살고자 하기 전부터 주시기로 하나님께서 약속하셨고 하나님의 목적이 있어서 아브라함을 그곳까지 불러 오셨던 것입니다. 그 목적이 무엇인가는 아주 분명합니다. 곧 창세기 12:1-3에 나타난 바와 같이 하나님의 나라를 건설하기 위함이었습니다.

이 나라를 건설하기 위해 가나안 땅을 국토로 정하셨고 그 나라의 백성은 아브라함의 씨를 통해 충만케 하시기로 하셨습니다. 그래서 하나님은 야곱의 12아들을 애굽으로 보내신 후 큰 민족을 이루게 하셨습니다(장정만 60만 명 가량으로 부녀자와 어린이까지 합치면 200만 이상이 된다). 때가 이르자 하나님은 모세를 불러 그 백성들을 홍해를 건너 가나안으로 인도하시면서 시내산에서 율법을 주셨습니다. 이 율법은 장차 이스라엘 백성들이 하나님 나라의 영토인 가나안에 들어가 지켜야 할 헌법이었습니다.

따라서 시내산에서 율법, 곧 헌법이 공포되었다는 것은 하나의 국가를 세웠다는 의미입니다. 그리고 하나님은 여호수아를 지휘자로 하여 가나안 땅에 들어가 비로소 완벽한 하나님의 나라를 건설하도록 하셨습니다.

요단강을 건넌 이스라엘 백성들은 그 땅 거민들을 내어쫓고 우상을 파괴하는 전쟁을 치러야만 했는데 하나님의 특별하신 권능으로 승승장구하여 가나안을 정복해 나갈 수 있었습니다. 그러던 중 여호수아는 모세가 지시한 대로 그 땅을 각 지파에게 기업으로 분배해 주었습니다. 따라서 이제부터는 각 지파별로 자기들에게 기업으로 분배된 땅을 점령해 나가게 되었습니다.

그러나 여호수아와 장로들이 죽은 후 이스라엘은 이 정복 전쟁을 끝까지 수행하지 못하고 가나안 족속들과 화친을 맺고 말았습니다. 그 양상은 서로 통혼하는 것과 우상숭배로 나타났습니다. 그러다 보니 이스라엘 백성과 가나안 족속이 서로 섞이게 되었습니다. 하나님 나라를 건설해야 할 막중한 사명을 받은 이스라엘이 이처럼 하나님을 버리고 그 땅의 죄악에 마음을 빼앗기자 하나님은 이스라엘을 징벌하십니다. 이미 여러차례 경고한 바대로 이 정복 전쟁에서 살아남은 이방인들을 이스라엘의 옆구리에 가시가 되게 하여 괴롭게 하신 것입니다.

그때서야 비로소 이스라엘은 하나님을 찾고 자기들의 사명을 돌이켜 기억하고 하나님께 간구하며 자기들의 압제에 대하여 통회하였습니다. 그러한 이스라엘에게 하나님은 사사들을 보내 옆구리의 가시들을 제거해 주셨습니다. 그런데 잠시 평안이 오면 이스라엘은 또다시 하나님 나라에 대한 사명을 잃어버리고 가나안의 풍속에 빠져 들었습니다. 이러한 현상이 거듭되면서 이스라엘의 부패현상은 점점 더 강도를 더해 갔습니다. 그러한 극한 양상이 사사기 17장의 미가 신상 사건이라든지 19장의 기브아 살인 사건 등입니다.

이처럼 도덕적으로 종교적으로 완전히 부패하여 더이상 하나님 나라의 백성이라고 일컫지 못할 만큼 그 모습을 잃어버리자 하나님은 비상 개입을 하시지 않을 수 없었습니다. 족장 시대, 즉 아브라함-이삭-야곱 시대에는 하나님이 직접 그들과 만나 그들을 인도하고 다스렸습니다. 홍해를 건너 가나안에 정착하던 시대에는 모세와 여호수아 그리고 백성의 장로들인 이스라엘의 대표를 통하여 이스라엘을 다스렸습니다. 그리고 사사 시대에는 이스라엘이 그 모습을 잃어갈 때마다 사사들을 보내 이스라엘을 다스리셨습니다.

그러나 이제는 그와 같이 간헐적인 지도자를 보냄으로써는 더이상 이스라엘이 하나님의 말씀을 따르지 않기 때문에 그들 앞에서 친히 하나님의 말씀을 따라 이스라엘을 다스릴 왕정 체제가 필요하게 되었습니다. 하나님은 이러한 왕을 세우시기 위해 오래전부터 준비하셨는데 곧 룻기가 그 일을 담고 있습니다. 이처럼 절실하게 왕을 필요로 하는 시기에 사무엘이 태어나게 됩니다.

사무엘은 어머니 한나가 자녀가 없어 곤고한 가운데 기도함으로써 얻은 아들입니다. 한나는 그 아들을 하나님께 드리기를 소원하여 당시 제사장인 엘리 제사장의 장막으로 사무엘을 보냈습니다. 그리고 한나는 여호와께 기도하면서 자기의 처지가 옛날에는 비천하고 가난한 자 같았더니 이제 영광의 의를 얻을 수 있도록 은혜 베푸심을 찬양합니다(삼상 2:1-8상). 이 감사의 기도는 현재 비참한 이스라엘의 모습이 장차 하나님께서 세우실 왕 곧 기름부음 받은 자를 통하여 새롭게 변하게 될 것에 대한 예언을 담고 있다는 점에서 관심을 갖게 합니다.

"여호와를 대적하는 자는 산산이 깨어질 것이라 하늘 우뢰로 그들을 치시리로다 여호와께서 땅끝까지 심판을 베푸시고 자기 왕에게 힘을 주시며 자기의 기름부음을 받을 자의 뿔을 높이시리로다"(삼상 2:10)라고 기도하면서 여호와를 대적하는 세력 곧 블레셋이 장차 하나님께서 세우실 왕에 의해 패망하게 될 것을 예언하고 있습니다.

그런데 당시에는 엘리 제사장이 하나님의 법궤를 섬기고 있었는데 그 아들 홉니와 비느하스는 불량자로서 여호와께 드릴 번제물을 자기 마음대로 빼돌리는 등 백성들을 억압하며 하나님 앞에 망녕되이 행하고 있었습니다. 심지어 회막문에서 수종드는 여인들과 동침하기도 했습니다. 이러한 그들의 악행이 모든 백성들에게 들릴 정도였지만 그들을 만류하는 아버지의 말을 가볍게 들었습니다(삼상 2:22-25). 그런 반면에 "아이 사무엘이 점점 자라매 여호와와 사람에게 은총을 더욱 받더라"(삼상 2:26)와 같이 사무엘은 준비되고 있었습니다. 그러던중 하나님은 엘리에게 말씀하십니다.

"... 너희는 어찌하여 내가 나의 처소에서 명한 나의 제물과 예물을 밟으며 네 아들들을 나보다 더 중히 여겨 내 백성 이스라엘의 드리는 가장 좋은 것으로 스스로 살찌게 하느냐 그러므로 이스라엘 하나님 나 여호와가 말하노라 내가 전에 네 집과 네 조상의 집이 내 앞에 영영히 행하리라 하였으나 이제는 나 여호와가 말하노니 결단코 그렇게 아니하리라 나를 존중히 여기는 자를 내가 존중히 여기고 나를 멸시하는 자를 내가 경멸히 여기리라"(삼상 2:29-30)고 하시면서 엘리 가문이 멸족될 것과 아울러 홉니와 비느하스가 동시에 죽을 것을 예언합니다.

그러면서 하나님은 "내가 나를 위하여 충실한 제사장을 일으키리니 그 사람은 내 마음 내 뜻대로 행할 것이라 내가 그를 위하여 견고한 집을 세우리니 그가 나의 기름부음을 받은 자 앞에서 영구히 행하리라"(삼상 2:35)고 하시면서 엘리를 폐하고 새로운 제사장을 세우되 그는 하나님의 마음과 뜻대로 행하게 될 것이라고 말씀하십니다. 그런데 그는 기름 부은 왕을 예비하는 자가 될 것을 말함으로써 사무엘상 2:10의 왕은 그 사람 뒤에 올 것을 밝혀 주십니다.

그리고 사무엘상 3장에 가서 "아이 사무엘이 엘리 앞에서 여호와를 섬길 때에는 여호와의 말씀이 희귀하여 이상이 흔히 보이지 않았더라"(삼상 3:1)라고 하면서 2장의 예언이 성취되어짐을 암시하면서 엘리가 이상을 깨닫지 못하는 것에 반하여 사무엘에게 하나님의 음성이 직접 들리게 됩니다. "보라 내가 이스라엘 중에 한 일을 행하리니 그것을 듣는 자마다 두 귀가 울리리라 … 내가 엘리의 집에 대하여 맹세하기를 엘리 집의 죄악은 제물이나 예물로나 영영히 속함을 얻지 못하리라"(삼상 3:11-14)고 하심으로써 엘리의 시대가 끝났음을 확고히 하시고 사무엘이 이스라엘의 진정한 제사장임을 밝히 보여 주십니다.

40. 사울 : 사람의 마음에 든 왕

사무엘상 9장 - 15장

하나님은 사무엘을 철저하게 말씀에 근거하여 살도록 하시며 그에게 함께하심으로써 사무엘의 개혁정신이 인간적인 수단과 방법이 아닌 하나님의 말씀 중심이 되도록 하셨습니다. 그 운동의 절정이 미스바 성회였습니다(7:3-6).

미스바에 모든 이스라엘이 모였을 때 사무엘은 제도를 잘 조직한다든지, 체제를 정비한다든지 국가적인 기관을 신설한다든지, 또는 교육제도를 개선함으로써 이스라엘을 다스리지 않았습니다. 사무엘은 오직 하나님의 말씀의 권위만을 가지고 온 이스라엘을 다스렸습니다. 그때 블레셋이 침략해 들어왔습니다. 다른 때 같으면 이스라엘은 군대를 동원한다거나 아니면 사사를 보내줄 것을 바랐을 것이지만 이번에는 전혀 다른 양상이 나타났습니다.

"당신은 우리를 위하여 우리 하나님 여호와께 쉬지 말고 부르짖어 우리를 블레셋 사람의 손에서 구원하시게 하소서"(7:8)라는 이스라엘의 요청은 사무엘의 말씀 중심의 개혁운동이 얼마나 잘 이루어지고 있는가를 보여줍니다. 그리고 바로 이러한 모습이야말로 참으로 하나님 나라의 모습이 아닐 수 없습니다. 하나님의 율법을 중심으로 하되 모든 것은 하나님께 의탁하고 하나님께서 친히 다스리시길 원하며 사는 것이 곧 그 나라 백성의 참 모습입니다.

사무엘은 블레셋의 침략을 앞에 두고 어떤 전투작전도 펼치지 않았습니다. 오히려 하나님께 제사를 드리며 이스라엘을 위하여 기도하였습니다. "사무엘이 번제를 드릴 때에 블레셋 사람이 이스라엘과 싸우려고 가까이 오매 그날에 여호와께서 블레셋 사람에게 큰 우뢰를 발하여 그들을 어지럽게 하시니 그들이 이스라엘 앞에 패한지라 이스라엘 사람들이 미스바에서 나가서 블레셋 사람을 따라 벧갈 아래에 이르기까지 쳤더라"(7:10-11)는 기록은 전쟁의 승패가 여호와의 손에 달려있음을 단적으로 보여주고 있습니다.

이 전투에서처럼 완벽하게 승리한 적은 지금까지 없었습니다. 이스라엘이 여기에서 한 일은 그냥 비켜선 채 하나님께서 싸우시도록 양보했을 뿐입니다. 이처럼 하나님의 나라는 오직 하나님의 손에 의해서만 건설되고 유지되고 방어되는 것입니다. 이스라엘이 할 일은 그 나라에서 안식을 누리는 일입니다.

하나님께서 그의 나라에 그의 백성들을 불러모으실 때는 평안과 안식을 주고자 함이지 전쟁과 기근과 고통을 주자는 것이 아닙니다. 단지 주께서 약속하신 안식에 이르기 위해 그의 백성된 자로서 당연히 해야 할 의무가 있는데 곧 하나님의 말씀대로 준행하는 것입니다. 따라서 그 나라에 가서는 그 나라의 주인이신 그리고 우리의 아버지이신 그분의 말씀에 따라서만 살면 됩니다.

그런데 이스라엘은 그처럼 살지 못했습니다. 여호수아의 인도 아래 가나안에 들어온 후로 지금까지 틈만나면 하나님을 배도하고 자기들 눈에 보기 좋은 것만 찾아 바알과 아세라 숭배에 빠져들었습니다.

그럴 때마다 이방인들에게 고난을 당하고 사사들을 통해 하나님의 권능을 체험하면서도 여전히 죄에 빠져 사는 것을 더 좋아했습니다. 하나님의 나라 건설에 대해서는 관심도 없고, 그 나라의 백성으로서 합당한 생활을 하겠다는 각오도 없고, 어떻게 하는 것이 하나님의 뜻을 따르는 것인지 알지도 못했습니다. 그러다가 사무엘이 말씀을 가지고 그들을 깨우칠 때 비로소 그들은 하나님 나라의 모습을 찾기 시작했습니다.

"사무엘이 돌을 취하여 미스바와 센 사이에 세워 가로되 여호와께서 여기까지 우리를 도우셨다 하고 그 이름을 에벤에셀(도움의 돌)이라 하니라"(7:12)는 말씀은 하나님 나라 백성으로서의 삶의 이정표가 무엇인가를 잘 보여주고 있습니다. 그날의 전투에 승리함으로써 이스라엘이 그동안 빼앗겼던 모든 성읍을 되찾았을 뿐만 아니라 비로소 그 땅에 안식이 주어지고 평화가 찾아들었습니다.

그후 사무엘의 두 아들 요엘과 아비랴가 아버지를 이어 사사가 되었으나 뇌물을 좋아하고 판결을 굽게 하자 이스라엘 장로들이 사무엘에게 나아와 왕을 세워줄 것을 요구하기에 이릅니다. 사무엘은 그 일을 기뻐하지 않습니다. 왜냐하면 이스라엘의 진정한 왕은 곧 하나님이시기 때문입니다. 그러나 이스라엘은 주위 열방들과 같이 강력하고 위용을 갖춘 왕을 요구했습니다.

"백성이 사무엘의 말 듣기를 거절하여 가로되 아니로소이다 우리도 우리 왕이 있어야 하리니 우리도 열방과 같이 되어 우리 왕이 우리를 다스리며 우리 앞에 나가서 우리의 싸움을 싸워야 할 것이니이다"(8:19-20)는 말 가운데 그들이 왕을 구하는 목적이 드러나 있습니다.

그것은 오직 자기들만을 생각하고 위하는 모습입니다. 하나님의 뜻에 대해서는 한 마디 언급도 없이 자기들의 주장과 자기들의 유익만을 요구하고 있습니다.

그때에 베냐민 지파에서 준수한 청년인 사울이 등장합니다. 하나님은 사무엘에게 그를 택하여 이스라엘의 왕으로 기름을 부으라고 하십니다(8:16). 이에 사무엘은 사울에게 기름을 붓고(9:1) 여호와께서 이스라엘의 지도자로 삼으셨음을 선포합니다. 그런데 우리가 여기서 잘못 생각하기 쉬운데, 곧 하나님께서 이스라엘의 왕으로서 사울을 합당한 왕으로 세우셨으리라는 것이 그것입니다. 그러나 성경을 자세히 보면 그렇지 않음을 알 수 있습니다. 하나님의 계획은 다른 데 있었음을 우리는 조심해서 살펴보아야 합니다.

사무엘은 모든 백성을 미스바로 모이게 하여 이렇게 말합니다.

"이스라엘 하나님 여호와께서 이같이 말씀하시기를 내가 이스라엘을 애굽에서 인도하여 내고 너희를 애굽인의 손과 너희를 압제하는 모든 나라의 손에서 건져내었느니라 하셨거늘 너희가 너희를 모든 재난과 고통 중에서 친히 구원하여 내신 너희 하나님을 오늘날 버리고 이르기를 우리 위에 왕을 세우라 하도다"(10:18-19). 이 말씀 가운데서 이스라엘의 왕을 지금 세우는 것은 하나님의 뜻에서가 아니라 어디까지나 이스라엘의 요구에 의한 것임을 밝히고 있습니다.

그곳에서 사울이 왕으로 선택됩니다. 그리고 나라의 모든 제도를 세우고 일단 사무엘은 백성들을 집으로 돌려보냅니다. 그때 암몬 사람 나하스가 침공해 왔습니다. 이 소식을 접한 사울은 백성을 이끌고 나가 크게 승리를 합니다. 그러자 모든 백성들의 마음이 사울을 기쁘게 여기게 됩니다. 그때서야 사무엘은 백성들에게 "오라 우리가 길갈로 가서 나라를 새롭게 하자"(11:14)고 말하고 사울을 왕으로 세웁니다.

그런데 여기에서 우리가 각별히 주의해야 할 점을 사무엘이 백성들에게 선포하고 있습니다. "여호와께서 여룹바알(기드온)과 베단(바락)과 입다와 나 사무엘을 보내사 너희를 너희 사방 원수의 손에서 건져내사 너희로 안전하게 거하게 하셨거늘 너희가 암몬 자손의 왕 나하스의 너희를 치러옴을 보고 너희 하나님 여호와께서는 너희의 왕이 되실지라도 너희가 내게 이르기를 아니라 우리를 다스릴 왕이 있어야 하겠다 하였도다"(12:11-12)고 하면서 암몬 왕 나하스가 침략했을 때 나가서 싸울 왕이 필요한 것이 아니라 하나님께 구하고 하나님께서 왕이 되어 싸우실 것을 구하지 않음에 대해 책망을 합니다.

실제로 그들이 미스바에 모여 하나님만을 의뢰하였던 때에는 블레셋과 싸우지도 않고 크게 이긴 적이 있었습니다. 그런데도 그들은 굳이 왕을 요구했고 암몬 족속이 쳐들어오자 사울의 지휘 아래 전쟁을 치렀던 것입니다. 그러한 일을 상기시키면서 사무엘은 "이제 너희의 구한 왕 너희의 택한 왕을 보라 여호와께서 너희 위에 왕을 세우셨느니라 너희가 만일 여호와를 경외하여 그를 섬기며 그 목소리를 듣고 여호와의 명령을 거역하지 아니하며 또 너희와 너희를 다스리는 왕이 너희 하나님 여호와를 좇으면 좋으니라마는 너희가 만일 여호와의 말을 듣지 아니하고 여호와의 명령을 거역하면 여호와의 손이 너희의 열조를 치신 것같이 너희를 치실 것이라"(12:13-15)고 말하는 가운데 오직 여호와의 말씀에만 순종해야 할 것을 재차 언명합니다.

그리고 "너희는 이제 가만히 서서 여호와께서 너희 목전에 행하시는 이 큰 일을 보라 오늘은 밀 베는 때가 아니냐 (비가 오지 않는 건기를 말합니다) 내가 여호와께 아뢰리니 여호와께서 우뢰와 비를 보내사 너희가 왕을 구한 일 곧 여호와의 목전에 범한 죄악이 큼을 너희로 밝히 알게 하시리라"(12:16-17)고 하면서 왕을 세운 것이 하나님의 계획이 아니며 인간들에 의해 세워진 것을 질책합니다.

이어 사무엘이 하나님께 구하자 우뢰와 비가 내리고 그제야 모든 백성이 두려워하며 "당신의 종들을 위하여 당신의 하나님 여호와께 기도하여 우리로 죽지 않게 하소서 우리가 우리의 모든 죄에 왕을 구하는 악을 더하였나이다"(12:19)고 하면서 잘못을 고합니다. 사무엘은 "두려워 말라 너희가 과연 이 모든 악을 행하였으나 여호와를 좇는 데서 돌이키지 말고 오직 너희 마음을 다하여 여호와를 섬기라 돌이켜 유익하게도 못하며 구원하지도 못하는 헛된 것을 좇지 말라 그들은 헛되니라"(12:20-21)고 하면서 세운 왕보다는 하나님을 의지할 것을 권고합니다.

계속해서 사무엘은 "여호와께서는 너희로 자기 백성 삼으신 것을 기뻐하신 고로 그 크신 이름을 인하여 자기 백성을 버리지 아니하실 것이요 나는 너희를 위하여 기도하기를 쉬는 죄를 여호와 앞에 결단코 범치 아니하고 선하고 의로운 도로 너희를 가르칠 것인즉 여호와께서 너희를 위하여 행하신 그 큰 일을 생각하여 오직 그를 경외하며 너희의 마음을 다하여 진실히 섬기라 만일 너희가 여전히 악을 행하면 너희와 너희 왕이 다 멸망하리라"(12:22-25)고 주위를 환기시키면서 여호와께서는 어느 경우든지 자기 백성을 버리지 아니하심을 보여주며 언제나 하나님의 말씀의 법도에 따라 살아갈 것을 명령합니다.

이러한 사무엘의 가르침은 왕정 제도가 자칫하면 하나님의 뜻을 저버리고 잘못된 결과를 가져다 줄 수 있음을 보여주는 것이며, 비록 왕이 세워졌다 하더라도 하나님의 백성으로서는 의당히 하나님의 법도에 따라 살아야 할 것을 분명하게 해주는 것이었습니다. 따라서 이제 세워진 이스라엘의 왕은 자기가 하나님께로부터 세워진 것임을 명심하고 모든 백성들로 하여금 하나님의 말씀에 근거하여 살도록 자신이 모범이 되어야 할 뿐 아니라 백성들을 독려해야 하는 막중한 책임을 느껴야 합니다.

만일 그렇지 않을 경우에는 왕뿐만 아니라 모든 백성까지도 멸망하고 말 것입니다. 이것은 이스라엘의 진정한 주인이 누구인가를 또한 확실히 하는 말이기도 합니다. 비록 이스라엘의 왕이 되었다 하더라도 어디

까지나 하나님의 대리자일 뿐이지 이스라엘의 주인은 아니라는 사실입
니다.

사울이 즉위한 후 블레셋과 전쟁이 벌어졌습니다(13:1). 사울은 군대를
소집하여 길갈에 진을 쳤지만 블레셋의 기세에 눌려 백성들이 자꾸 흩
어지고 있었습니다. 그리고 오리라고 약속한 사무엘이 일주일 동안 정
한 날이 지나도록 오지 않자 사울은 더욱 다급해졌습니다. 그런 나머지
사울은 손수 번제를 드리고 맙니다. 그렇게 하면 백성들의 마음이 조금
이나마 누그러들 것이라고 여겼습니다.

사울이 번제를 드리자 마자 사무엘이 도착합니다. 사무엘은 사울이
망령되이 행하였음을 크게 질책하고 "여호와께서 왕에게 명하신 바를
왕이 지키지 아니하셨으므로 여호와께서 그 마음에 맞는 사람을 구하여
백성의 지도자를 삼으셨느니라"(13:14)며 사울이 결국 폐위될 것을 예시
합니다. 그리고 사울은 블레셋과의 전쟁에서 고전에 직면합니다.

하나님이 떠난 전쟁은 너무나 고달플 수밖에 없습니다. 이처럼 하나
님의 말씀을 떠난 사람은 하나님께 버리운 바가 되고 그 사람은 외롭고
곤고할 뿐입니다. 또한 하나님께서 계획하시지 않고 인간들이 원하여
선택한 제도란 이처럼 나약하여 쉽게 무너질 수밖에 없는 것입니다. 바
로 그 사건이 15장에 나타나 있습니다.

하나님은 사울에게 아말렉을 쳐 진멸시킬 것을 명령하지만 사울은 하
나님 의도와는 상관없이 자기의 생각에 좋은 것을 따라 하나님의 말씀
을 어기고 맙니다. 그 결과 사울은 실제적으로 왕의 지위를 잃고 맙니
다. "왕이 여호와의 말씀을 버렸으므로 여호와께서도 왕을 버려 왕이 되
지 못하게 하셨나이다"(13:23) 하는 사무엘의 선언은 사람의 마음에 든
왕의 최후의 모습입니다.

41. 다윗 : 하나님 나라의 건설

사무엘상 16장 - 31장

사무엘서에서 우리가 관심을 가져야 할 것은 "하나님께서 과연 어떠한 방법으로 그 나라를 건설하실까?" 하는 문제입니다. 이 관심은 성경 전반부에 걸쳐 방대하게 자리잡고 있기 때문에 항상 우리가 유의해야 할 주제입니다. 따라서 지금까지 이 일(역사)을 이끌어 오신 하나님께서 이곳에 와서는 어떻게 그 일을 이루어 가시는가를 살펴보는 것이 곧 성경신학적 입장에서 성경을 살펴보는 자세입니다.

이 일에 있어서 사무엘상 2:30의 말씀을 우리는 쉽게 지나칠 수 없습니다. "나를 존중히 여기는 자를 내가 존중히 여기고 나를 멸시하는 자를 내가 경멸히 여기리라"는 말씀은 결코 엘리 제사장에게만 해당되는 것은 아닙니다. 이 말씀은 사무엘서 전체뿐 아니라 성경의 밑바탕에 면면히 흐르고 있습니다.

엘리와 사무엘에게서 이 말씀을 확인할 수 있습니다. 즉 이스라엘의 제사장으로서 과연 누가 하나님의 마음에 합당하게 행하느냐에 따라 그들이 하나님 나라를 건설하는 일에 쓰임을 받느냐 받지 못하느냐가 결정되는 것입니다. 또한 사울과 다윗에게서도 이것을 확인할 수 있는데, 이 이야기는 사무엘상 마지막 부분까지 계속되고 있습니다.

사울은 이 일에 있어서 버린 바 된 사람의 모형으로 나타납니다. 그 첫 번째 사건이 사무엘상 13장에 나오는 화목제 사건입니다. 사울은 블레셋과의 전투에서 자기 임의로 제사를 드리고 맙니다. 이에 사무엘은 "지금은 왕의 나라가 길지 못할 것이라 여호와께서 왕에게 명하신 바를 왕이 지키지 아니하셨으므로 여호와께서 그 마음에 맞는 사람을 구하여 지도자를 삼으셨느니라"(13:14)고 사울을 책망합니다.

두 번째 사건은 15장에서 벌어진 아말렉과의 전투입니다. 하나님은 철저하게 아말렉을 진멸할 것을 명령하셨지만 사울은 그 말씀을 따르지 않았습니다. "내가 사울을 세워 왕 삼은 것을 후회하노니 그가 돌이켜서 나를 좇지 아니하며 내 명령을 이루지 아니하였음이니라"(15:11) 하시는 하나님의 말씀에 밤새도록 근심하며 기도한 사무엘은 사울에게 단호하게 선언합니다.

"여호와께서 번제와 다른 제사를 그 목소리 순종하는 것을 좋아하심 같이 좋아하시겠나이까 순종이 제사보다 낫고 듣는 것이 수양의 기름보다 나으니 이는 거역하는 것은 사술의 죄와 같고 완고한 것은 사신 우상에게 절하는 죄와 같음이라 왕이 여호와의 말씀을 버렸으므로 여호와께서도 왕을 버려 왕이 되지 못하게 하셨나이다"(15:22-23).

그런 후 하나님은 사무엘에게 말씀하십니다. "내가 이미 사울을 버려 이스라엘 왕이 되지 못하게 하였거늘 네가 그를 위하여 언제까지 슬퍼하겠느냐 너는 기름을 뿔에 채워 가지고 가라 내가 너를 베들레헴 사람 이새에게로 보내리니 이는 내가 그 아들 중에서 한 왕을 예선하였음이니라"(16:1).

그러자 사무엘은 혹시 사울이 이 일을 안다면 사울이 자기를 죽일 것이라고 말합니다(16:2). 이것으로 보아 이미 사울과 사무엘은 크게 의견을 달리하고 있었으며 마음이 멀어져 있음을 알 수 있습니다.

이후 사무엘은 하나님의 지시에 따라 다윗에게 기름을 붓습니다. "사무엘이 기름 뿔을 취하여 그 형제 중에서 그에게 부었더니 이날 이후로 다윗이 여호와의 신에게 크게 감동되니라"(16:13)는 말씀은 이제부터 우리의 초점을 다윗에게로 인도하고 있습니다. 그리고 이 말씀은 "여호와의 신이 사울에게서 떠나고 여호와의 부리신 악신이 그를 번뇌케 한지라"(16:14)는 말씀과 대조를 이루고 있음을 볼 수 있습니다.

그때에 블레셋이 대공세를 취하여 옵니다. 블레셋은 이미 미스바 전투에서 크게 패한 바가 있지만, 이번에는 완벽하게 이스라엘을 굴복시켜 자기들의 종으로 삼기를 바랬습니다.

"그(블레셋 장수 골리앗)가 서서 이스라엘 군대를 향하여 외쳐 가로되 너희가 어찌하여 나와서 항오를 벌였느냐 나는 블레셋 사람이 아니며 너희는 사울의 신복이 아니냐 너희는 한 사람을 택하여 내게로 내려 보내라 그가 능히 싸워서 나를 죽이면 우리가 너희의 종이 되겠고 만일 내가 이기어 그를 죽이면 너희가 우리의 종이 되어 우리를 섬길 것이니라"(17:8-9)는 말 가운데 이 싸움의 성격이 분명하게 나타납니다.

블레셋의 의도는 이스라엘을 자기들의 종으로 삼겠다는 것입니다. 이는 애굽의 바로가 이스라엘의 소유권을 놓고 모세와 싸웠던 일을 떠올리게 합니다.

이스라엘의 주인은 오직 하나님 한 분뿐이십니다. 따라서 블레셋이 이스라엘을 자기의 소유로 삼겠다는 것은 곧 하나님과 대적하는 것입니다. 그런데도 "사울과 온 이스라엘이 블레셋 사람의 이 말을 듣고 놀라 크게 두려워하니라"(17:11)는 모습에서 이스라엘의 영적상태를 가늠하게 됩니다.

진정 하나님이 누구이시며 자기들이 누구의 백성인가를 분명히 인식하고 있다면 골리앗의 말에 대하여 분개하지 않을 수 없습니다. 죽기를 각오하고 생명을 바쳐서라도 나가서 싸워야 합니다. 그러나 그들은 하나님 나라를 위한 투철한 각오와 헌신이 없었습니다. 그러한 상황에서 참으로 하나님 나라의 백성으로서의 사명과 절실한 삶의 모습을 위해 이 싸움에 나선 이가 곧 다윗이었습니다.

"이스라엘 모든 사람이 그 사람을 보고 심히 두려워하여 그 앞에서 더러는 가로되 너희가 이 올라온 사람을 보았느냐 참으로 이스라엘을 모욕하러 왔도다"(17:25)라고 할 때 다윗은 "이 블레셋 사람을 죽여 이스라엘의 치욕을 제하는 사람에게는 어떠한 대우를 하겠느냐 이 할례 없는 블레셋 사람이 누구관데 사시는 하나님의 군대를 모욕하겠느냐"(17:26)고 분개하며, 이 일을 사울에게 고하고 블레셋 장수 골리앗에게로 마주 대하여 나갔습니다.

골리앗은 다윗이 어린 것을 보고 "네가 나를 개로 여기고 막대기를 가지고 내게 나아왔느냐"(17:43)면서 자기 신의 이름으로 다윗을 저주합니다. 이에 맞선 다윗은 "너는 칼과 창과 단창으로 내게 오거니와 나는 만군의 여호와의 이름 곧 네가 모욕하는 이스라엘 군대의 하나님의 이름으로 네게 가노라"(17:45) 하면서 이 싸움이 곧 블레셋의 신과 이스라엘의 하나님과의 싸움임을 선포합니다.

이어 다윗은 "오늘 여호와께서 너를 내 손에 붙이시리니 내가 너를 쳐서 네 머리를 베고 블레셋 군대의 시체로 오늘날 공중의 새와 땅의 들짐승에게 주어 온 땅으로 이스라엘에 하나님이 계신 줄 알게 하겠고 또 여호와의 구원하심이 칼과 창에 있지 아니함을 이 무리로 알게 하리라 전쟁은 여호와께 속한 것인즉 그가 너희를 우리 손에 붙이시리라"(17:46-47)며 오직 여호와 하나님만이 참 신이신 것을 증명하겠다고 선언합니다. 그리고 물매를 던져 골리앗의 이마를 꿰뚫어 죽이고 맙니다. 그제야 혼이 빠져있던 이스라엘 군대의 사기가 충천해져서 블레셋을 섬멸합니다.

이 사건 이후 "다윗이 사울의 보내는 곳마다 가서 지혜롭게 행하매 사울이 그로 군대의 장을 삼았으니 온 백성이 합당히 여겼고 사울의 신하들도 합당히 여겼도다"(18:5)는 말씀과 같이 백성들의 마음이 다윗에게로 향하고 있음을 보여주고 있습니다.

이러한 경향은 여인들의 찬가에서 그 절정을 이룹니다. "사울의 죽인 자는 천천이요 다윗은 만만이로다"(18:7). 이제 사람들이 세웠던 왕 사울은 사람들의 마음에서 차츰 멀어지기 시작합니다. 그리고 하나님께서 세우고자 하시는 하나님의 마음에 든 다윗이 사람들의 마음을 사로잡기 시작합니다.

"여호와께서 사울을 떠나 다윗과 함께 계시므로 사울이 그를 두려워한지라"(18:12). 이 말은 사울이 얼마나 자신의 위치가 불안한가를 알고서 다윗을 죽이려 하지 않으면 안 되었는가를 단적으로 보여줍니다. 사울의 왕위는 이미 버려졌습니다. 그 자리에는 다윗이 오르게 되어 있었습니다. 그러나 인간 사울은 어떻게 하든지 그 자리를 지키고 싶어했습니다. 그러나 이것은 크게 잘못된 생각입니다.

이스라엘의 왕좌는 본래 하나님의 것입니다. 하나님이 친히 이스라엘의 왕이십니다. 그 자리를 하나님은 잠시 사울에게 내어주신 것입니다. 그 이유는 분명합니다. "나를 존중히 여기는 자를 내가 존중히 여기고 나를 멸시하는 자를 내가 경멸히 여기리라"(2:30)는 말씀을 보여주시기 위함입니다. 엘리와 사무엘 사이에 있어서도 과연 누가 하나님의 말씀을 순종하는가에 따라 판단되었습니다. 마찬가지로 이스라엘의 왕위에 앉아 있는 사울과 다윗도 역시 마찬가지입니다.

　이 점을 볼 때 이스라엘의 왕의 위치를 분명하게 확인할 수 있습니다. 따라서 이스라엘의 왕위에 오르는 사람은 자신의 지혜와 권위로 다스려서는 안 됩니다. 오직 하나님의 말씀을 따라 순종함으로써 행해야만 합니다. 그 나라는 하나님의 나라이기 때문입니다.

　이 사실을 누구보다도 분명히 파악한 사람이 다윗이었습니다. 그래서 그는 자기의 역할이 무엇인지 확실히 알았습니다. 오직 다윗은 하나님의 나라를 건설하는 데 쓰임을 받아야만 할 것도 분명히 알고 있었습니다. 그리고 그 일을 허락하시는 분도 자기가 아니라 하나님께서 결정하신다는 것도 알았습니다.

　다윗은 결코 서둘지 않았습니다. 하나님께서 자기에게 어떤 역할을 맡기시든지 그리고 그 시기가 언제이든지 상관하지 않았습니다. 그저 기다리기만 하면 그뿐입니다. 이러한 확고한 믿음이 있었기에 그처럼 사울이 죽이고자 할 때도 다윗은 말없이 그 수난을 다 겪었습니다. 모든 백성들의 마음이 다윗을 향하여 불같이 일어나 있다고 하여도 잠잠히 하나님의 시간을 기다렸습니다.

　그것을 단적으로 보여준 것이 사울의 옷자락을 칼로 벤 사건입니다. 당시 사울에게 쫓기던 다윗이 숨어있는 굴 속에 사울이 들어와 잠을 자고 있을 때 다윗은 신복들의 충동을 물리치고 사울의 옷자락만 칼로 베었습니다. 그리고 "내가 손을 들어 여호와의 기름부음을 받은 내 주를 치는 것은 여호와의 금하시는 것이니 그는 여호와의 기름부음을 받은 자가 됨이니라"(24:6)고 했습니다. 그러한 다윗의 마음에 사울이 감동되지 않을 수 없었습니다.

이에 대해 사울은 "나는 너를 학대하되 너는 나를 선대하니 너는 나보다 의롭도다 네가 나 선대한 것을 오늘 나타내었으니 여호와께서 나를 네 손에 붙이셨으나 네가 나를 죽이지 아니하였도다 사람이 그 원수를 만나면 그를 평안히 가게 하겠느냐 네가 오늘날 내게 행한 일을 인하여 여호와께서 네게 선으로 갚으시기를 원하노라 보라 나는 네가 반드시 왕이 될 것을 알고 이스라엘 나라가 네 손에 견고히 설 것을 아노니 그런즉 너는 내 후손을 끊지 아니하며 내 아비의 집에서 내 이름을 멸하지 아니할 것을 이제 여호와로 내게 맹세하라"(24:17-21)고 다윗에게 청했습니다.

오늘날 많은 사람들은 하나님을 두려워하지 않고 자기의 목적을 위해서라면 수단과 방법을 가리지 않고 일단 이루어 놓고 보고자 하는 반면에, 다윗이 하나님께서 이루어 주실 때까지 잠잠히 기다린 것을 비교해 볼 때 참으로 안타까움을 금하지 않을 수 없습니다. 심지어 원수된 사울까지도 감복하여 다윗을 축복하는 모습에서는 더욱 그러합니다. 이미 하나님이 행하신 일을 알았으면서도 기어이 번복해 보고자 우리는 얼마나 애를 쓰는지 알 수 없습니다. 그러다가 한가지라도 자기 뜻대로 이루어지면 하나님의 은혜가 이렇게 나타났다고 기뻐하는 모습이란 참으로 가슴 아픈 일이 아닐 수 없습니다.

하나님의 나라는 오직 하나님의 권능으로서만 건설되어집니다. 그래서 다윗은 자기가 나서야 할 때에는 생명을 걸고 골리앗과 싸웠지만, 기다려야 할 때에는 수없이 사울에게 쫓기면서도 결코 불평하지 않았습니다. 더구나 사울을 죽여 원수를 갚을 절호의 기회가 왔을 때 다윗은 사울을 죽이고자 간청했던 신복 아비새에게 "죽이지 말라 누구든지 손을 들어 여호와의 기름부음을 받은 자를 치면 죄가 없겠느냐"(26:9)고 극구 만류하면서 모든 결과를 하나님께 의탁했습니다.

"여호와께서 사시거니와 여호와께서 그를 치시리니 혹 죽을 날이 이르거나 혹 전장에 들어가서 망하리라 내가 손을 들어 여호와의 기름부음을 받은 자를 치는 것을 여호와께서 금하시나니 너는 그의 머리 곁에 있는 창과 물병만 가지고 가자"(26:10-11). 과연 그의 말대로 사울은 블레셋과의 전투에서 사망하고 맙니다.

사람들의 마음에 든 왕의 최후와 함께 이제 새롭게 시작될 하나님 나라의 건설을 위한 새 왕이 등장합니다. 그는 수없는 환난과 고통중에서도 잠잠히 그 때를 기다렸습니다. 이러한 사람이 하나님 나라의 참된 왕의 모습입니다. 이는 마치 도수장에 끌려가는 어린 양과 같은 우리 주님의 모습을 떠올리게 합니다.

〈부록 3〉

다윗 왕국의 의미

(삼상 17:41-49)

1. 사울 왕국의 멸망

이스라엘은 신정국가(神政國家; Theocracy)였습니다. 이것은 하나님이
친히 통치한다는 의미를 가지고 있습니다. 그런데 이스라엘은 왕을 원
했습니다. 진정한 왕은 하나님이신데 반해 그들은 눈에 보이는 왕을 요
구한 것입니다(8:4-22). 그 결과 사울이 선택되고(10장) 왕으로 세움을 받
습니다(13장). 그런데 사무엘상 10:27에 "어떤 비류는 가로되 이 사람이
어떻게 우리를 구원하겠느냐 하고 멸시하며 예물을 드리지 아니하니라"
고 기록하고 있는데 이는 사울 왕권이 완벽한 것이 아님을 성경이 기록
하고 있다는 점에서 주의를 요하고 있습니다.

사울은 왕으로 세움을 받은 후 곧 블레셋과 전쟁을 치르게 됩니다. 그
런데 이 첫 전투에서 사울은 사무엘이 드려야 할 번제를 자기가 행함으
로써 왕권을 상실하게 됩니다(13:13-14). 이는 전쟁을 이기게 하시는 이
가 하나님이시라는 사실을 사울이 망각했기 때문입니다.

그후 하나님은 사울에게 아말렉을 진멸할 것을 명하셨습니다(15:1-3).
여기에서도 사울은 이기게 하신 하나님의 말씀을 순종하지 아니하고 눈
에 보이는 좋은 것을 취하였습니다(15:9). 여기서 두 번째 사울이 버림을
받게 됩니다(15:22-23). 이 아말렉 전투는 출애굽기 17:16에 "여호와께서
맹세하시기를 여호와가 아말렉으로 더불어 대대로 싸우리라" 하신 결과
였으며, 신명기 25:17-19에서 모세가 명한 싸움이기도 합니다.

이것은 곧 하나님의 공의와 그의 통치에 반대하는 세력을 무찌른 싸움으로 하나님과 사단 사이의 전투와 같은 성격을 가지고 있습니다. 여기에서 사울이 범죄함으로써 하나님은 사울을 왕으로 세우심을 후회하셨다고 성경은 기록하고 있습니다(15:17).

그런데도 사울은 자기의 위엄이 떨어질까봐 하나님께 회개하기보다는 자신의 체면차리기에 급급했습니다(15:30-35). 그후 블레셋이 다시 침공합니다. 이것은 매우 아이러니한 일입니다. 사울이 처음 전투에서 제대로 블레셋을 대적하였다면 이런 일이 없었을 터인데 그렇지 못한 결과로 그들이 재침공하고 있기 때문입니다. 그리고 바로 이 전투에서 다윗이 등장합니다.

2. 다윗 왕국의 등장

다윗의 등장은 순전히 하나님의 계획이었습니다. 이미 15장에서 사울이 버림받자, 즉시 16장에서 다윗에게 기름을 붓게 하십니다. 그리고 사무엘상이 사울의 죽음으로 끝나고 사무엘하가 다윗을 왕으로 세움으로부터 시작하고 있음도 매우 의미심장합니다. 특히 사울이 블레셋과의 이번 전투에서 죽임을 당한다는 것도 유의해야 합니다.

먼저 다윗과 골리앗이 벌인 전투의 의미가 무엇인지 살펴봅시다. 첫째, 이것은 하나님의 백성을 압박하고자 하는 사단의 침공을 의미합니다. 43절에서 골리앗이 "그들의 신들의 이름으로 다윗을 저주"하였고, 다윗은 45절에서 하나님의 이름으로 나간다고 함으로써 이 싸움이 사단과 하나님의 싸움이라는 사실은 보여줍니다. 그리고 둘째, 전쟁의 결국은 여호와 손에 있음을 보여준 싸움이었습니다(17:47). 셋째, 인간이 경영하는 싸움만으로는 사단의 세력을 이겨낼 수 없다는 것을 보여줍니다. 사울은 이미 하나님의 신이 떠났기 때문에 사단과 대적할 수 없었습니다(16:14). 사단을 이기기 위해서는 여호와의 신으로만 가능합니다.

3. 다윗 왕국의 의미

이상을 볼 때 다윗 왕국은 인간이 원하여 세운 인본주의 왕국이 아닌 하나님이 세운 신본주의 왕국으로 이스라엘이 변화되고 있다는 점을 보여준다는 것에서 그 의의를 찾을 수 있습니다. 인간의 경영으로는 사단의 세력을 이길 수 없고 오직 하나님만이 세상을 통치할 것을 다윗 왕국을 통해 보여주고 계십니다.

42. 다윗 왕국 : 왕국의 언약

사무엘하 1장 - 16장

잠시 우리는 다윗이 이스라엘의 왕으로 세움을 받게 되는 과정을 되돌아 볼 필요가 있습니다. 소년 시절 다윗은 사무엘에 의해 기름부음을 받게 되었습니다(삼상 16:13). 그때부터 다윗은 여호와의 신에게 크게 감동 되었고 마침내 골리앗을 쓰러뜨림으로써 아무도 하나님의 백성들을 속박할 수 없음을 나타내었습니다. 그러나 이 일로 오히려 사울의 미움을 받아 도피 생활을 하게 됩니다.

그러한 곤고한 기간 중에도 다윗은 두 번이나 사울을 죽일 수 있는 기회를 맞았으나 결코 자신의 수법으로 왕의 자리를 탐내지 않고 하나님께서 세워주실 때까지 기다렸습니다. 그러던중 사울의 집요한 추적에 생명의 위협을 느껴 블레셋 땅으로 피하게 됩니다. 다윗은 가드의 왕 아기스에게서 은신처를 얻어 시글락에 머물게 됩니다(삼상 27:1-7).

그곳에서 다윗은 아말렉을 쳐서 정복합니다. 그리고 아기스에게는 유다 남쪽 지방을 쳤다고 보고함으로써 신뢰를 쌓아갔습니다. 그때 블레셋과 사울 사이에 전투가 벌어집니다(삼상 28장). 아기스는 이 전투에 다윗을 데려가지만 다른 블레셋 방백들이 다윗의 배신을 두려워 반대했기 때문에 아기스는 다윗을 돌려보내지 않을 수 없었습니다(삼상 29:6-11).

한편 사울은 이 전투에 대한 불안감을 극복하지 못하고 신접한 여자
를 찾아갑니다. 물론 이러한 행위는 이스라엘에서는 결코 용납될 수 없
습니다. 이만큼 사울은 영적으로 부패되어 있었습니다. 그곳에서 사울
은 신접한 여자를 통해 자신이 블레셋과의 전투에서 죽게 될 것을 알게
됩니다(삼상 28:15-19).

다윗이 블레셋 진영을 떠나 다시 시글락에 도착했을 때 참담한 일이
벌어져 있었습니다. 곧 아말렉 족속이 다윗에게 보복하기 위하여 다윗
이 참전한 틈을 타서 시글락을 노략한 것입니다. 그러자 다윗을 따르던
사람들이 자기들의 처자와 재물이 약탈된 것을 알고 다윗을 돌로 쳐죽
이려고 합니다. 하나님은 그러한 위급한 상황에서 다윗을 지켜 주십니
다. 다윗은 이스라엘의 참된 통치자로 세움을 받을 왕이기 때문입니다.

다윗은 즉시 아말렉 군대를 추격하여 승리감에 들떠있는 그들을 기습
하였습니다. 그리고 빼앗긴 가족들과 재산뿐만 아니라 아말렉에게서 많
은 재물까지 탈취하게 됩니다. 이 일을 통해 다윗의 지위는 더욱 확고하
게 되고 백성들의 마음이 다윗에게로 쏠리게 됩니다(삼상 30:16-20). 또한
다윗은 전리품들을 유다 족속들에게도 나누어줌으로써 백성들의 마음
을 얻었고, 그 전투에 참여하지 못한 군사들에게도 똑같이 배분해 줌으
로써 모든 불평을 제거했을 뿐만 아니라, 지위를 더욱 돈독히 하는 지혜
를 나타냈습니다(삼상 30:21-30).

그러한 중에 길보아 산에서는 블레셋과 사울 사이에 큰 전투가 벌
어지고 있었는데, 이 전투에서 사울과 그 아들들이 전사하고 이스라
엘이 크게 참패를 당합니다. 다윗이 아말렉 사람들을 쳐서 이기고 시
글락으로 돌아온 지 삼일 후에 한 사람이 와서 다윗에게 이 사실을 전
해줍니다.

그는 "군사가 전쟁 중에서 도망하기도 하였고 무리 중에 엎드려져 죽은 자도 많았고 사울과 그 아들 요나단도 죽었나이다"(삼하 1:4)고 사울의 죽음을 알렸습니다. 이에 다윗이 자세한 정황을 묻자 그는 자기가 길보아 산에 우연히 올라가 본 즉 사울이 기진해 있어서 죽기를 청하매 사울을 죽이고 그의 면류관과 팔찌를 가져왔다고 자랑스럽게 늘어놓았습니다.

이에 다윗은 저녁때까지 슬피 애곡한 후 그 소식을 전한 사람이 아말렉 사람인 것을 알고 "네가 어찌하여 손을 들어 여호와의 기름부음 받은 자 죽이기를 두려워하지 아니하였느냐"(삼하 1:14)고 질책하며 사형에 처하고 맙니다. 아말렉 사람은 자기가 사울을 죽인 것을 인하여 다윗이 큰 상을 줄 것을 바랬지만 오히려 자신의 악행으로 인해 죽고 말았습니다.

다윗은 애가를 지어 사울과 요나단의 죽음을 애도하며 성대하게 장례를 치러 줌으로써 모든 백성들로부터 칭송을 받게 됩니다. 그리고 헤브론으로 거처를 옮깁니다. 이곳에서 유대 사람들이 다윗에게 기름을 붓고 왕으로 세웁니다. 그렇지만 다윗은 이스라엘의 왕이 되기 위해서 좀 더 기다려야 했습니다. 왜냐하면 아직 다른 지파들은 다윗을 왕으로 섬기지 않았기 때문입니다.

그런 후 사울의 장수 넬의 아들 아브넬이 블레셋을 물리치고 사울의 아들 이스보셋을 세워 이스라엘의 왕으로 삼았습니다(삼하 2:8-10). 이 사건은 다윗이 이스라엘의 왕으로 부름을 받는 일에 커다란 장애물이 되었습니다. 그리고 이스보셋과 다윗 사이에 전쟁을 발발시키게 되었습니다. 과연 누가 진정으로 이스라엘의 왕이 되는가에 대한 싸움입니다.

그러나 그 결과는 분명합니다. 왜냐하면 이스라엘의 왕은 하나님이 세우시는 것이지 사람이 세우는 것이 아니기 때문입니다. 이스라엘은 하나님의 나라이며 하나님이 주권자이십니다. 그런데 이스보셋은 아브넬에 의하여 왕으로 세워졌을 뿐입니다. 따라서 이 싸움의 성격은 분명합니다. 그리고 다윗의 승리가 보장된 것도 확실합니다(삼하 2:17).

이 싸움은 쉽게 끝나지는 않았습니다. 그러나 시간이 흐름에 따라 조금씩 기울기 시작했습니다. 곧 아브넬이 점차 이스라엘의 권세를 잡고 이스보셋을 위협하기 시작하는 데서 일이 발단됩니다. 아브넬은 사울의 첩인 이스바를 자기의 아내로 삼겠다고 이스보셋에게 요구합니다. 이스보셋은 이스바가 자기의 어머니 격에 해당하기 때문에 거절합니다.

아브넬의 속셈은 사울의 첩을 취함으로써 자기가 진정 이스라엘의 실권자임을 만방에 나타내고자 했던 것인데 거절당하자 다윗에게로 전향하고 맙니다. 아브넬이 전향하자 이스보셋은 허수아비에 불과했고 결국 모반을 당하여 살해되고 맙니다(삼하 3:5-8). 그리고 아브넬 역시 다윗의 군대장관 요압에게 살해되었습니다(삼하 3:27-30). 이렇게 되자 이스라엘은 여지없이 무너졌고 다윗만이 우뚝 서게 됩니다.

한편 다윗은 아브넬의 죽음이 요압의 모략으로 인한 사실을 만방에 알리고 또한 이스보셋을 죽인 자들을 처단하여 공의로운 통치자의 모습을 보임으로써 온 이스라엘이 다윗을 왕으로 삼게 됩니다(삼하 5:1-3). 그들은 다윗에게 기름을 붓고 이스라엘과 유다의 왕으로 비로소 섬기게 됩니다(삼하 5:4-5).

다윗은 왕위에 오르자 여부스 사람들이 지키는 천연의 요새인 예루살렘성을 공략하여 수도로 삼고 피폐해진 이스라엘을 굳건히 건설해 나갑니다. 하나님은 더욱 다윗을 높이 세워나가셨습니다. "만군의 하나님 여호와께서 함께 계시니 다윗이 점점 강성하여 가니라"(삼하 5:10)는 말씀 속에서 우리는 하나님의 다윗을 향한 은혜를 밝히 볼 수 있습니다.

다윗이 예루살렘을 점령하자 여부스 사람들과 적대 관계에 있던 두로 왕 히람이 백향목을 보내옴으로써 다윗 궁을 세우게 되었습니다. 그리고 블레셋이 다시 침략해 왔으나 여호와께서 쳐서 물리쳐 주심으로(삼하 5:22-25) 다윗은 명실상부한 이스라엘의 왕이 되었습니다. 온 백성들뿐만 아니라 하나님께로부터 인정을 받는 참 왕이 된 것입니다.

왕으로 세움을 받은 다윗은 기럇여아림에서 20년 간이나 머물러 있던 법궤를(삼상 7:1-2) 예루살렘성으로 모셔오고자 했습니다. 법궤는 온 이스라엘의 진정한 왕으로서 이스라엘을 다스리실 여호와 하나님의 임재에 대한 표징입니다. 따라서 법궤는 당연히 예루살렘에 들어와 좌정을 해야만 했습니다.

다윗은 새 수레에 법궤를 싣고 수금과 비파와 소고와 양금과 제금 등 여러 가지 악기로 주악을 울리면서 온 백성들과 더불어 아비나답의 집에서 법궤를 옮겨왔습니다. 참으로 이스라엘의 왕이 이제 왕궁으로 입성하는 장면이야말로 성대하지 않을 수 없습니다(삼하 6:1-5).

그런데 나곤의 타작 마당에 이르러 법궤가 넘어질 듯 하자 웃사가 손을 들어 법궤를 붙들었습니다. 그 순간 웃사는 여호와의 영광이 충돌하여 즉사하고 맙니다. 다윗은 그만 크게 충격을 받고 말았습니다. 그래서 법궤를 오벧에돔의 집에 모셔 놓게 하고 석달 동안 곤고한 가운데 빠져 있어야만 했습니다. 하나님의 보좌인 법궤가 예루살렘에 있지 않는 한 다윗의 보좌도 의미가 없었습니다.

그러다 문득 다윗이 크게 범죄한 사실을 깨달았습니다. 법궤를 옮길 때는 레위인들이 메고 옮겨야 했습니다(민 4:15 참고). 수레에 싣고 옮기는 것은 블레셋 사람들이 행했던 방법이었습니다(삼상 6:7 참고).

다윗은 베 에봇(제사장이 입는 옷)을 입고 레위인들을 시켜 법궤를 메어 춤을 추며 나팔을 불고 법궤를 예루살렘으로 옮길 수 있었습니다. 시편 24편은 이때 작시되었습니다. "문들아 너희 머리를 들지어다 / 영원한 문아 들릴지어다 / 영광의 왕이 들어가시리로다 / 영광의 왕이 뉘시뇨 / 강하고 능한 여호와시오 / 전쟁에 능한 여호와시로다 / … / 만군의 여호와께서 곧 영광의 왕이시로다(셀라)"(시 24:7-10).

법궤를 예루살렘성으로 옮긴 다윗은 하나님을 위하여 성전을 짓고자 하였습니다. 그러자 하나님은 나단 선지자를 통해 말씀하십니다. "네가 나를 위하여 나의 거할 집을 건축하겠느냐 내가 이스라엘 자손을 애굽에서 인도하여 내던 날부터 오늘날까지 집에 거하지 아니하고 장막과 회막에 거하며 행하였나니"(삼하 7:5-6)라고 하시면서 오히려 하나님께서 다윗을 영원한 이스라엘의 왕으로 삼고 다윗의 집(가문)을 지어주시겠다고 복을 주십니다.

그리고 "네 수한이 차서 네 조상들과 함께 잘 때에 내가 네 몸에서 날 자식을 네 뒤에 세워 그 나라를 견고케 하리라 저는 내 이름을 위하여 집을 건축할 것이요 나는 그 나라 위(Throne: 보좌)를 영원히 견고케 하리라"(삼하 7:12-13)고 약속하시면서 "나는 그 아비가 되고 그는 내 아들이 되리니 … 네 집과 네 나라가 네 앞에서 영원히 보전되고 네 위가 영원히 견고하리라"(삼하 7:14-17)고 하십니다.

다윗이 이스라엘의 왕으로서 하나님을 높이고 하나님을 위한 집을 세우겠다고 했지만 오히려 하나님은 다윗의 왕국을 세워주시고 견고히 하시겠다고 언약을 하십니다. 그리고 이 언약에 따라 다윗의 대를 잇는 왕들이 끊이지 않고 세워졌음을 볼 수 있습니다. 그리고 마침내 다윗의 후손 가운데 진정한 왕이신 그리스도 예수가 탄생함은 이러한 맥락에서 자연스럽게 이해할 수 있습니다.

다윗은 어느 곳에 가서든 전쟁에서 승리합니다. 물론 하나님께서 그를 강하게 해주셨습니다(8:6, 14). 그리고 블레셋, 아람, 암몬, 에돔 등 주변 국가들을 모두 평정하여 이스라엘 왕국으로 귀속시킵니다. 따라서 그들은 다윗에 의하여 하나님 나라에 편입이 되었습니다. 이러한 모습은 장차 예수 그리스도에 의해서 모든 나라들이 하나님의 의로운 나라에 편입될 것을 예시해 줍니다. 그리고 다윗은 요나단과의 약속에 따라 요나단의 아들 므비보셋에게 모든 기업을 물려주고 다윗과 같은 상에서 음식을 먹을 수 있는 특권을 베풀어줌으로써 의로운 왕의 모습을 보여주고 있습니다(9:1-13).

이제까지 다윗을 살펴볼 때 다윗은 철저하게 하나님 중심의 삶을 살아온 것을 볼 수 있습니다. 그래서 하나님은 다윗을 가리켜 마음에 합한 자라고 하셨으며 다윗의 집을 견고히 세우고 다윗 왕조를 영원한 왕조로 세우시겠다고 언약을 해주십니다. 이 언약이 곧 '왕국의 언약' 입니다.

하나님은 애굽의 세력 아래서 노예 상태로 있던 이스라엘을 구원하셨습니다. 그리고 그들을 광야 여행을 통해 연단시키고 시내산에서 하나님 나라의 백성으로서의 삶의 도리를 가르치신 후 가나안 땅으로 인도하셨습니다. 이 정복사업을 통하여 하나님은 그의 백성들에게 안식을 허락해 주셨습니다.

그러나 얼마 가지 않아 이스라엘은 여호수아에 의하여 주어진 사역이었던 원칙적인 승리와 평화와 안식을 잃어버리고 말았습니다. 그때 하나님은 다윗을 세우셔서 고통받는 이스라엘에게 비로소 참 안식과 평안을 주십니다. 이런 의미에서 볼 때 다윗의 사역은 예수 그리스도의 사역과 깊은 연관이 있음을 알 수 있습니다.

그리고 하나님은 이 안식의 땅에서 하나님을 대신하여 다스릴 통치자로서 다윗과 그 후손을 통한 다윗 왕조를 대리자로 삼으심으로써 영원한 하나님 나라의 통치자로 삼으셨습니다. 그렇기 때문에 '왕국의 언약'은 성경의 구속사적 위치에서 매우 중요한 위치를 차지하고 있습니다. 그리고 나서야 비로소 하나님은 솔로몬을 통해 성전을 짓게 하신 후 하나님 역시 안식에 들어가십니다. 이렇게 함으로써 아브라함과 맺은 언약(창 12:1-3)이 성취되고 마침내 이땅에 하나님의 나라가 건설되었습니다.

43. 다윗의 고난 : 메시아를 바라봄

사무엘하 11장 - 24장

이땅에 건설된 하나님의 나라는 완벽한 나라는 아니었습니다. 그것은 하나님께서 다윗과 세우신 왕국 언약 안에서 보여지고 있습니다. "저가 만일 죄를 범하면 내가 사람 막대기와 인생 채찍으로 징계하려니와 내가 네 앞에서 폐한 사울에게서 내 은총을 빼앗은 것같이 그에게서는 빼앗지 아니하리라"(삼하 7:14-15)는 말씀 가운데서 하나님의 대리자로서의 왕들이 의롭게만 다스리는 것이 아니라 불법도 행할 수 있음을 암시하고 있습니다.

따라서 우리는 다윗에 의해 건설된 하나님의 나라는 장차 그리스도에 의해 완성되기까지 하나의 과도기적 모형이라고 보아야 합니다. 창세기부터 사무엘하 7장까지는 이땅 위에 건설된 하나님의 나라에 대한 기록이지만 예수께서 오시기까지는 이 나라가 결코 완벽한 나라가 아니라는 점에 관심을 두고 있음을 유의해야 합니다.

다윗은 주변 국가들을 계속 정복해 나갔습니다. 비록 다윗의 칼에 의하여 주변 국가들이 예속을 당했으나 그것은 중대한 의미를 담고 있습니다. 이는 마치 복음의 정복과 같은 의미를 담고 있기 때문입니다. 그리스도의 천국 복음은 심령을 정복해 나갈 것입니다. 그렇기 때문에 다

윗의 정복 사업은 장차 전 세계 민족이 그리스도의 천국 복음으로 정복
될 것을 예표하고 있습니다.

그러한 싸움이 진행되던 중에 우기(비가 많이 오는 시기)가 되어 잠시 전
쟁이 중지되었습니다. 그리고 다시 전쟁이 시작될 무렵 다윗에게 어두
운 그림자가 덮히고 있었습니다. 곧 하나님의 나라를 확장하기 위해 싸
움터에 나가 있어야 할 그가 예루살렘성에서 낮잠을 자고 있었던 것입
니다(삼하 11:1-2).

다윗의 역할은 앞서 살펴보았던 것처럼 메시아의 모형으로서 이방 국
가를 복속시켜 하나님의 나라로 모으는 것이었습니다. 따라서 그의 싸
움은 단순하게 왕권을 확장시키고 영토를 넓히거나 혹은 자기의 능력이
나 이름을 떨치기 위함이 아니었습니다.

그는 하나님께서 보내신 메시아로서 하나님의 나라를 확장하고 계속
건설해 나가기 위한 전쟁을 수행해야 합니다. 그런데 잠시 그 사명을 잊
어버린 것에서 그의 생애가 크게 바뀌는 결과를 초래하기에 이릅니다.

저녁이 다 되어서야 침상에서 일어선 다윗은 밧세바가 목욕하는 모습
을 내려다 보고 데려다가 동침을 하였습니다. 이 일로 밧세바는 임신을
하게 되었습니다. 다윗은 이 사실을 은폐하기 위해 전장에 나가 있는 밧
세바의 남편 우리아를 불러들여 밧세바와 같이 밤을 보내도록 계략을
꾸몄습니다. 그러나 충직한 우리아는 집에 들어가지 않고 다윗 왕궁 문
에서 잠을 잤습니다.

다윗이 이에 대하여 힐문하자 우리아는 "언약궤와 이스라엘과 유다
가 영채 가운데 유하고 내 주 요압과 내 왕의 신복들이 바깥 들에서 유
진하였거늘 내가 어찌 내 집으로 가서 먹고 마시고 내 처와 같이 자리이
까 내가 이 일을 행치 아니하기로 왕의 사심과 왕의 혼의 사심을 가리켜

맹세하나이다"(삼하 11:11)라고 답변합니다. 이에 다윗은 편지를 써서 우리아의 손에 쥐어주고 군대장관 요압에게 전하도록 합니다. 그것은 "너희가 우리아를 맹렬한 싸움에 앞세워 두고 너희는 뒤로 물러가서 저로 맞아 죽게 하라"(삼하 11:15)는 섬뜩한 내용의 편지였습니다. 결국 충성스러운 우리아는 그렇게 전사하고 맙니다. 다윗은 그것으로 모든 일이 다 마무리된 줄 알았습니다.

어둠이 깊어지면 새벽이 오는 법입니다. 다윗이 깊은 죄악 속에 빠져들 때 하나님은 그 행위를 인정하지 않으셨고 모른 체 하지 않으셨습니다. 하나님은 선지자 나단을 통하여 이르시기를 무엇이든 부족하다면 얼마든지 하나님께서 채워주셨을 터인데 계명을 어긴 것은 하나님을 업신여김과 같아서 다윗의 집에 칼이 떠나지 않고, 다윗이 은밀히 행한 그 일이 백주에 다윗의 처들에게 일어날 것이라고 선포하십니다(삼하 12:7-11).

다윗이 잠시 늦장을 부린 것이 이처럼 엄청난 결과를 초래하고 말았습니다. 결국 밧세바가 출생한 아이는 죽고 맙니다. 그리고 밧세바는 다윗을 통해 또 한 아이를 낳게 되는데 그 이름은 솔로몬이었습니다. 이런 일들이 있은 후 비로소 다윗은 전쟁터로 나갑니다.

그러나 여호와 하나님의 진노는 전쟁이 끝난 후 평안의 시기에 다윗의 집안에서부터 서서히 나타나기 시작했습니다. 곧 다윗의 아들 암논이 이복누이인 다말(압살롬의 여동생)을 연애하고 있었습니다. 암논은 심히 아픈 것처럼 꾀병을 부려서 다윗의 마음을 산 후 다말로 하여금 시중을 들도록 간청합니다. 다윗은 암논을 사랑하여 다말로 하여금 오라버니에게 시중을 들도록 합니다. 그러자 암논은 다말을 강제로 끌어다 동침을 하고 맙니다.

"그리고 암논이 저를 심히 미워하니 이제 미워하는 마음이 이왕 연애하던 연애보다 더한지라"(삼하 13:15)는 말과 같이 다말에서 수치를 입히고 내어쫓아 버립니다.

다말은 친오빠 압살롬에게 하소연하여 압살롬의 분을 일으키게 되고, 2년이 지난 뒤에 압살롬은 기회를 만들어 암논을 살해하고 맙니다(삼하 13:23-29). 그리고 그술 왕의 아들 달매에게로 도피합니다. 그러나 하나님의 진노는 이것으로 끝나지 않았습니다. 의당히 공의로써 심판을 베풀어야 할 다윗은 암논과 다말과의 사태에서도 미적미적하여 큰 화를 자초하더니 또 다시 압살롬까지 예루살렘성으로 불러들이고 맙니다(삼하 14:1-24).

그러나 이러한 조치는 더 큰 재앙을 낳고 말았습니다. "온 이스라엘 가운데 압살롬같이 아름다움으로 크게 칭찬받는 자가 없었으니 저는 발바닥부터 정수리까지 흠이 없음이라"(삼하 14:25)는 말과 같이 서서히 백성들의 마음이 압살롬에게 향하기 시작했습니다. 그리고 급기야 압살롬은 성문 앞에 서서 왕에게 재판을 청하러 오는 사람들을 환대함으로써 백성들의 마음을 훔치기 시작했습니다.

다윗이 왕궁에서 편히 앉아 소일할 때 압살롬은 이처럼 백성들의 마음을 미혹하여 인기를 높이더니 마침내 다윗이 왕으로 등극했던 헤브론에서 반역을 일으키고 스스로 왕이 되었습니다. 그리고 이미 마음을 빼앗긴 백성들이 많으므로 압살롬에게 돌아서는 백성들의 수가 갈수록 커져갔습니다.

이 소식을 접한 다윗은 황급히 왕궁을 빠져나와 정처 없이 쫓기는 신세를 면할 수 없었습니다. 그리고 다윗의 처들은 백주에 압살롬에 의해 취해지고 말았습니다. 한 번 악을 행하고도 철저하게 회개하지 않고 죄

268 · 제5부 _ 사울 왕국에서 다윗 왕국까지

를 은폐시키려 했던 것이 이처럼 엄청난 사태를 가져다주고 말았습니다. 이것은 이미 하나님께서 다윗에게 진노한 결과였습니다(삼하 12:13-15).

그렇다고 압살롬이 결코 옳은 것은 아니었습니다. 마침내 압살롬은 죽임을 당하게 됩니다(삼하 18:9-15). 그가 하나님을 두려워하지 아니하고 스스로 교만하였으므로 그가 자랑삼던 머리털 때문에(삼하 14:25-26) 나뭇가지에 걸려 죽고 맙니다. 그러나 이 일 후에도 다윗의 집에서는 피비린내나는 음모가 끊이지 않았고 심지어 백성들의 마음이 다윗을 떠나 따로 분당을 일삼기도 했습니다(삼하 20:1-2). 더 나아가 다윗에 의해 궤멸되었던 블레셋이 다시 세력을 모아 이스라엘을 침공하게 되었습니다(삼하 21:15 이하).

다윗은 하나님 나라의 통치권자로서 그 나라를 잘 다스리고 하나님의 의로운 통치를 나타내어야 했습니다. 마치 에덴동산에서 아담이 온 피조물들을 관할했던 것과 같이 그 한 사람의 순종함을 통해 모든 피조물에게 하나님의 복이 전달됨과 같습니다.
다윗이 하나님 앞에서 순종하고 그 말씀을 따를 때 그 나라의 모든 백성들 역시 하나님의 복 가운데 임하게 됩니다. 그러나 다윗이 하나님 앞에 불충했을 때 백성들에게 약속된 안식과 평안은 깨어지고 마는 법입니다. 마치 아담 한 사람이 범죄함으로 에덴동산을 잃어버렸고 온 인류가 죄악에 빠져 영적 사망에 이르게 됨과 같습니다.

아담이 범죄함으로 메시아의 오심이 불가피했던 것처럼 다윗의 범죄함을 통해서 우리는 참된 메시아를 대망할 수밖에 없음을 알게 됩니다. 하나님께서 그 나라의 왕으로 세우신 다윗 역시 무언가 미흡하고 나약할 수밖에 없음을 보아 다윗이 결코 완전한 하나님의 나라를 건설할 수 없는 것입니다. 따라서 다윗 역시 메시아를 바라볼 수밖에 없습니다.

이어 하나님의 계속된 진노는 이스라엘의 군대를 계수하도록 다윗을 종용하는 것으로 나타납니다. 요압은 "이 백성은 얼마든지 왕의 하나님 여호와께서 백 배나 더하게 하사 내 주 왕의 눈으로 보게 하시기를 원하나이다 그런데 내 주 왕은 어찌하여 이런 일을 기뻐하시나이까"(삼하 24:3)고 만류합니다. 그러나 한 번 죄에 얽매이게 되면 아무리 참된 말을 해주고 바른 길을 제시해 주더라도 자기의 고집을 꺾기가 쉽지 않은 법입니다.

하나님의 백성은 하나님께서 관리하십니다. 결코 다윗의 소유가 아닙니다. 단지 그는 하나님의 대리자로 관리할 뿐입니다. 그렇다면 자기가 항상 관심을 가져야 할 것은 먼저 하나님의 뜻이 무엇이고 그분이 바라시는 것이 무엇인가를 깨닫는 일입니다. 그리고 그러한 삶을 위해 주께로부터 지혜와 능력을 주실 것을 간구하고 의지해야만 합니다.

결국 다윗은 인구 계수가 끝난 후에야 그 마음에 자책하고 "내가 이 일을 행함으로 큰 죄를 범하였나이다 여호와여 이제 간구하옵나니 종의 죄를 사하여 주옵소서 내가 심히 미련하게 행하였나이다"(삼하 24:10)고 고백합니다. 하나님은 이 고백을 듣고 싶어 얼마나 기다리셨는지 모릅니다.

다윗이 그렇게 하지 않았기 때문에 하나님은 수 차례에 걸쳐 다윗에게 시련을 주셨던 것입니다. 그래도 다윗이 깨닫지 못하자 인구 계수를 하도록 종용하셨고 그때야 다윗은 자신의 모습을 바로 찾을 수 있었습니다. 오직 하나님을 바라보고 그분께서 인도하며 보호해 주실 것을 고백함으로써 다윗 역시 하나님의 구원을 대망하게 되었습니다. 오직 유일한 생명의 길은 하나님께 있습니다. 철저하게 자기 자신의 실패와 부패된 모습을 통해 시련을 당한 후에야 다윗은 비로소 하나님을 바라보게 된 것입니다.

"나는 범죄하였고 악을 행하였삽거니와 이 양 무리는 무엇을 행하였
나이까 청컨데 주의 손으로 나와 내 아비의 집을 치소서"(삼하 24:17)라는
기도야말로 다윗이 얼마나 처절할 정도로 낮아졌는가를 보여줍니다. 그
래서 다윗은 타작 마당에서 여호와의 사자에게 번제를 드릴 때 타작 마
당의 주인인 여부스 사람 아라우나가 그 땅을 거져 주겠다고 했지만 기
필코 값을 치르고 타작 마당과 소를 사서 화목제로 드립니다. 백성의 물
건 하나까지라도 아끼고 존중할 수 있는 왕이 된 것은 참으로 다행스러
운 일입니다.

이런 모습을 보고 우리는 다윗을 성군이라고 합니다. 하나님 앞에서
자신의 모습을 발견하고 철저하게 깨달은 후에 백성들을 아끼고 사랑하
는 왕이 되었습니다. 진실로 우리의 모습도 그러해야 합니다. 내 자신이
먼저 하나님 앞에서 어떤 모습인가를 바로 찾은 사람이야말로 참 사랑
을 베풀 수 있으며 또한 사랑을 받게 됩니다. 그리고 그러한 참 구원의
소망은 오직 메시아이신 그리스도 예수에 의해서만 우리에게 주어짐을
인정해야 합니다.

그리고 마침내 이곳 타작 마당에 성전을 짓도록 하나님께서 종용하십
니다(대하 3:1). 여기에 더 큰 하나님의 은혜와 사랑이 담겨져 있습니다.

"여호와여 주의 분으로 나를 견책하지 마옵시며 주의 진노로 나
를 징계하지 마옵소서 여호와여 내가 수척하였사오니 나를 고치
소서 나의 영혼도 심히 떨리나이다 여호와여 어느 때까지니이까
여호와여 돌아와 나의 영혼을 건지소서 주의 인자하심을 인하여
나를 구원하소서"(시 6:1-4).

제6부

이스라엘 왕국 분열에서 멸망까지

44. 솔로몬 : 하나님 나라의 평화

열왕기상 1장 - 10장

다윗의 나이가 많아지자 뒤를 이어 왕이 될 후계자 문제가 대두되었습니다. 그때 다윗의 아들 아도니야가 스스로 높여 군대장관 요압과 제사장 아비아달과 모의하여 잔치를 베풀고 왕이 되고자 하였습니다. 선지자 나단이 이 사실을 다윗에게 알리자 다윗은 솔로몬으로 후계자를 삼고 제사장 사독과 다윗의 용사들이 호위하여 왕으로 세우도록 하였습니다(왕상 1:38-39).

다윗은 임종이 가까움을 알자 "내가 이제 세상 모든 사람의 가는 길로 가게 되었노니 너는 힘써 대장부가 되고 네 하나님 여호와의 명을 지켜 그 길로 행하여 그 법률과 계명과 율례와 증거를 모세의 율법에 기록된 대로 지키라 그리하면 네가 무릇 무엇을 하든지 어디로 가든지 형통할지라 여호와께서 내 일에 대하여 말씀하시기를 만일 네 자손이 그 길을 삼가 마음을 다하고 성품을 다하여 진실히 내 앞에서 행하면 이스라엘 왕위에 오를 사람이 네게서 끊어지지 아니하리라 하신 말씀을 확실히 알게 하시리라"(2:2-4)고 유언합니다. 그리고 군대장관 요압과 다윗에게 수치를 입혔던 시므이를 처단할 것을 말합니다.

시므이는 사울 왕과 같은 베냐민 지파 사람으로서 베냐민 지파 중에서 유력자였습니다. 그리고 호시탐탐 사울의 왕위를 다시 세우려는 야심을 갖고 있었습니다. 뿐만 아니라 다윗을 저주하고 하나님을 대적하는 일을 서슴없이 행하였기에 그는 하나님의 대적자가 되었습니다.

그리고 요압은 군대를 장악한 실력자로서 다윗 왕의 의사를 무시하고 자기 뜻대로 행할 때가 많았으며 평화로운 시기에 의로운 사람의 피를 흘렸고 다윗의 만년에 그의 왕권에 대한 도전이 있었습니다. 여기에 대한 심판을 다윗은 솔로몬에게 맡기고 있습니다.

솔로몬이 왕위에 오르자 적대 세력들을 처단하기 시작했습니다. 그러나 그 방법이 정당해야 했기에 솔로몬은 지혜롭게 이 일들을 처리하였습니다. 먼저 아도니야에게서 일이 시작되었습니다. 다윗의 뒤를 이어 스스로 왕이 되고자 했던 아도니야는 솔로몬의 모친인 밧세바에게 가서 다윗의 후궁인 수넴 여자 아비삭을 아내로 삼게 해 달라고 간청했습니다.

이 소식을 들은 솔로몬은 아도니야를 참수하고 맙니다. 왜냐하면 다윗의 아내인 아비삭을 요구하는 것은 아도니야가 진정한 다윗의 후계자가 된다는 것을 의미하기 때문입니다. 곧 아도니야가 다윗의 후궁을 취하게 되면 그것이 다윗의 왕권을 취하게 되는 상징적인 사건이 됩니다. 아도니야는 왕권을 포기하는 척 하면서 교활하게도 그의 야심을 드러내고 있었습니다.

그후 아도니야의 편에 섰던 제사장 아비아달을 파면합니다. 이렇게 함으로써 엘리 제사장 가문은 끝이 나고 사독 제사장 가문이 그 뒤를 잇게 됩니다. 이러한 일련의 일들을 본 군대장관 요압은 성전의 제단뿔을 붙잡고 살려달라고 간청을 합니다. 그러나 무구한 피를 흘린 그를 그냥 둘 수 없었습니다. 마침내 막강한 힘을 소유하고 있던 요압마저도 참수되고 맙니다. 그리고 시므이 역시 솔로몬과의 약조를 어겨 참수당하게됩니다. 이렇게 함으로써 다윗의 왕권을 노리던 모든 적대 세력들, 즉하나님께 도전하던 모든 세력들이 제거되었습니다.

국가의 기강이 튼튼해지자 솔로몬은 기브온에 가서 하나님께 일천 번제를 드립니다. 하나님은 솔로몬에게 지혜를 주심으로써 하나님의 나라를 튼튼히 세워나가도록 해주십니다. 솔로몬의 지혜는 그 유명한 재판 사건에서 뚜렷하게 나타납니다(3:16 이하).

참된 지혜로운 왕의 통치로 이땅에 공의를 세워나가는 모습을 볼 때비로소 아브라함에게 약속하셨던 하나님의 의로운 나라가 이땅에 완성되었음을 우리는 알 수 있습니다. 비로소 하나님은 그 땅 위에 참된 평화와 안식이 깃들었음을 선언하시기 위해 솔로몬에게 성전을 짓도록 허락합니다. 그리고 솔로몬은 다윗의 뒤를 이어 마침내 하나님께서 안식하실 수 있도록 성전을 건축하기에 이릅니다.

성전을 건축하는 솔로몬에게 하나님은 이렇게 말씀하십니다. "네가이제 이 전을 건축하니 네가 만일 내 법도를 따르며 내 율례를 행하며나의 모든 계명을 지켜 그대로 행하면 내가 네 아비 다윗에게 한 말을네게 확실히 이룰 것이요 내가 또한 이스라엘 자손 가운데 거하며 내 백성 이스라엘을 버리지 아니하리라"(6:12-13)고 다윗의 언약을 확인하십니다.

곧 사무엘하 7:13에서 다윗의 뒤를 이을 왕이 하나님이 거하시는 성전을 건축하게 될 것과 이스라엘의 왕권을 그 후손들에게 대대손손 이어 주실 것을 언약하신 것처럼 이제 그 약속이 솔로몬에게 와서 성취되었음을 보여주고 있습니다. 특히 솔로몬과의 약속에서 하나님은 친히 이스라엘 자손 곧 이스라엘 백성들 가운데 항상 함께하시며 그들을 인도하실 것을 약속해 주시는데 바로 이것을 상징하는 것이 성전입니다. 따라서 성전이 예루살렘성에 있다함은 곧 하나님이 이스라엘 가운데 계신다는 것을 의미합니다.

그런데 앞에서 하나님이 말씀하신 조건은 다름이 아니라 하나님의 법도와 율례를 따라 계명을 행하는 것입니다. 이 조건은 하나님의 백성이 된 모든 시대의 모든 성도들에게 아주 기본이 되는 하나님의 요구 조건이기도 합니다. 아담이 받은 언약 역시 이와 똑같은 차원의 것이었고 노아나 아브라함이나 역시 마찬가지입니다. 오직 하나님의 약속의 말씀에 따라 살아가는 것만이 유일한 의무조건이었습니다. 이 조건이 성문화된 것이 곧 모세의 율법이었으며 그 기본 정신은 같습니다.

지금의 성도들도 역시 마찬가지입니다. 그래서 예수 그리스도가 사단에게서 시험을 받으실 때, "사람이 떡으로만 살 것이 아니요 하나님의 입으로 나오는 모든 말씀으로 살 것이라"(마 4:4)고 하셨습니다. 곧 하나님 나라의 백성은 오직 하나님의 입에서 나오는 말씀에 따라 살아야 합니다. 그래서 시편 기자는 "복 있는 사람은 … 오직 여호와의 율법을 즐거워하여 그 율법을 주야로 묵상하는 자로다"(시 1:2)라고 노래했습니다.

그러므로 솔로몬이 건축한 성전이란 그 자체 안에 신비한 능력이 있어서 이스라엘을 보호하고 지키는 신전은 아닙니다. 오히려 솔로몬 자신이 온 이스라엘의 대표가 되어 하나님의 말씀에 따라 살 때 하나님이 그들의 하나님이 되시고 그들을 지켜주시는 것입니다. 이러한 근본 도리는 예나 지금이나 결코 변함이 없습니다. 성전이 웅장하게 건축되었기 때문에 그 나라가 잘 되고 평안이 유지되는 것이 아닙니다. 오히려 온 백성들이 얼마만큼 하나님의 말씀을 따라 사는가에 따라 참된 안식과 평강이 있게 되는 것입니다.

솔로몬 성전은 매우 웅장하고 아름답게 건축되었습니다. "제사장이 성소에서 나올 때에 구름이 여호와의 전에 가득하매 제사장이 그 구름으로 인하여 능히 서서 섬기지 못하였으니 이는 여호와의 영광이 여호와의 전에 가득함이었더라"(8:10-11)는 기록은 성전에 가득한 하나님의 영광이 얼마나 웅장한가를 보여주고 남음이 있습니다. 그리고 성전이 어떤 능력과 권세가 있는가는 낙성식 때 드린 솔로몬의 기도에서 잘 나타납니다(왕상 8:12-53 참고).

그 의미는 이미 앞서 성막에서 살펴본 바와 같이 하나님의 임재와 백성과의 교제, 그리고 하나님의 치유에 대한 것입니다. 이러한 기도를 마친 후 솔로몬은 온 이스라엘을 향하여 "여호와 앞에서 나의 간구한 이 말씀을 주야로 우리 하나님 여호와께 가까이 있게 하옵시고 또 주의 종의 일과 주의 백성 이스라엘의 일을 날마다 당하는 대로 돌아보사 이에 세상 만민에게 여호와께서만 하나님이시고 그외에는 없는 줄을 알게 하시기를 원하노라 그런즉 너희 마음을 우리 하나님 여호와와 화합하여 완전케 하여 오늘날과 같이 그 법도를 행하며 그 계명을 지킬지어다"(8:59-61)고 선포합니다. 참으로 그 성전이 더욱 성전다워지기 위해서는 하나님을 공경하고 신령과 진정으로 예배하며 그의 말씀을 따라 사는 일입니다.

하나님은 성전에 대하여 솔로몬에게 이렇게 말씀합니다. "네가 내 앞에서 기도하며 간구함을 내가 들었은즉 내가 너의 건축한 이 전을 거룩하게 구별하여 나의 이름을 영영히 그곳에 두며 나의 눈과 나의 마음이 항상 거기 있으리니 네가 만일 네 아비 다윗의 행함같이 마음을 온전히

하고 바르게 하여 내 앞에서 행하며 내가 네게 명한 대로 온갖 것을 순
종하여 나의 법도와 율례를 지키면 내가 네 아비 다윗에게 명하여 이르
기를 이스라엘 위에 오를 사람이 네게서 끊어지지 아니하리라 한대로
너의 이스라엘의 왕위를 영원히 견고하게 하려니와 만일 너희나 너희
자손이 아주 돌이켜 나를 좇지 아니하며 내가 너의 앞에 둔 나의 계명과
법도를 지키지 아니하고 가서 다른 신을 섬겨 그것을 숭배하면 내가 이
스라엘의 나의 준 땅에서 끊어버릴 것이요 내 이름을 위하여 내가 거룩
하게 구별한 이 전이라도 내 앞에서 던져 버리리니 이스라엘은 모든 족
속 가운데 속담거리와 이야기 거리가 될 것이며 이 전이 높을지라도 무
릇 그리로 지나가는 자가 놀라며 비웃어 가로되 여호와께서 무슨 까닭
으로 이 땅과 이 전에 이같이 행하셨는고 하면 대답하기를 저희가 자기
열조를 애굽 땅에서 인도하여 내신 자기 하나님 여호와를 버리고 다른
신에게 복종하여 그를 숭배하여 섬기므로 여호와께서 이 모든 재앙을
저희에게 내리심이라 하니라"(9:3-9).

곧 성전이 아무리 아름답다 할지라도 하나님이 복을 주시는 것은 그
들이 과연 하나님만을 섬기고 순종하느냐의 여부에 달려 있습니다. 이
처럼 솔로몬과 온 이스라엘이 하나님을 순종할 때 비로소 그 나라 온 지
경에 하나님의 평화가 이루어졌습니다. 아브라함에게 약속하신 언약에
따라 다윗이 국가를 건설하고 마침내 모든 적대 세력이 무너진 후 솔로
몬에 의해 참 평화의 나라가 건설된 것입니다.

이제 하나님의 평화의 나라가 모습을 드러내었습니다. 이 나라는 하
나님의 의가 나타나는 나라이며 하나님만을 왕으로 섬기는 나라였습니
다. 솔로몬이 비록 왕좌에 앉아 이스라엘을 다스린다고는 하지만 이스
라엘은 어디까지나 하나님 나라의 백성이요 솔로몬은 그 나라를 다스리
도록 하나님께서 세우신 대리자에 불과할 따름이었습니다. 그렇지만 하

나님은 솔로몬에게 하나님이 받으실 만한 영화와 존귀를 허락해 주셨습니다.

작금 이래로 솔로몬보다 더 지혜롭거나 영화를 누려본 왕은 없습니다. 그래서 스바 여왕이 솔로몬의 지혜를 보고 "당신의 하나님 여호와를 송축할지로다 여호와께서 당신을 기뻐하사 이스라엘 위에 올리셨고 여호와께서 영영히 이스라엘을 사랑하시므로 당신을 세워 왕을 삼아 공과 의를 행하게 하셨도다"(10:9)고 칭송하였습니다. 뿐만 아니라 주변 모든 나라들도 솔로몬의 영광을 보고 존경과 감탄을 금할 수 없었습니다 (10:23-25).

참으로 하나님의 말씀 안에만 있다면 이 나라야말로 세상 모든 나라들로부터 칭송과 존귀를 받고도 남을 것입니다. 그리고 이 나라야말로 참 평화의 나라입니다.

45. 왕국의 분열 : 지상 나라의 불완전성
열왕기상 11장 - 16장

"솔로몬 왕의 재산과 지혜가 천하 열왕보다 큰지라 천하가 다 하나님께서 솔로몬의 마음에 주신 지혜를 들으며 그 얼굴을 보기 원하여 각기 예물을 가지고 왔으니 곧 은그릇과 금그릇과 의복과 갑옷과 향품과 말과 노새라 해마다 정한 수가 있었더라"(10:23-25)는 기록은 솔로몬이 하나님의 말씀에 따라 치세를 함으로 얻은 영화를 단적으로 보여주고 있습니다. 하나님께서 세우신 그 나라는 이처럼 하나님을 사랑하고 그 계명대로 살 때 왕성해질 뿐만 아니라 세상 모든 나라들로부터 존귀를 얻게 됩니다.

이와 같이 솔로몬이 강대하고 그의 지혜가 온 땅에 퍼지므로 모든 열왕들이 솔로몬을 사랑하고 흠모하기에 이르렀습니다. 그 결과 각국 나라들의 공주를 솔로몬의 후궁으로 보내며 서로 화친을 맺고 친교를 나누기를 바랐습니다. 특히 당시에 애굽은 대단히 큰 나라로서 바로의 권세는 타의 추종을 불허할 정도였습니다. 그런데도 불구하고 바로가 자기의 딸을 후궁으로 보낼 정도였다면 솔로몬을 얼마나 높이 평가했는지 알 수 있습니다.

당시에는 국가간의 화친을 확인하기 위해서 서로 혼인 관계를 맺음으로써 조약을 유지해 나갔습니다. 그러므로 후궁이란 실상은 인질의 성격도 띠고 있었습니다. 그러나 일단 왕의 아내로 들어와 있기 때문에 항상 국빈의 대우를 받았습니다. 뿐만 아니라 자기들의 풍습에 따라 의식주 생활을 꾸려나갈 수 있는 특권도 있었으며, 자기들이 섬기던 종교까지 아무런 제약을 받지 않고 신앙 생활을 할 수도 있었습니다.

이스라엘 국가는 솔로몬의 이상과 정치 이념에 따라 다스리는 것이 아니라 하나님의 말씀에 따라 다스리는 하나님의 나라입니다. 따라서 인위적인 수단과 방법으로 이스라엘을 다스리는 일은 처음부터 있어서는 안 됩니다. 사실 솔로몬이 그와 같은 명성을 얻게 된 것도 자신의 수완으로 얻은 것은 결코 아닙니다. 하나님의 계명을 따라 다스렸기 때문에 얻게 된 것입니다.

그러나 이처럼 명성을 얻은 솔로몬은 이제 거꾸로 세상 열왕들과 같은 방법으로 나라를 다스리기 시작했습니다. 더군다나 이방 족속과의 통혼은 이미 하지 못하도록 금지된 일이기도 합니다. 왜냐하면 순수한 하나님에 대한 신앙이 변질되거나 오염되기 쉽기 때문입니다.

그런데도 솔로몬은 1천여 명의 후궁을 두었고 저들이 각기 자기들의 신들을 섬길 뿐만 아니라 솔로몬이 나이 들어 늙어지자 함께 예전禮典에도 참석할 것을 종용하기에 이르렀던 것입니다. 그 결과 솔로몬은 이방의 우상들을 위한 산당을 짓기도 하고 제사를 드리기도 하였습니다.

솔로몬이 이처럼 패역해지자 하나님은 솔로몬을 책망하시기에 이르렀습니다. 이처럼 가증한 우상숭배를 자행하고 하나님의 언약과 법도를 어기었으므로 이스라엘 나라를 나누시겠다고 경고하셨습니다(11:9-13). 그뿐만 아니라 다윗 이후부터 이스라엘의 속국이 되었던 주변 국가들이 반란을 일으킬 뿐만 아니라 국내에서도 반역하는 무리들이 점차 일어나기 시작했습니다. 그리고 급기야는 에브라임 족속인 여로보암이 정면으로 솔로몬을 대적하기에 이릅니다.

여로보암은 선지자 아히야에 의해 기름부음을 받고 솔로몬에게서 열 지파를 빼내어 새 왕조를 이룰 수 있도록 세움을 받았습니다. 이에 솔로 몬이 여로보암을 죽이려 하자 여로보암은 솔로몬이 살아있는 동안 애굽 으로 피신하게 되었습니다. 얼마 후 솔로몬이 죽자 그 아들 르호보암이 솔로몬의 뒤를 이어 왕으로 세움을 받게 됩니다.

그러자 여로보암이 애굽에서 돌아와 르호보암을 대적하기에 이릅니 다. 여로보암은 이스라엘 사람들을 종용하여 "왕의 부친이 우리의 멍에 를 무겁게 하였으나 왕은 이제 왕의 부친이 우리에게 시킨 고역과 메운 무거운 멍에를 가볍게 하소서 그리하시면 우리가 왕을 섬기겠나이다" (12:4)고 르호보암에게 요구했습니다. 그러나 르호보암은 자기가 친하게 여기는 젊은이들의 의견을 따라 오히려 전갈과 채찍으로 백성들을 다스 릴 것이라고 답하자 여로보암을 위시한 백성들이 반기를 들고 맙니다 (12:6-15 참고).

그 결과 유다와 베냐민 2지파만 남고 열 지파는 여로보암을 왕으로 삼아 북쪽 세겜성을 도읍지로 정하고 북 이스라엘 왕국을 건설하게 되 었습니다. 그리하여 예루살렘을 중심한 남 유다 왕국과 북 이스라엘 두 왕국으로 분열되고 말았습니다.

한편 북 왕국을 건설한 여로보암은 매년 절기 때마다 남쪽 예루살렘 성전으로 이스라엘 백성들이 내려가 제사를 드리다보면 그들의 마음이 바뀌어 자기를 살해하고 남 왕국과 연합하게 될 것을 우려하여 벧엘과 단에 각기 금송아지를 만들고 그곳에서 분향하며 제사를 드리도록 하였 습니다.

그러나 본래 하나님께서 솔로몬과 르호보암의 손에서 열 지파를 떼어내 여로보암에게 준 것은 그들이 우상숭배에 빠졌기 때문이었습니다. 왜냐하면 이스라엘은 하나님 나라의 백성으로서 의당히 순결하게 하나님을 섬겨야 하는데도 불구하고 우상에 빠짐으로써 스스로 더럽혀졌기 때문입니다.

그래서 여로보암에게 이르시기를 "내가 너를 취하리니 너는 무릇 네 마음에 원하는 대로 다스려 이스라엘 위에 왕이 되되 네가 만일 내가 명한 모든 일에 순종하고 내 길로 행하며 내 눈에 합당한 일을 하며 내 종 다윗의 행함같이 내 율례와 명령을 지키면 내가 너와 함께 있어 내가 다윗을 위하여 세운 것같이 너를 위하여 견고한 집을 세우고 이스라엘을 네게 주리라"(11:37-38)고 하셨습니다.

따라서 여로보암이 이 말씀과 같이 하나님만을 섬기고 하나님의 말씀에 따라 북 이스라엘 왕국을 다스린다면 하나님은 이 나라를 아주 귀하게 여기시고 다윗의 왕국과 같이 흥왕케 하실 것이었습니다. 이처럼 원래 하나님이 북 이스라엘 왕국을 여로보암을 통해 건설하실 때는 선별되고 공의로운 나라를 바라셨습니다.

그런데도 불구하고 여로보암이 자신의 정치적인 지위와 신변의 위협을 핑계삼아 단과 벧엘에 금송아지를 만들어 놓은 것은 전적으로 하나님을 신뢰하지 못한 마음에서 기인된 것입니다. 하나님께서 그를 세워 왕으로 삼으시고 모든 권세를 주셨건만 여로보암은 자기 의지대로 그 나라를 다스리려 했습니다.

여기에서의 금송아지란 하나님을 부인하고 금송아지를 섬기기 위한 것은 아닙니다. 하나님을 인정하되 하나님의 형상을 금송아지로 바꾸어 제2계명을 어긴 것입니다. 이런 사상은 혼합주의syncretism에서 나온 것으로 하나님의 형상을 피조물의 수준으로 떨어뜨리는 것과 피조물을 하나님의 형상으로 떠받드는 죄를 범하게 됩니다.

더 나아가 일정한 절기가 있음에도 불구하고 자기 나름대로 절기를 만들어 제사를 드리는 행위는 북 이스라엘 백성들로 하여금 남 유다와의 완전한 단절을 유도함으로써 자신의 정치적 지위를 돈독히 하고자 하려는 시도였으나, 이러한 사상은 결국 하나님보다 자기의 이익을 먼저 생각하는 인본주의Humanism의 가장 원시적인 모습에 불과합니다. 매사를 이런 식으로 할 것 같으면 과연 어느 부분에서 하나님을 참으로 하나님답게 섬길 수 있겠습니까?

그뿐 아니라 하나님께 제사할 때는 특별하게 선택된 제사장에 의하여 거행되어야 하는데 여로보암은 레위인이 아닌 보통 백성을 제사장으로 삼아 정통적인 하나님을 섬기는 모습에서 완전히 이탈하고 말았습니다. 이와 같이 하여 하나님의 형상을 피조물의 형상으로 바꾸었는가 하면 절기와 제사장을 세우는 규례까지도 무시해 버림으로써 남 유다 왕국에서 하나님을 섬기는 모습과는 전혀 다른 새로운 종교를 창시하는 결과를 초래하고야 말았습니다.

명칭은 하나님을 섬긴다고 하면서 어느 것 하나에서도 하나님이 세우신 규례대로 하지 않고 자기 나름대로 규정해 놓고 있습니다. 이러한 잘못된 모습은 지금 우리에게 여전히 남아있는 요소이기도 합니다. 우리가 하나님을 섬긴다 하면서 실상은 자신의 권위나 이상이나 체면을 더 앞세우는 행위들이 여전히 남아 있다면 결코 하나님을 올바로 섬긴다 말할 수 없습니다.

이와 같은 여로보암의 사악한 행위에 대하여 하나님은 먼저 경고를 하십니다. 곧 여로보암이 벧엘에서 분향하고 있을 때 선지자가 나타나 하나님의 심판이 있을 것을 말하고 그 제단이 깨어질 것을 선언합니다 (13:1-3). 여로보암이 손을 들어 그를 붙잡으라고 소리치자 그자리에서 그의 손이 말라버렸습니다. 그리고 선지자의 말과 같이 그 제단이 갈라 지고 말았습니다. 비록 선지자의 기도로 여로보암의 손이 원상태로 회 복 되기는 했지만 여로보암은 끝내 그 마음을 돌리지 않고 오히려 그 악 행이 더 심해지기만 했습니다(13:32-34). 이러한 여로보암에 대해 하나님 은 선지자 아히야를 통해 이렇게 말씀하십니다.

"내가 너를 백성 중에서 들어 내 백성 이스라엘의 주권자가 되게 하고 나라를 다윗의 집에서 찢어내어 네게 주었거늘 너는 내 종 다윗이 나의 명령을 지켜 전심으로 나를 좇으며 나 보기에 정직한 일만 행하였음과 같지 아니하고 너의 이전 사람들보다도 악을 행하고 가서 너를 위하여 다른 신을 만들며 우상을 부어 만들어 나의 노를 격발하고 나를 네 등 뒤에 버렸도다"(14:7-9)고 하시면서 여로보암의 가문을 철저하게 멸망시 키실 것과 다시는 이스라엘을 돌아보지 않으시겠다고 선언하십니다.

여로보암의 뒤를 이어 이스라엘의 왕이 된 나답 역시 자기 부친의 죄 악에서 떠나지 못했습니다. "저가 여호와 보시기에 악을 행하되 그 아비 의 길로 행하며 그가 이스라엘로 범하게 한 그 죄 중에 행한지라"(15:26) 함과 같이 여전히 우상숭배에 빠지자 하나님은 여로보암에게 선언하셨 던 말씀대로 바아사를 세워 철저하게 심판하심으로 여로보암의 모든 집 을 쳐서 한 사람도 남기지 않으셨습니다(15:27-32).

그러나 북 이스라엘의 왕이 된 바아사 역시 여로보암의 정책을 그대 로 답습합니다(15:33-34). 하나님은 선지자 예후를 보내셔서 그러한 악행 을 꾸짖으셨으나 끝내 바아사는 여로보암의 정책을 버리지 못함으로 하나님은 바아사 집안까지도 심판하십니다. 그 뒤를 이어 오므리가 강력한 군주로서 세력을 키워 사마리아에 도읍을 정하고 주변 국가들을 정복해 나감으로써 전례 없는 부강한 나라를 이루었습니다.

그러나 오므리 역시 여로보암의 정책을 그대로 이어받습니다. 성경은 "오므리가 여호와 보시기에 악을 행하되 그 전의 모든 사람보다 더욱 악하게 행하여 느밧의 아들 여로보암의 모든 길로 행하며 그가 이스라엘로 죄를 범하게 한 그 죄 중에 행하여 그 헛된 것으로 이스라엘 하나님 여호와의 노를 격발케 하였더라"(16:25-26)고 말하고 있습니다.

결국 솔로몬의 대외 전략 정책의 실패가 하나님의 지상 왕국을 분열시켰고 여로보암의 혼합주의 정책이 이스라엘을 멸망으로 인도하고 있음을 볼 때 이 지상 왕국은 불완전할 수밖에 없음을 알게 되고 영원한 새 왕국을 바라보아야 함을 우리에게 교훈으로 주고 있습니다.

46. 엘리야 : 하나님의 최후 권고

열왕기상 17장 - 22장

이스라엘은 특별한 나라였습니다. 곧 하나님이 다스리는 나라라는 점에서 아주 특이합니다. 따라서 이스라엘 국가 자체가 하나님을 위한 종교기관입니다. 곧 종교와 국가가 분리될 수 없는 혼연일체의 나라입니다. 이러한 요소는 결코 간과되어서는 안 됩니다. 오늘날에는 종교와 국가가 서로 다른 위치와 이념을 가지고 있습니다. 그래서 서로 돕든지, 적대하든지 하는 관계가 형성될 수밖에 없습니다. 자유주의 국가들에서는 종교를 인정하고 서로 독립한 가운데 돕고 있습니다. 반면에 공산주의 국가에서는 종교를 적대시하고 탄압합니다.

그러나 이스라엘은 철두철미하게 종교가 곧 국가요 국가가 곧 종교였습니다. 그래서 왕으로부터 제사장 그리고 모든 백성들에 이르기까지 오직 하나님만을 위하고 섬기게 되어 있었습니다. 그래서 국가 유지를 위한 헌법이 따로 독립되어 있지 않고 하나님께서 제정해 주신 율법이 곧 국가의 헌법입니다.

그리고 왕의 위치는 하나님께서 그의 백성을 다스리시기 위한 대리자였으며, 제사장은 그의 백성들에게 하나님의 복을 전달해 주는 중보자였습니다. 선지자는 혹 왕이나 백성들이 하나님 앞에서 방종할 때 하나님의 말씀을 되새기게 함으로써 하나님의 율례와 법도를 떠나지 못하게 하는 파수꾼이었습니다.

따라서 왕이 올바른 통치를 하지 못한다든지 제사장이나 선지자들이 자기 직무를 다하지 못할 때 이스라엘 백성들이 방자해져서 부패해지게 됩니다. 그리고 하나님 나라의 참된 모습을 상실하게 됩니다. 이런 점들을 볼 때 백성들을 위하여 세워진 직분자들의 위치는 아주 막중하다고 볼 수 있습니다. 그들 하나가 잘못될 때 파급되는 악이라는 것은 대단한 것입니다.

솔로몬이 지혜를 얻어 당시에 유력한 통치자로 세인들의 부러움과 존경을 받은 것은 사실이지만 그가 정책적으로 이웃 나라들과 맺은 정략결혼으로 말미암아 이방신들이 이스라엘 안으로 들어오게 되자 커다란 변화가 나타나기 시작했습니다. 그 결과 백성들이 이방신들의 산당에서 제사를 드리기도 하며, 하나님만을 섬기는 일에 등한시하게 되었고 우상숭배나 하나님 숭배나 별반 다른 게 없다고 여겨질 정도였습니다. 이렇게 되면 하나님만을 섬기도록 세워진 이스라엘 국가 자체의 설립 의도가 무너지게 되며 이스라엘이라는 독특한 존재 이유마저도 없어지게 됩니다.

이처럼 왕 한 사람의 실수가 나라 전체를 무의미하게 타락시킬 수 있었기에 모세는 신명기에서 왕정 제도 자체를 부정적으로 보았으며 사무엘 역시 이에 대하여 경고했던 것입니다. 그리고 하나님은 '사울'을 왕으로 택해 왕정 제도 자체가 가지고 있는 불합리한 모습의 실례를 보여주기까지 하셨습니다.

이와 같이 이스라엘이 종교적으로 타락하게 되어 그 본래의 목적을 잃어버릴 것을 우려하신 하나님은 여로보암을 택하시어 열 지파를 갈라 북 이스라엘 왕국을 세워주셨습니다. 그리고 다윗과 같이 하나님의 율례와 명령을 지키면 견고한 집을 세워주실 것을 약속하셨습니다(왕상 11:30). 그러나 여로보암은 여호와 하나님의 형상을 금송아지로 바꾸어 섬길 뿐만 아니라 백성들을 그와 함께 경배하도록 종용하였습니다. 따라서 하나님은 그를 폐하고 말았습니다. 그 뒤를 이은 이스라엘의 왕들도 역시 여로보암의 정책을 그대로 답습했기 때문에 계속된 찬탈과 반목의 역사가 지속됩니다.

이런 참혹한 상태에서 강력하게 왕권을 쥔 사람이 오므리였습니다. 오므리는 국방을 튼튼히 하고 자신의 왕권을 강력하게 세워나가 당시 주변 국가들로부터 경계의 대상이 될 정도였습니다. 뿐만 아니라 초강대 국가였던 앗시리아에까지 오므리의 명성이 들릴 정도였습니다. 이처럼 오므리는 외적으로 아주 강력한 이스라엘 국가를 건설했습니다.

그러나 그는 여로보암의 정책과 별반 다른 점이 없었으며 특히 북방의 두로와 시돈과 화친정책을 썼습니다. 그 이유는 당시 아람이 이스라엘에 가장 위협적인 세력이었는데 아람 배후에 있는 두로와 시돈과 화친을 맺음으로써 아람이 쉽게 이스라엘을 침공하지 못하도록 하기 위함이었습니다. 이러한 화친정책으로 오므리는 아들 아합을 시돈의 왕 엣바알의 딸 이세벨과 혼인시켰습니다.

그리고 아합은 오므리를 이어 북 이스라엘의 왕이 되었습니다. 아합에 대해 성경은 "오므리의 아들 아합이 그 전의 모든 사람보다 여호와 보시기에 악을 더욱 행하여 느밧의 아들 여로보암의 죄를 따라 행하는 것을 오히려 가볍게 여기며 시돈 사람의 왕 엣바알의 딸 이세벨로 아내를 삼고 가서 바알을 섬겨 숭배하고 사마리아에 건축한 바알의 산당 속에 바알을 위하여 단을 쌓으며 또 아세라 목상을 만들었으니 저는 그 전의 모든 이스라엘 왕보다 심히 이스라엘 하나님 여호와의 노를 격발하였더라"(16:30-33)고 기록합니다. 여기에서 이스라엘의 앞날이 결정적인 변화를 갖게 됩니다.

곧 이전의 왕들은 하나님을 섬기되 하나님의 형상을 바꾸어 섬겼습니다. 그러나 아합시대에 와서는 아예 여호와에 대한 어떤 종교 행사도 하지 못하게 되었습니다. 아합의 아내 이세벨은 철저하게 제사장들과 선지자들을 제거하고, 오히려 바알과 아세라를 위한 제사장을 세우며 모든 백성들로 하여금 여호와를 떠나 바알과 아세라에게 경배하게 하였습니다. 이러한 배도의 시기는 지금까지 한 번도 없었습니다. 그래서 성경은 그 전 모든 왕보다 아합이 악했다고 말하고 있습니다. 이렇게 되자 당시 북 이스라엘의 상황은 완전히 하나님의 말씀을 떠나버리고 말았습니다.

그 당시의 영적 상태를 단적으로 표현해주는 기록이 곧 "그 시대에 벧엘 사람 히엘이 여리고를 건축하였는데 저가 그 터를 쌓을 때에 맏아들 아비람을 잃었고 그 문을 세울 때에 말째 아들 스굽을 잃었으니 여호와께서 눈의 아들 여호수아로 하신 말씀과 같이 되었더라"(16:34)는 말씀입니다. 여리고성은 출애굽한 이스라엘이 요단강을 건너 최초로 하나님의 권능으로 점령했던 곳입니다. 그때 여호수아는 여리고 성을 다시 건축하는 자는 하나님의 저주를 받을 것이라고 경고했었습니다(수 6:26).

이러한 여호수아의 경고대로 히엘이 그 아들을 잃었음에도 불구하고 여리고성을 쌓고 있음을 볼 때 당시 이스라엘 백성들의 영적 상태가 어떠했는지를 단적으로 볼 수 있습니다. 이처럼 시대가 여호와의 말씀을 떠나 깊은 어둠속에 떨어지게 된 것은 여호와를 버리고 바알과 아세라의 우상에 깊이 빠진 결과였으며 바로 이러한 일이 아합과 이세벨에 의해 자행되었습니다.

이와 같이 하나님의 나라로 세움을 받은 이스라엘이 철두철미하게 하나님을 떠나 배역한 상태에서 하나님을 대변하는 선지자로 세움을 받은 이가 곧 엘리야였습니다. 하나님의 부름을 받은 엘리야는 아합을 찾아가 "나의 섬기는 이스라엘 하나님 여호와의 사심을 가리켜 맹세하노니 내 말이 없으면 수 년 동안 우로가 있지 아니하리라"(17:1)고 선포합니다. 이미 하나님을 떠나 바알 숭배에 빠진 이스라엘에게 기근의 심판이 선포된 것입니다.

하나님의 나라에서 기근이란 하나님의 심판을 상징합니다(레위기 26장 참조). 그후 엘리야의 예언대로 과연 3년 6개월 간 이스라엘 지방에는 비가 내리지 않았습니다. 이 때문에 극심한 기근에 시달린 아합이 엘리야를 찾아 나섭니다. 엘리야는 여호와를 경외하고 선지자들을 이세벨의 박해 가운데서도 보살펴 준 군대장관 오바댜를 통해 아합을 만납니다.

엘리야를 본 아합은 "이스라엘을 괴롭게 하는 자여 네냐"(18:17)고 하자 엘리야는 "내가 이스라엘을 괴롭게 한 것이 아니라 당신과 당신의 아비의 집이 괴롭게 하였으니 이는 여호와의 명령을 버렸고 당신이 바알들을 좇았음이라"(18:18)고 지적하면서, 바알 선지자 450명과 아세라 선지자 400명을 모아 갈멜산에서 누가 진정한 하나님인가를 드러내도록 대결할 것을 선언합니다.

이리하여 엘리야는 갈멜산에 모인 바알과 아세라 선지자들과 대결을 벌입니다. 먼저 바알과 아세라 선지자들이 하늘로부터 불을 내려 준비해 놓은 제물을 태우도록 했지만 저녁이 다 되도록 아무런 응답도 얻을 수 없었습니다. 이어 엘리야의 차례가 되었습니다. 엘리야는 "아브라함과 이삭과 이스라엘의 하나님 여호와여 주께서 이스라엘 중에서 하나님이 되신 것과 내가 주의 종이 됨과 내가 주의 말씀대로 이 모든 일을 행하는 것을 오늘날 알게 하옵소서 여호와여 내게 응답하소서 이 백성으로 주 여호와는 하나님이신 것과 주는 저희의 마음으로 돌이키게 하시는 것을 알게 하옵소서"(18:36-37)라고 기도합니다.

그러자 하늘로서 불이 내려와 번제물을 태우고 모든 백성이 엎드려 "여호와 그는 하나님이시로다 여호와 그는 하나님이시로다"(18:39)라고 고백합니다. 그리고 바알과 아세라 선지자 850명을 잡아 기손강에서 처단합니다. 이 대결의 목적은 누가 진정한 하나님이시며 이스라엘의 통치자이신 것을 밝히고 이 사건을 통해 이스라엘의 마음을 돌이켜 하나님을 신앙하자는 것이었습니다. 그런 후 비가 내려 그간의 기근이 종식됩니다.

그러나 이 소식을 들은 이세벨은 아직도 의기양양해서 오히려 엘리야를 잡아죽이려고 합니다. 이스라엘 백성들 역시 이러한 이세벨의 기세에 눌려 예전의 모습으로 돌아가고 맙니다. 그러자 엘리야는 혈혈단신으로 40일동안 광야 길을 걸어 시내산으로 들어가 하나님께 기도합니다.

하나님 앞에 선 엘리야는 하늘로서 불이 내리는 증거를 목도한 이스라엘이 아직도 신앙으로 바로 서지 못하고 여전히 이세벨의 눈치나 살피는 연약하고 패역한 모습을 심판해 주실 것을 기도합니다. 그리고 하나님의 크고 강한 권능으로 과연 하나님이야말로 온 우주의 왕이시며 이스라엘의 진정한 주인이신 것을 나타내 주시기를 원했습니다. 그러나 하나님은 크고 강한 바람과 지진 가운데서 말씀하시지 않고 오히려 세미한 소리 가운데 엘리야에게 응답하십니다.

먼저 다메섹에 가서 하사엘에게 기름을 부어 아람 왕으로 삼고, 이스라엘의 왕으로는 예후를 세우고, 선지자로는 엘리사를 세워 각각 기름을 부으라고 하십니다. 그리고 "하사엘의 칼을 피하는 자를 예후가 죽일 것이요 예후의 칼을 피하는 자를 엘리사가 죽이리라"(19:17)고 하시면서 하나님을 배도한 이스라엘에 커다란 심판이 있을 것을 말씀하십니다. 그런 후 "그러나 내가 이스라엘 가운데 칠천 인을 남기리니 다 무릎을 바알에게 꿇지 아니하고 다 그 입을 바알에게 맞추지 아니한 자니라"(19:18)고 하시면서 특별히 주를 위해 남은자를 남기시겠다고 하십니다.

하나님은 결코 어느 시대나 그의 백성들을 버리시지 않으십니다. 모두가 다 바알 앞에 무릎을 꿇을지라도 하나님의 백성들만은 특별한 섭리와 보호 아래 그들의 신앙을 지켜 나갈 수 있도록 돌보아 주시는 법입니다. 믿음을 지키기가 힘이 들고 도저히 감당할 수 없는 상황일지라도 하나님의 백성들은 결코 그러한 상황이나 환경을 탓하지 않습니다. 그리고 끝까지 신앙을 지켜나갑니다. 비록 생명을 내놓는 한이 있더라도 박해가 심하고 믿음을 지키기가 고달프다해서 신앙을 저버리지는 않습니다. 오히려 그런 세상을 더 불쌍히 여길 뿐 아니라 연약한 성도들이 신앙을 잃지 않도록 위로하며 위하여 기도합니다.

엘리야 시대에도 모든 사람들이 다 하나님을 떠난 것 같았지만 하나님은 그 가운데서도 순전한 성도들을 남겨 놓으셨습니다. 우리가 어떤 이유에서라도 믿음을 저버리는 것은 그러므로 하나의 핑계에 지나지 않습니다. 그리고 어떤 방법으로도 정당화시킬 수 없습니다. 성도는 끝까지 믿음을 지키는 법입니다.

아합 당시 이스라엘의 상황이 얼마나 악했는가는 나봇의 포도원을 이세벨이 탈취하는 사건에서도 잘 나타납니다(21장). 나봇의 포도원은 그에게 기업으로 주어진 땅입니다. 이스라엘에서는 이처럼 한 번 기업으로 주어진 땅은 결코 팔 수도 없었으며 다른 이에게 명의 변경도 되지 않았습니다.

왜냐하면 그 땅은 하나님께서 그의 백성된 이스라엘에게 값없이 기업으로 주신 땅이기 때문입니다. 혹시 팔았다 하더라도 희년까지의 남은 햇수를 계산하여 값을 치르되 희년이 되면 원 소유자에게 돌려주어야 했습니다.

그런데 아합은 나봇이 기업으로 받은 땅을 차지하려 했고 이세벨은 악한 수법으로 나봇을 살해하고 그 땅을 차지하고 말았습니다. 하나님은 이처럼 하나님의 계율을 어긴 아합에게 "네가 죽이고 또 빼앗았느냐"(21:19)고 하시면서 "개들이 나봇의 피를 핥은 곳에서 개들이 네 피 곧 네 몸의 피도 핥으리라"(21:19)고 선언하셨습니다.

참으로 그 시대는 불법이 난무하는 시대요 공의가 잠자는 암흑의 시대였습니다. 과연 이러한 나라를 하나님은 어떻게 하실까요?

47. 엘리사 : 하나님의 임박한 심판

열왕기하 1장 - 10장

아합이 그 아내 이세벨에게 충동되어 온 이스라엘로 하여금 여호와 하나님을 떠나 바알과 아세라에게로 돌이키게 하였음을 인하여 하나님은 엘리야를 보내 회개하도록 권고하셨습니다. 그러나 이세벨의 독한 정책 앞에서 아합뿐만 아니라 온 이스라엘이 하나님께 돌아서지 못하고 주눅이 들어있을 뿐이었습니다. 그러자 하나님은 서서히 심판의 칼을 들기 시작하셨습니다.

당시 남 유다 왕국은 여호사밧이 다스리고 있었습니다. 여호사밧은 아합의 딸과 자기 아들 여호람과 혼인을 시킬 정도로 아합과 가깝게 지냈습니다. 그처럼 가깝기 때문에 둘은 연합하여 아람을 쳐서 길르앗 라못을 빼앗고자 군사를 일으킵니다. 하나님은 이 일에 대하여 아합을 충동시켜 싸움터에 나가 죽게 하겠다는 계획을 미가야 선지자를 통해 알려 주셨습니다(왕상 22:19-23). 그러나 아합은 오히려 미가야를 옥에 가두고 출전을 합니다. 전쟁터에서 아합은 미가야의 예언을 두려워하여 왕의 옷을 벗고 변장하여 군졸들 틈에 있었지만 공교롭게도 화살에 맞아 죽고 맙니다(왕상 22:29-36).

아합은 변장하는 방법으로 죽음을 면하려 했지만 결코 하나님의 심판을 벗어날 수는 없었습니다. 그리고 하나님께서 엘리야를 통해 "여호와의 말씀이 개들이 나봇의 피를 핥은 곳에서 네 피 곧 네 몸의 피도 핥으리라 하셨다 하라"(왕상 21:19)는 말씀과 같이 아합의 피를 사마리아 못에 씻을 때 개들이 그 피를 핥았습니다(왕상 22:37-38). 이와 같이 하나님의 권고를 받았음에도 불구하고 망해버린 아합을 볼 때 하나님의 심판 앞에서는 아무도 벗어날 수 없음을 알 수 있습니다.

하나님의 심판은 이것으로 끝나지 않았습니다. 아합의 죽음은 이제 하나님의 심판이 시작되었다는 전조에 지나지 않았습니다. 아합의 아들 아하시야가 이스라엘의 왕이 되었지만 그 역시 아합의 뒤를 따라 바알과 아세라를 섬기는 데 주력했습니다. 심지어 그가 다락 난간에서 떨어져 병이 들었을 때는 바알세붑에게 신하를 보내 병이 낫겠는가를 물어볼 정도였습니다. 그러자 엘리야가 나타나 "여호와의 말씀이 네가 사자를 보내어 에그론의 신 바알세붑에게 물으려하니 이스라엘에 그 말을 물을 만한 하나님이 없음이냐 그러므로 네가 그 올라간 침상에서 내려오지 못할지라 네가 반드시 죽으리라" 하셨다(1:16)고 하나님의 말씀을 전합니다. 그 말씀대로 아하시야는 그가 누웠던 침상에서 다시 내려오지 못하고 죽고 말았습니다.

아하시야의 뒤를 이어 여호람(요람이라고도 함)이 이스라엘의 왕이 되었을 때, 하나님은 엘리야를 부르시고 엘리사가 대신 하나님의 심판을 전하는 사역을 맡게 됩니다. 그런데 새로 왕이 된 여호람은 아합이 만든 바알의 주상을 제거하며 새로운 정책을 펴기는 했지만 본래 이스라엘이 빠져있던 여로보암의 혼합주의적인 종교 정책에서는 떠나지 못했습니다. 그때 모압이 배반하였기에 여호람은 유다 왕 여호사밧과 연합하여 모압을 침공합니다. 하나님은 여호사밧을 생각하사(3:14) 모압을 치게 하셨으나 완전히 정복하지는 못합니다.

이처럼 본래 다윗 시대에 정복되었던 주변 국가들이 하나씩 세력을 얻어 떨어져 나가는 것은 이스라엘이 하나님 나라의 모습을 잃어가고 있다는 증표이기도 합니다. 그뿐 아니라 이제는 이스라엘이 오히려 주변 국가들로부터 위협과 침략을 당합니다. 하나님의 통치를 떠난 하나님 나라의 백성들은 더이상 하나님의 능력과 보호를 받지 못하게 되었습니다. 그리고 마침내 엘리사에 의하여 하사엘이 아람 왕으로 세움을 받게 됩니다(8:12-15).

한편 여호사밧이 늙어 그 아들 여호람이 유다의 왕으로 추대됩니다. 여호람은 아합의 사위였는데 그로 인해 아합의 정책을 받아들여 유다를 다스릴 정도로 하나님을 떠나 있었습니다. 그때 에돔이 유다의 통치에서 벗어나자 여호람이 에돔을 징벌하려고 했지만 결국 죽고 맙니다.

그 뒤를 이어 아하시야가 유다의 왕이 됩니다. 그러나 아하시야 역시 아합과 같이 여호와 앞에서 사악하게 행하였습니다(8:27). 한편 이스라엘의 여호람(또는 요람)은 새로이 아람의 왕이 된 하사엘과 싸우다가 크게 상처를 입고 이스라엘의 수도인 이스르엘로 돌아와 있었습니다.

하나님의 심판의 손은 아직도 멈추지 않았습니다. 하나님은 엘리사를 시켜 예후에게 기름을 붓고 이스라엘의 왕이 되도록 하십니다(9:11-13). 때에 유다 왕 아하시야는 여호람을 병문안하고자 이스르엘에 와 있었습니다. 반역을 한 예후가 이스르엘로 쳐들어간 때는 이때였습니다. 예후는 요람을 맞아 "네 어미 이세벨의 음행과 술수가 이렇게 많으니 어찌 평안이 있으랴"(9:22)고 하면서 화살을 쏘아 죽입니다(9:24). 그리고 함께 있던 유다 왕 아하시야까지 살해합니다(9:27-28).

이렇게 됨으로써 아합의 혈손들(아하시야의 모친은 아합의 딸이었음)이 모두 예후의 칼에 죽고 맙니다. 그리고 예후는 마침내 이세벨에게까지 심판을 행합니다. 예후가 내시를 시켜 이세벨을 창 밖으로 던져 죽이자, 개들이 달려들어 이세벨의 시체를 뜯어 먹었습니다. 이로써 "여호와께서 그 종 디셉 사람 엘리야로 말씀하신 바라 이르시기를 이스르엘 토지에 개들이 이세벨의 고기를 먹을지라"(9:26)는 말씀과 같이 되었습니다.

한편 아합의 후손들 70여 명이 사마리아성에 살고 있었는데, 예후는 그들을 가르치는 자들에게 명하여 그들을 처단하도록 합니다(10:1-7). 그들이 70명의 목을 잘라 예후에게 바침으로써 아합의 가문은 완전히 멸족되고 맙니다. "예후가 무릇 아합의 집에 속한 이스르엘에 남아 있는 자를 다 죽이고 또 그 존귀한 자와 가까운 친구와 제사장들을 죽이되 저에게 속한 자를 하나도 남기지 아니하였더라"(9:11)는 말씀은 하나님의 심판이 철저하게 아합을 치셨음을 말해주고 있습니다.

예후는 계속해서 바알을 섬기는 자들을 남김없이 살해합니다(10:25-27). 그리고 바알의 목상을 헐며 바알의 산당을 무너뜨렸습니다. 이렇게 함으로써 이세벨에 의해 이스라엘에 도입되어 하나님을 떠나게 했던 모든 일들이 심판을 받고 이스라엘에서 온전히 바알의 그림자까지도 제하여지고 말았습니다. 그러나 막상 예후는 하나님의 대리 심판자로서 그 일을 완수했지만 그 자신은 여전히 여로보암의 죄를 따라 단과 벧엘의 금송아지를 섬겼습니다(10:29).

하나님은 예후에게 "네가 나 보기에 정직한 일을 행하되 잘 행하여 내 마음에 있는 대로 아합 집에 다 행하였은즉 네 자손이 이스라엘 왕위를 이어 사대를 지나리라"(10:30)고 하셨습니다. 그러나 예후는 여호와의 율법을 전심으로 지켜 행하지 아니하였으므로 하나님은 아람 왕 하사엘을 통하여 이스라엘 곳곳을 침공하게 함으로써 예후가 살아있는 동안에 평안이 이스라엘에 머물지 못하게 하셨습니다.

　지금까지 하나님께서 행하신 심판을 보면 시내산에서 엘리야에게 하신 말씀대로 되었음을 알 수 있습니다. 먼저 이스라엘은 아람의 하사엘과의 싸움에서 크게 패하여 계속 시달림을 받습니다. 그러다가 예후에 의하여 아합의 가문이 멸족을 당합니다.

　예후가 한 일을 보면 ① 나봇의 포도원에서 요람을 살해하고(9:21-26), ② 유다 왕 아하시야를 살해했고(9:27-28), ③ 이세벨을 죽였으며(9:30-37), ④ 아합의 후손 70명을 살해하고(10:1-11), ⑤ 아하시야 형제들 42명을 죽였으며(10:12-14), ⑥ 끝으로 바알 추종자들을 모두 살해했습니다(10:18-29).

　이제 남은 것은 아직도 여로보암의 뒤를 떠나지 못하는 이스라엘이 엘리사에 의하여 철저하게 심판을 받을 것과 그 가운데서도 하나님은 의로운 7천인을 남겨두심과 같이 남은자를 남기시어 하나님의 나라를 건설해 나가시는 일입니다.

　이처럼 그 나라를 이끌어 가시는 하나님의 섭리를 볼 때 다시 한번 우리의 마음가짐을 정립하지 않으면 안 됩니다. 곧 이스라엘이 이처럼 하나님의 심판을 견디지 못했던 것은 저들이 하나님의 율법을 떠났기 때문이었습니다. 홍해를 건넌 후 시내산에 이르러 율법을 받은 이스라엘은 자기들의 신분에 대한 바른 인식이 있어야만 했습니다.

　곧 하나님 나라의 백성으로서 자신을 인식하고 무엇보다도 하나님을 전심으로 사랑하는 일이 가장 우선적인 일이었습니다(신 6:4-5). 그리고 하나님을 섬기는 모습으로 매 안식일마다 그리고 절기마다 하나님 중심

적인 의식을 지켜야 했고 그 삶은 성전을 중심으로 한 삶의 모습으로 나
타나야 했습니다.

그런데 여로보암이 북 이스라엘을 건설하고 단과 벧엘에 금송아지를
만들어 섬기도록 함으로써 이스라엘 백성들이 하나님의 말씀을 거역하
게 되더니, 급기야 아합시대에 와서는 바알과 아세라에 완전히 빠지고
맙니다. 하나님에 대한 경배와 예배가 우상숭배로 바뀌었다는 것은 그
들이 인간의 존엄성마저도 버린 것과 같습니다.

인격체인 인간이 비인격체인 돌이나 나무를 신으로 경배한다는 것은
얼마나 어리석은 일인지 알 수 없습니다. 그들에 대한 엘리야의 열심은
참으로 대단했습니다. "너희가 어느 때까지 두 사이에서 머뭇머뭇 하려
느냐 여호와가 만일 하나님이면 그를 좇고 바알이 만일 하나님이면 그
를 좇을지니라"(왕상 18:21)는 피를 토하는 음성이 지금도 생생하게 들려
오고 있습니다.

여호와가 과연 우리의 하나님이실진대 우리는 아직도 또 다른 무엇을
하나님으로 섬기려하고 있지 않는지 돌이켜 보아야 합니다. 그런 자들
에게 주어지는 것은 하나님의 철저한 심판이기 때문입니다.

48. 이스라엘(북 왕국)의 멸망 : 인간성의 부패

열왕기하 11장 - 17장

하나님은 우상숭배에 빠진 이스라엘을 권념하시어 선지자 엘리야를 보내 하나님 앞으로 돌아오도록 했지만 이스라엘은 끝내 돌아서지 않았습니다. 이로 인해 하나님은 엘리야를 통하여 이스라엘을 심판하기로 하셨고, 그 심판을 수행할 세 사람을 선정하셨습니다.

먼저 예후를 세워 아합 왕의 가문을 철저하게 진멸하는 일이며, 다음은 아람 왕 하사엘을 통해 하나님의 통치를 거역하는 이스라엘을 치도록 하는 일이었습니다. 끝으로 엘리사를 세워 하나님의 심판을 행하도록 하셨습니다. 그리고 온전히 하나님만을 섬기는 의로운 남은자들을 남기시도록 하셨습니다.

이러한 하나님의 계획이 진행됨에 따라 예후의 칼날에 아합 왕가가 멸족되고, 또한 아합 왕가와 친분을 맺은 유다 왕 아하시야도 죽임을 당합니다. 이렇게 하나님의 심판이 예후의 손으로 진행되는 동안에 남 유다 왕국에서는 왕의 죽음을 기화로 아달랴가 왕권을 찬탈하게 됩니다. 아달랴는 아합의 딸로서 아하시야 왕의 모친이었는데 아하시야가 예후의 손에 살해당하자 다윗의 모든 씨를 죽이고 스스로 유다의 통치자가 되려 한 것입니다.

만일 이렇게 된다면 하나님께서 다윗에게 약속하신 언약 곧 "네 집과 네 나라가 내 앞에서 영원히 보전되고 네 위가 영원히 견고하리라"(삼하 7:16)는 말씀이 끊어지게 됩니다. 뿐만 아니라 다윗의 혈통 가운데서 메시아를 세우시고 하나님의 나라를 건설할 계획(삼하 7:13)마저도 무너지고 맙니다.

그러므로 아합의 딸 아달랴가 다윗의 씨를 멸절시키려 했던 것은 단순히 유다의 왕권을 찬탈하는 행위로 끝나지 않습니다. 이는 하나님의 나라를 건설하고자 하시는 영원한 하나님의 계획을 무산시키고자 하는 사단의 계략이기도 한 것입니다.

이세벨이 아합을 미혹하여 전 이스라엘이 하나님을 떠나도록 하더니 이제는 그 딸을 통해 영원하신 하나님 나라의 건설까지도 방해하고 있는 사건이 바로 아달랴의 찬탈사건입니다. 이러한 상황에서 하나님은 아하시야 왕의 아들들이 아달랴에 의해 모두 살해되는 가운데 요아스를 숨겨 대제사장 여호야다의 보호밑에 자라도록 하셨습니다. 일촉즉발의 위급한 상황에서 하나님은 요아스를 구원해 내셨던 것입니다. 이 구원의 행위는 다윗의 왕위를 계속해서 세우시겠다는 약속의 신실한 이행이기도 하며 온 인류를 구속하고자 하시는 하나님의 은혜로운 언약의 성취를 위한 것이기도 합니다.

아달랴는 자기가 완벽하게 유다 왕국의 실권을 장악한 것이라고 생각하고 있었지만 하나님은 결코 아달랴의 패역을 모르는체 하지 않으셨습니다. 요아스가 대제사장 여호야다의 가르침을 받고 자란 지 6년이 지나자 여호야다는 모든 군대장관과 백부장을 불러모아 요아스를 왕위로 등극하도록 합니다. 이에 그들은 여호야다의 명에 따라 요아스를 유다의 왕으로 세웁니다. "여호야다가 왕자를 인도하여 내어 면류관을 씌우며 율법책을 주고 기름을 부어 왕을 삼으매 무리가 박수하며 왕의 만세를 부르니라"(11:12). 그리고 마침내 하나님의 나라를 자기 마음대로 치리하고자 했던 아달랴는 그녀의 모친 이세벨의 뒤를 이어 하나님의 심판을 받았습니다.

"여호야다가 왕과 백성으로 여호와와 언약을 세워 여호와의 백성이 되게 하고 왕과 백성 사이에도 언약을 세우게 하매 온 국민이 바알의 당으로 가서 그 당을 훼파하고 그 단들과 우상들을 깨뜨리고 그 단 앞에서 바알의 제사장 맛단을 죽이니라"(11:17-18). 이렇게 함으로 잠시 어둠 속에 있던 하나님의 나라가 새롭게 광명을 찾게 되었습니다.

이 점을 보아서도 우리는 하나님의 나라가 결코 인간의 계획과 능력으로 세워지는 것이 아님을 알게 됩니다. 인간의 능력으로는 도무지 불가능한 일을 하나님은 그의 신실하신 언약에 따라 이행하십니다. 아담과 노아와 아브라함과 모세와 다윗에게 약속하신 그의 나라는 이처럼 하나님의 크고 오묘하신 은혜와 역사로 유지되어 왔고, 건설되어 왔던 것입니다. 그리고 마침내는 메시아에 의해 완성되고야 말 것입니다. 이 메시아 역시 하나님께서 친히 준비하실 것이며 하나님이 친히 그 역할을 감당하실 것입니다.

대제사장 여호야다가 죽자 하나님의 율법대로 살겠다고 약속했던 요아스 왕과 그의 백성들이 언약을 깨뜨리고 또 다시 우상에 빠지고 맙니다(대하 24:15-19). "여호야다가 죽은 후에 유다 방백들이 와서 왕에게 절하매 왕이 그의 말을 듣고 그 열조의 하나님 여호와의 전을 버리고 아세라 목상과 우상을 섬긴 고로 이 죄로 인하여 진노가 유다와 예루살렘에 임하니라 그러나 여호와께서 선지자를 저에게 보내사 다시 자기에게로 돌아오게 하려 하시매 선지자들이 저에게 경계하나 듣지 아니하니라"

(대하 24:17-19)는 말씀 속에서 인간의 부패된 심성과 하나님의 무한하신 궁휼함을 발견하게 됩니다.

여호야다의 아들 스가랴가 "여호와께서 말씀하시기를 너희가 어찌하여 여호와의 명령을 거역하여 스스로 형통치 못하게 하느냐 하셨나니 너희가 여호와를 버린 고로 여호와께서도 너희를 버리셨느니라"(대하 24:20)고 외쳤지만 그 말을 듣고 유다 백성들은 오히려 스가랴를 돌로 쳐 죽이고 맙니다. 이처럼 그들이 패역하고 부패해지자 하나님은 아람 왕 하사엘을 보내 유다를 침공하게 합니다(왕하 12:17-18).

요아스는 이 전투에서 크게 상처를 입어 마침내 그 신복들에 의하여 그의 침상에서 모살을 당하고 맙니다(대하 24:24-25). 결국 하나님의 신실하신 은혜로 왕이 되어 하나님의 나라를 다스리도록 세움을 입었던 그가 하나님의 율법을 떠나자 이처럼 처참한 죽음을 당하고 말았습니다.

한편 이스라엘을 평정했던 예후가 "전심으로 이스라엘 하나님 여호와의 율법을 지켜 행하지 아니하며 여로보암이 이스라엘로 범하게 한 그 죄에서 떠나지 아니"(왕하 10:31)하였던 일로 인하여 아람 왕 하사엘에 의해 죽고 그 아들 여호아하스가 이스라엘의 왕이 되었습니다. 그러나 여호아하스는 그 아버지를 따라 여호와 보시기에 악을 행하였으므로 아람 왕 하사엘에 의해 역시 죽임을 당하고 맙니다(13:1-9).

여호아하스의 아들 요아스가 뒤를 이어 이스라엘의 왕이 되지만 역시 그 아버지의 전철을 따라 죽고 여로보암(이스라엘의 초대 왕인 여로보암과 구별하기 위해 여로보암 2세라고 구분함)이 왕이 됩니다(13:13). 그리고 여로보암 2세 역시 "여호와 보시기에 악을 행하여 이스라엘로 범죄케 한 느밧의 아들 여로보암의 모든 죄에서 떠나지 아니하였더라"(14:24)는 말씀과 같이 벧엘과 단의 금송아지를 섬겼으며 그 또한 하나님의 심판을 면치 못하고 맙니다.

하나님은 "여호와께서 예후에게 말씀하여 이르시기를 네 자손이 이스라엘 위를 이어 사대까지 이르리라 하신 그 말씀대로 과연 그렇게 되니라"(15:12)는 말씀처럼 여로보암 2세를 제거하시고 스가랴를 대신 이스라엘의 왕으로 세우십니다. 그러나 계속된 찬탈로 말미암아 이스라엘은 혼란의 깊은 와중으로 떨어지고 맙니다.

이런 상황에서 하나님은 앗수르 왕 불을 통해 이스라엘을 심판하셨습니다(15:18-20). 그래도 이스라엘은 하나님께 돌아서지 않았습니다. 하나님은 앗수르 왕 디글랏 빌레셀을 세워 최후 통첩을 했지만 역시 이스라엘은 돌아서지 않았습니다(15:29). 그리고 이스라엘의 마지막 왕 호세아 역시 여로보암의 뒤를 따라 하나님을 의지하지 않고 자기 마음대로 이스라엘을 다스리려고 했으므로, 마침내 하나님은 앗수르 왕 살만에셀을 세워 B.C. 722년에 이스라엘을 멸망시키고야 맙니다(17:6). 이처럼 북 이스라엘 왕국이 멸망한 것에 대하여 성경은 이렇게 기록하고 있습니다.

> "이 일은 이스라엘 자손이 자기를 애굽에서 인도하여 내사 애굽 왕 바로의 손에서 벗어나게 하신 그 하나님 여호와께 죄를 범하고 또 다른 신들을 경외하며 여호와께서 이스라엘 자손 앞에서 쫓아내신 이방 사람의 규례와 이스라엘 열왕의 세운 율례를 행하였음이라 이스라엘 자손이 가만히 불의를 행하여 그 하나님 여호와를 배역하여 모든 성읍의 망대로부터 견고한 성에 이르도록 산당을 세우고 모든 산 위에와 모든 푸른 나무 아래에 목상과 아세라상을 세우고 또 여호와께서 저희 앞에서 물리치신 이방 사람같이 그곳 모든 산당에서 분향하며 또 악을 행하여 여호와를 격노

케 하였으며 또 우상을 섬겼으니 이는 여호와께서 행하지 말라 명하신 일이라 여호와께서 각 선지자와 각 선견자로 이스라엘과 유다를 경계하여 이르시기를 너희는 돌이켜 너희 악한 길에서 떠나 나의 명령과 율례를 지키되 내가 너희 열조에게 명하고 또 나의 종 선지자들로 너희에게 전한 모든 율법대로 행하라 하였으나 저희가 듣지 아니하고 그 목을 굳게 하기를 그 하나님 여호와를 믿지 아니하던 저희 열조의 목같이 하여 여호와의 율례와 여호와께서 그 열조로 더불어 세우신 언약과 경계하신 말씀을 버리고 허무한 것을 좇아 허망하며 또 여호와께서 명하사 본받지 말라 하신 사면 이방 사람을 본받아 그 하나님 여호와의 모든 명령을 버리고 자기를 위하여 두 송아지 형상을 부어 만들고 또 아세라 목상을 만들고 하늘의 일월성신을 숭배하며 또 바알을 섬기고 또 자기 자녀를 불 가운데로 지나가게 하며 복술과 사술을 행하여 그 노를 격발케 하였으므로 여호와께서 이스라엘을 심히 노하사 그 앞에서 제하시니 유다 지파 외에는 남은자가 없으니라"(17:7-18).

하나님께서 특별하신 의도로 세운 북 이스라엘 왕국은 하나님의 뜻에 따라 서지 못하고 끝내 멸망당하고 말았습니다. 하나님께서 이스라엘 10지파를 유다로부터 떼어내어 여로보암을 통해 북 이스라엘 왕국으로 건설하신 것은 솔로몬이 우상을 섬기는 일에 대하여 이스라엘 백성을 구분하시고 따로 세우시기 위함이었습니다. 그래서 여로보암이 하나님의 말씀에 따라 북 이스라엘 왕국을 다스리면 성별되고 공의로운 나라로 든든히 서가도록 해 주시겠다고 하셨습니다. 그러나 여로보암은 자기의 정치적인 수완과 능력으로 이스라엘을 다스리려 했고 그 방법으로 벧엘과 단에 금송아지를 만들어 이스라엘로 하여금 경배하도록 했습니다.

따라서 북 왕국은 여로보암의 죄에서 계속 떠나지 못하고 마침내는 이세벨에 의하여 여호와마저 버리고 바알과 아세라에 무릎을 꿇고 맙니다. 그래도 하나님은 이스라엘이 하나님의 백성인 것을 깨닫고 돌아설 것을 엘리야를 통해 권고하셨지만 그들은 끝내 돌아서지 않았습니다. 결국 이스라엘은 우상숭배에 빠져 하나님 나라의 의미가 무엇이며 그 나라의 백성으로 어떻게 살아야 할 것인가를 망각하고 만 것입니다. 따라서 더이상 이 지상 위에 존재해야 할 명분이 없어지고 마침내 앗수르에 의해 멸망을 당하고 말았습니다.

현 지상에 존재하는 교회 곧 모든 성도들 역시 하나님의 백성으로 존재하고 있음을 볼 때, 이 교훈은 우리의 삶의 방향과 모습이 어떠해야 하는가를 분명히 보여주고 있습니다. 진정 우리가 추구해야 할 삶은 하나님의 말씀에 따라 사는 것입니다. 그리고 분명히 인식해야 할 것은 아담 이후로 부패된 인간성의 최후의 모습은 이스라엘과 같이 하나님을 자꾸만 떠나 결국 멸망을 당하고 만다는 사실입니다. 인간적인 수단과 방법으로 건설되는 것은 이땅 어느 구석에서도 이루어질 수 없습니다. 온전히 하나님께 의뢰하고 인도되는 삶만이 의미가 있을 뿐입니다.

파노라마 구약성경
제6부 _ 이스라엘 왕국 분열에서 멸망까지

49. 유다의 멸망 : 새 나라를 바라봄

열왕기하 18장 - 25장

북 왕국(이스라엘)이 멸망한 때 남 왕국(유다)의 통치자는 아하스의 아들 히스기야 왕이었습니다(18:1-2). 아하스 왕은 다윗의 뒤를 따라 선정을 행하지 않고 이스라엘 왕들과 같이 바알을 섬기며 힌놈 골짜기에서 분향하고 자기 아들을 불사르는 인신 제사를 서슴지 않을 정도로 우상에 빠져 있었습니다(대하 28:1-4).

그뿐 아니라 에돔이 침공했을 때 아하스는 하나님을 의지하기보다는 이스라엘을 멸망시킨 앗수르 왕 디글랏 빌레셀에게 조공을 드리며 에돔을 물리쳐 달라고 원군을 청했습니다. 그러나 오히려 디글랏 빌레셀은 에돔보다는 유다를 괴롭혔습니다. 아하스는 성전과 왕궁과 방백들에게서 수많은 재물을 취하여 디글랏 빌레셀을 달래보려 했으나 별 효험이 없었습니다.

그런데도 아하스는 오히려 하나님 앞에 범죄를 더하여 다메섹 신들에게 제사를 드리며 도움을 요청했습니다. 더 나아가 아하스는 여호와의 전 문들을 닫고 예루살렘 구석마다 단을 쌓으며 유다 각 성읍에 산당을 세우고 다른 신들에게 분향하여 그 열조의 하나님의 노를 격발하였습니다. 그러다가 그는 죽고 맙니다(대하 24:16-27).

그 뒤를 이어 히스기야가 유다의 왕으로 등극하였습니다. 당시에 이사야와 미가가 선지자로 활동하고 있었는데, 이사야 선지자는 아하스 시대를 가리켜 이렇게 묘사하고 있습니다.

"하늘이여 들으라 땅이여 귀를 기울이라 여호와께서 말씀하시기를 내가 자식을 양육하였거늘 그들이 나를 거역하였도다 소는 그 임자를 알고 나귀는 주인의 구유를 알건마는 이스라엘은 알지 못하고 나의 백성은 깨닫지 못하는도다 하셨도다 슬프다 범죄한 나라요 허물진 백성이요 행악의 종자요 행위가 부패한 자식이로다 그들이 여호와를 버리며 이스라엘의 거룩한 자를 만홀히 여겨 멀리하고 물러갔도다 너희가 어찌하여 매를 더 맞으려고 더욱 더욱 패역하느냐 온 머리는 병들었고 온 마음은 피곤하였으며 발바닥에서 머리까지 성한 곳이 없이 상한 것과 터진 것과 새로 맞은 흔적 뿐이어늘 그것을 짜며 싸매며 기름으로 유하게 함을 받지 못하였도다"(사 1:2-6).

이처럼 횡포한 시대에 히스기야가 왕이 되자 그는 즉시 산당과 아세라 목상을 철거해버렸습니다. 그리고 모든 백성들과 함께 하나님을 의지하였는데 성경은 "그의 전후 유다 여러 왕 중에 그러한 자가 없었으니 곧 저가 여호와께 연합하여 떠나지 아니하고 여호와께서 모세에게 명하신 계명을 지켰더라 여호와께서 저와 함께 하시매 저가 어디로 가든지 형통하였더라"(17:5-7)고 기록하고 있습니다. 히스기야는 앗수르의 세력을 타파하고 나아가 블레셋까지 타파함으로써 정치적으로 그리고 종교적으로 안정과 번영을 가져왔습니다.

이러한 상황에 북 이스라엘 왕국이 앗수르에 의해 완전히 멸망되고 말았습니다. 하나님께서 북 이스라엘 왕국을 멸망시키신 것은 하나님의 통치를 받지 않으며 하나님을 제일로 여기지 않는다면 더이상 존속할 수 없음을 보여주시기 위함이었습니다. 그렇다면 유다의 경우 역시 아무리 어렵고 힘든 상황일지라도 하나님을 바라며 하나님의 율례와 법도를 따라야만 합니다.

바로 이즈음에 앗수르는 유다를 침공하고 예루살렘성을 포위하기 시작했습니다. 그들은 여호와 하나님을 거역하고 앗수르의 통치를 받으라고 위협을 가했습니다. 히스기야는 굵은 베옷을 입고 하나님께 나아갔습니다. 그리고 이사야 선지자에게 기도해 줄 것을 요청합니다.

이사야 선지자는 "여호와의 말씀이 너는 앗수르 왕의 신복에게 들은 바 나를 능욕하는 말을 인하여 두려워하지 말라 내가 한 영을 저의 속에 두어 저로 풍문을 듣고 그 본국으로 돌아가게 하고 또 그 본국에서 저로 칼에 죽게 하리라"(19:6-7)고 전합니다. 그리고 이 말씀대로 여호와의 사자가 앗수르 진에 이르러 십팔만 오천 명을 치므로 아침에 일어나 보니 송장으로 변해 있었습니다(19:35). 또한 앗수르 왕 산헤립은 본국에서 칼에 맞아 죽고 맙니다.

이 사건이 시사해 주는 바는 아무리 위태로운 상황이라 할지라도 하나님은 친히 그 나라를 인도하시며 지켜주신다는 것입니다. 그러나 히스기야가 죽고 그의 아들 므낫세가 왕이 되자 유다 왕국은 급격히 변모되고 말았습니다. 그러자 하나님은 선지자를 보내 "내가 사마리아를 잰 줄과 아합의 집을 다림보던 추로 예루살렘에 베풀고 또 사람이 그릇을 씻어 엎음같이 예루살렘을 씻어 버릴지라 내가 나의 기업에서 남은자를 버려 그 대적의 손에 붙인즉 저희가 모든 대적에게 노략과 겁탈이 되리니 이는 애굽에서 나온 그 열조 때부터 오늘까지 나의 보기에 악을 행하여 나의 노를 격발하였음이라"(21:13-15)고 책망하면서 유다 역시 이스라엘처럼 멸망시키겠다고 선언하십니다.

므낫세가 죽고 요아스가 왕이 되자 모든 산당을 부수고 바알과 아세라를 찍어 불에 태워 종교개혁 운동을 일으킴으로 유다가 다시 종교 부흥을 맞이하는 것 같았습니다. 그러나 그것도 잠깐사이에 지나가고 그 아들 여호아하스가 왕이 되자 그는 그동안의 모든 왕들보다 더 악하게 우상숭배를 행했습니다. 그 결과 애굽 왕에 의해 구금되고(23:31-33), 그 동생 여호야김이 왕으로 세움을 받았습니다. 그러나 그 역시 하나님 앞에서 범죄하자 B.C. 603년 바벨론 왕 느부갓네살이 포로로 잡아가버렸습니다(대하 36:5-8). 그리고 그 아들 여호야긴이 잠시 유다의 왕으로 세움을 입었으나 느부갓네살에 의해 또다시 포로로 끌려가고 맙니다 (24:8-13). 그리고 시드기야가 마지막 유다의 왕으로 세움을 받습니다 (24:17).

이처럼 유다의 운명이 극한 상황으로 치달아 갈 때는 왕으로 세움을 받는 일까지도 이방인에 의해 좌우지되고 있습니다. 이것은 이미 하나님께서 므낫세에게 경고하신 심판의 말씀이 이르고 있기 때문이었습니다. 시드기야 역시 바벨론을 거역하면 멸망할 것이므로 하나님만 바라보라는 예레미야 선지자의 충고를 무시하고 마침내 바벨론에 의해 멸망당하고 맙니다. 이때가 B.C. 586년으로 다윗에 의해 세워진 지 약 520년 만에 유다 왕국이 무너지고 말았습니다.

그동안 하나님은 이 나라를 세우셔서 하나님의 신실하신 약속을 성취하고자 하셨습니다. 아브라함과 모세에게 나타나셔서 다윗 왕국을 세우실 것을 말씀하셨고, 마침내 하나님의 율법으로 다스려지는 의로운 나라를 건설했으나 인간들은 스스로 그 율법을 파기하고 하나님을 떠나고야 말았습니다. 그 결과 지상에 세워진 하나님 나라의 한 모형인 유다가 마침내 사라지고 말았습니다.

그러나 이처럼 유다의 말기에 이르러서 하나님은 나훔, 스바냐, 하박
국, 예레미야 선지자들을 보내셔서 하나님께서 결코 그의 백성을 잊지
않으시고 회복하실 것을 예언해 주셨습니다. 그리고 그 예언을 성취하시
기 위해 하나님은 계속해서 그의 백성들을 권념하시고 보호해 주셨습니
다. 그 증표가 되는 사건이 왕하 25:27-30에 기록되어 있습니다.

곧 바벨론의 포로가 되었던 여호야긴 왕이 바벨론에서 자유의 몸이
되고 왕의 상에서 음식을 먹을 만큼 지위가 회복되었다는 점입니다. 유
다의 왕은 단순히 한 개인의 위치로만 성경에서 언급하지 않습니다. 유
다의 왕은 언제나 전 국가를 대표하고 있습니다. 그러므로 여호야긴이
자유로운 위치로 회복되었다는 것은 바벨론의 포로로 잡혀간 유다 백성
들도 자유로운 지위를 회복하게 되었음을 보여줍니다.

하나님은 이곳 바벨론에서 70년 간의 안식 기간을 갖게 하신 후 마침
내 그의 백성들을 가나안 땅으로 돌아오도록 하셨습니다(스 1:1-4). 그리
고 예루살렘에 새롭게 성전을 건축하도록 하셨습니다. 성전이 새롭게
건축되었다는 것은 놀랍고 깊은 하나님의 섭리가 담겨있는 상징적인 사
건입니다. 왜냐하면 성전은 하나님의 보좌이기 때문입니다.

마침내 기약한 기간이 이르자 하나님은 다시 약속의 자녀들의 왕이 되
어주셨습니다. 그 의로운 왕이신 예수 그리스도가 이땅에 친히 임재하신
것입니다. 그리고 지상왕국이 아닌 영원한 하나님의 나라를 마침내 건설
하십니다. 우리는 모두 이 일을 소망하는 백성들입니다.

50. 구약 역사 총정리

유다(남 왕국)가 멸망한 이후의 역사는 다니엘서, 에스겔서, 에스더서
에 기록되어 있습니다. 그리고 학개서, 스가랴서, 말라기서는 포로에서
귀환 후의 역사를 기록해 주고 있습니다. 포로 기간 중의 역사는 하나님
께서 새 역사를 계획하고 계심을 주된 메시지로 선포하고 있습니다. 그
중에서 가장 극적인 장면을 에스라 1:3-4에서 읽을 수 있습니다.

> "이스라엘의 하나님은 참 신이시라 너희 중에 무릇 그 백성된 자
> 는 다 유다 예루살렘으로 올라가서 거기 있는 여호와의 전을 건
> 축하라 너희 하나님이 함께 하시기를 원하노라 무릇 그 남아 있
> 는 백성이 어느 곳에 우거하였든지 그곳 사람들이 마땅히 은과
> 금과 기타 물건과 짐승으로 도와주고 그 외에도 예루살렘 하나님
> 의 전을 위하여 예물을 즐거이 드릴지니라 하였더라."

하나님의 새 역사의 성취는 헐렸던 성전이 재건되는 형태로 나타납니
다. 곧 다윗 왕국의 상징이 솔로몬 성전이었던 것처럼 새 이스라엘의 상
징은 새로이 재건될 성전이었습니다. 그런데 성전이 하나님의 통치와 임
재와 치유의 상징임을 감안해 볼 때 새로운 성전이 건설된다는 것은 새
로운 하나님의 나라가 건설됨을 의미합니다. 그래서 학개와 스가랴 선지
자 등은 성전 재건을 그처럼 독려했던 것입니다. 그런데 다윗 왕국의 종

말이 솔로몬 성전의 파괴로 상징되었듯이 주님께서 성전을 헐면 사흘만에 다시 일으키리라고 하신 말씀은 매우 큰 의미를 담고 있습니다.

성전을 헌다는 것은 이스라엘 국가의 종말을 상징합니다. 그런데 주님은 성전을 다시 일으키는 것을 자신의 부활사건과 동일시하고 계십니다. 그렇다면 예수님의 부활이야말로 영원한 하나님의 나라가 새롭게 건설된 것을 상징하는 것이며 예수님 자신을 하나님의 나라와 동일시하는 것입니다.

따라서 이제는 육적 이스라엘 국가는 종식되었습니다. 스룹바벨 성전이 지상에서 완전히 소멸되었음이 이것을 증거합니다. 대신에 예수 그리스도의 부활을 통하여 영적 이스라엘이 건설되었습니다. 영원한 새 나라가 시작된 것입니다. 물론 이 나라는 주님께서 재림하시는 날 이땅 위에 임할 것입니다. 곧 부활하신 주님이 다시 오시는 날이 영원한 하나님의 나라가 완성되는 날입니다.

우리는 모두 이 나라를 대망하는 성도들입니다. 교회란 주님이 오신 이후부터 다시 오실 때까지 영원한 하나님의 나라를 상징하는 모형입니다. 마치 구약의 다윗 왕국이 영원한 왕국의 예표가 되었듯이 말입니다. 그러므로 구약의 다윗 왕국은 신약 교회의 모형이기도 합니다.

구약의 다윗 왕국이 실체로 표현된 지상 왕국이었던 반면에 신약의 교회는 지상에 있으나 영적 실체입니다. 영적 이스라엘 백성들이 모인 단체가 곧 교회입니다. 그러므로 교회란 하나님께 속한 백성들의 회중이지 지상에 속한 것이 아닙니다. 그리고 이제 우리가 들어갈 영원한 하나님의 나라는 완전하게 지상의 것들을 제거시킨 영원한 상태의 나라입니다.

구약의 역사가 우리에게 보여주는 것은 참으로 크고 웅대한 하나님의 나라입니다. 성경은 창세기 1장부터 장엄하게 펼쳐진 이 하나님의 나라가 어떤 나라인가를 그처럼 소상하고 완벽하게 기록하고 있습니다. 그러므로 성경을 읽을 때 이러한 본래의 의도를 망각해서는 안 됩니다.

그 안에 담겨있는 하나님의 나라에 대해서는 별반 관심이 없고 그저 재미있는 무슨 교훈이나 찾으려 하는 것은 지혜로운 방법이 아닙니다. 성경은 우리에게 어떤 윤리나 도덕을 가르쳐 주는 책이 아닙니다. 그리고 세상 상식을 충족시켜주거나 흥미를 주기 위해 있는 것도 아닙니다.

우리는 지금까지 구약 성경의 메시지가 이땅에 건설된 하나님의 나라에 대한 것임을 전제하고 그 나라의 역사에 관심을 가지고 살펴보았습니다. 그리고 이 지상 나라는 하나님의 통치를 받고 있으며 그 통치의 양상이 곧 율법이었음을 보았습니다.

그리고 그 율법의 총주제는 신명기 6:4-5의 "이스라엘아 들으라 우리 하나님 여호와는 오직 하나인 여호와시니 너는 마음을 다하고 성품을 다하고 힘을 다하여 네 하나님 여호와를 사랑하라"는 말씀인 것을 누누이 강조했습니다. 따라서 구약의 최고의 이상이란 곧 하나님의 말씀대로 사는 삶임을 알 수 있습니다.

그러므로 하나님의 말씀을 떠나서는 결코 아무도 그 나라의 백성이 될 수 없습니다. 하나님의 말씀을 거역한다는 것은 곧 하나님의 통치를 거역하는 것이고 그것은 곧 죽음이라는 점도 확실히 알았습니다. 당시 구약에서는 그 말씀대로 사는 삶이 의식적인 행위로 표출된다는 점에서 어떤 특징을 발견할 수 있습니다. 곧 정결 예식이라든지 제사 의식儀式이라든지 할례라든지 십일조라든지 등등의 의식들은 구약 성도들이 하나님의 말씀에 순종한다는 하나의 증표로서 몸으로 나타내었습니다. 그러나 그 근본 정신은 어디까지나 하나님의 말씀대로 사는 삶이었습니다.

이러한 가르침은 그대로 신약에서 나타납니다. 단지 구약에서처럼 몸으로 또는 의식으로 나타나지는 않습니다. 곧 구약에서는 실제로 하나님의 나라로서 이스라엘 국가가 건설되었습니다. 그러나 신약에서는 하나님의 나라가 임하되 예수 그리스도 자신으로 나타났습니다. 곧 예수 그리스도께서 오신 사건이 곧 하나님의 나라가 임한 것입니다.

또 다른 예를 든다면 구약의 할례가 신약의 세례로 바뀌었음을 들 수 있습니다. 할례는 몸에 흔적을 새기지만 세례는 마음에 하나님의 백성임을 다짐합니다. 구약의 제사 의식은 신약에서 영적 예배로 바뀝니다. 이제는 누구나 제물을 가지고 하나님께 나가지 않고 자기 자신을 제물로 하나님께 헌신하는 것이 곧 영적 예배입니다.

그렇다고 구약이 형식적이고 의식적인 틀을 갖고 있다고 해서 신약보다 저급하거나 유치하다고는 말할 수 없습니다. 신약은 어디까지나 구약을 그 뿌리로 갖고 있습니다. 그리고 그 정신은 구약이나 신약이나 똑같습니다. 신약 역시 하나님의 말씀으로 사는 것만이 영적인 하나님 나라의 백성으로서 가장 근본적인 요소임을 가르치고 있습니다.

바로 이 일을 우리에게 친히 계시로 보여주시기 위해 오신 분이 메시아 곧 예수 그리스도이십니다. 주님은 그의 사역을 시작하실 때 사단의 시험 가운데 하나님의 말씀으로 사는 삶이 무엇인가를 단적으로 보여주셨습니다.

사단이 돌로 떡을 만들어 먹으라 했을 때 주님은 "사람이 떡으로만 살 것이 아니요 하나님의 입으로 나오는 모든 말씀으로 살 것이라"(마 4:4)

고 하심으로써 진정으로 사람의 생명을 위해서는 육의 양식이 아니라 하나님이 주시는 영혼의 양식이 있어야 함을 천명하셨습니다. 그리고 주님은 사단에게 "사단아 물러가라 기록되었으되 주 너의 하나님께 경배하고 다만 그를 섬기라"(마 4:10)고 하심으로써 온전히 하나님 제일주의, 하나님 중심적인 삶의 모습만이 의로운 나라의 백성의 모습인 것을 선포하셨습니다.

그러므로 하나님 나라의 백성이란 하나님의 말씀에 따라 살되 하나님 중심주의 삶을 살아야 합니다. 이것을 신본주의라고 합니다. 이 말은 곧 인본주의를 배격하는 말이기도 합니다. 어느 한 구석이라도 인간적인 욕구나 이성적인 방법 곧 합리적인 사고로 처리하고 싶은 것이 인본주의입니다. 그러나 하나님은 철저하게 우리 자아를 부인할 것을 요구하십니다. 오직 하나님만을 본질로 삼고 그의 말씀대로 살기를 원하십니다.

이러한 하나님의 뜻은 우리가 신앙 생활을 하는 한 계속 추구되어야 합니다. 나의 이상과 방법과 계획이 아닌 하나님이 원하시는 참된 삶을 추구해 나가는 것이 곧 하나님의 뜻입니다.

이러한 일에 있어서 우리에게 귀감이 되고 모범이 되었던 역사가 구약에 나타난 이스라엘의 역사입니다. 따라서 구약성경은 이러한 하나님의 뜻과 인간들, 즉 이스라엘 백성들간의 상호 관계에 대하여 자세하게 기록하고 있습니다. 쉽게 말하면 하나님의 뜻에 따라 이스라엘이 살 때는 하나님의 은혜와 인도와 보호하심의 역사가 있었습니다. 반면에 하나님의 뜻을 거역하고 자기들 나름대로 삶을 계획하고 경영할 때는 여지없이 하나님의 심판으로 처참한 역사를 기록하고 있는 것이 곧 구약 역사입니다.

이 역사는 오늘날 우리에게도 똑같이 나타나고 있습니다. 과연 우리의 삶의 근간이 하나님의 말씀에 기초하고 있다면 우리에게 확실한 하나님의 인도하심과 보호하심이 나타납니다. 그러나 우리가 이 점을 거역한다면 여지없이 실패와 낙망이 주어질 뿐입니다. 그러나 이러한 역사를 주장하시는 하나님의 크고 강한 팔을 결코 부인하지 못하게 됨으로 말미암아 마침내 우리가 구원의 완성된 분량에까지 이르도록 하시는 것이 곧 하나님의 사랑입니다.

이 하나님의 사랑은 예수 그리스도의 생애속에서 분명히 나타납니다. 주님은 근본 하나님과 본체이셨으나 끝까지 자신을 쳐 복종시키심으로 하나님의 말씀에 따라 사는 삶을 이루셨습니다. 그리고 그 삶을 우리에게 전가시켜 주심으로 우리의 공로가 아닌 그리스도의 공로에 힘입어 하나님 앞에서 의롭다 인정을 받게 됩니다.

따라서 유의할 점은 하나님의 말씀대로 살아야 구원을 받기 때문에 그 말씀대로 살아야 한다는 것은 오히려 그리스도의 공로를 부인하는 불신이 될 수도 있습니다. 예수께서 십자가에 돌아가심으로 모든 율법의 의를 이루셨음에도 불구하고 율법을 지키고 할례를 받아야 구원을 얻는다고 주장했던 유대주의자들처럼 되어서는 안 되는 것입니다. 신약성경을 이런 식으로 이해하는 것이 곧 불신을 자초하는 일이기 때문입니다. 따라서 이미 그리스도께서 우리의 구원을 완성해 놓으셨으므로 우리가 하나님의 구원된 백성인 것을 믿는 것이 참 신앙입니다.

이처럼 이미 그리스도의 공로로 하나님의 의로운 백성이 되었으므로 우리는 이제 하나님의 말씀에 순종해야 합니다. 비록 여전히 우리 안에 죄의 모습이 남아 있어서 간혹 하나님을 거역한다 할지라도 그리스도께서 구원해 주신 구원의 능력까지 잃어버리는 것은 아닙니다. 그러므로 즉시 그 자리에서 일어나 무엇이 하나님께서 기뻐하실 일인가를 생각하고 하나님의 말씀을 분별해 나가는 것이 참된 그리스도인의 삶입니다.

그러기 위해 우리는 성경에 대하여 더 관심을 갖고 깊이 있게 연구해야 합니다. 성경의 가르침에 대하여 바로 깨닫지 못하고 이해하지 못하기 때문에 어떻게 해서든지 자기 나름대로 신앙 생활을 꾸려 나가려고 하는 것입니다. 우리가 성경에 대하여 오해를 하고 있는 한 결코 하나님의 크고 비밀한 은총을 알 수 없습니다.

그동안 구약 역사를 통해 이러한 점들에 대하여 우리는 여러 차례 상고해 보았습니다. 그리고 신약의 가르침 역시 그러합니다. 결코 우리들 나름대로 구상해 놓은 신앙 생활을 통해서는 하나님을 기쁘시게 할 수 없습니다. 말씀에 대한 바른 이해만이 하나님을 기쁘시게 하는 삶을 가져다 주기 때문입니다.